“十三五”江苏档案史料典籍整理与研究工程重点成果
檔
Jiangsu Archives

江南水泥厂红外影像图(照片来自《江南水泥厂志》)

建设中的江南水泥厂1、2号回转窑(1937年7月庚宗溎摄,其女庚维仁提供)

江南水泥厂全景(1937 年 7 月庾宗淮摄，其女庾维仁提供)

陈范有(左)与袁心武在栖霞山

(说明:2009 年,戴袁支在丹麦哥本哈根查阅史密芝公司总部档案时发现了这三张陈范有等建厂时考察栖霞山的活动剪影,并于 2014 年赠送作者。)

陈范有等考察栖霞山

陈范有(左一)、袁心武(左二)、赵庆杰(左四)、孙柏轩(右一)等合影

徐莘农、王涛、陈范有、庾宗溎(左起)在栖霞建厂工地上

1936年,启新洋灰公司、江南水泥公司与中国水泥公司联营谈判时黄旭东(左一)、陈范有(左二)、袁心武(左四)、姚锡舟(右二)、荣宗敬(右一)等合影(姚锡舟之孙姚昇提供)

美国牧师约翰·马吉拍摄的江南水泥厂难民营(于志刚导演提供)

卡尔·昆德在江南水泥厂大门前(昆德夫人提供)

辛德贝格在江南水泥厂难民营草棚前(昆德夫人提供)

侵华日军南京大屠杀遇难同胞纪念馆“江南水泥厂难民营”展区中的陈范有展板

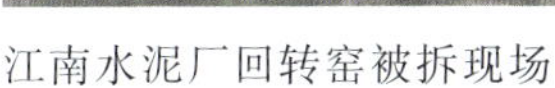

江南水泥厂回转窑被拆现场

1944 年 3 月，日军将首批拆卸的回转窑等机件运往山东张店

1948 年重建后的江南水泥厂回转窑车间

2002 年,81 岁的昆德夫人及其子克劳斯·昆德重返江南水泥厂

2014 年，辛德贝格外甥女玛丽安娜夫妇访问江南水泥厂时与陈克潜夫妇见面，陈克潜赠送书有“厚德载物”的折扇

2017 年 12 月 12 日，昆德侄女安妮塔·昆德参观南京市档案馆

2004年，作者夫妇参观侵华日军南京大屠杀遇难同胞纪念馆时与朱成山馆长合影，左起：陆忠娥、陈克潜、朱成山、陈克澄、应莲珠

2007年，陈克澄向中国人民抗日战争纪念馆捐赠江南水泥厂抗日史料仪式，左起：张英秋（纪念馆）、陈培之、胡和严、陈克澄、陶武亮（纪念馆）、陈克潜、芮国强（苏州大学）、陆忠娥、应莲珠

2015 年 11 月 20 日，作者、南京市档案馆、苏州大学出版社三方在苏州大学协商合作出版《风雨如磐忆江南》一书事宜，左起：陆忠娥、陈克潜、张军副巡视员、张建初社长

张军与陈克潜在苏州大学合影

2016 年 12 月 11 日，《风雨如磐忆江南》首发式会场

专程从美国归来参加《风雨如磐忆江南》首发式的陈克澄之子陈雄(中)接受记者采访

在《风雨如磐忆江南》首发式上合影，左起：吴鹏、欧阳雪芹、陈雄、陈克潜、翟洁、张建初、武金鹏

在《风雨如磐忆江南》首发式上合影，左起：梅正亮、丛伟、陈雄、张军、陈克潜、王伟、王宇、鄢增华、苏艳萍

2018 年 8 月 15 日，纪录片《一座工厂的抗日传奇》在中央四台《国家记忆》栏目播出前夕制作单位召开座谈会

陈克潜、陆忠娥夫妇与南京电影制片厂导演于志刚（左二）、余岩（右一）等在纪录片《一座工厂的抗日传奇》摄录现场

风雨如磐忆江南

陈范有与江南水泥厂

陈克潜
陈克澄　著

苏州大学出版社
Soochow University Press

图书在版编目(CIP)数据

风雨如磐忆江南：陈范有与江南水泥厂/陈克潜，陈克澄著.—苏州：苏州大学出版社，2016.11(2019.12 重印)
ISBN 978-7-5672-1893-2

Ⅰ.①风… Ⅱ.①陈… ②陈… Ⅲ.①陈范有(1898—1952)–传记 Ⅳ.①K825.38

中国版本图书馆 CIP 数据核字(2016)第 269042 号

总 策 划：张 军
执行主编：王 伟
执行副主编：王晓燕 段文文

风雨如磐忆江南
——陈范有与江南水泥厂
陈克潜 陈克澄 著
责任编辑 朱坤泉

苏州大学出版社出版发行
(地址：苏州市十梓街 1 号 邮编：215006)
苏州工业园区美柯乐制版印务有限责任公司印装
(地址：苏州工业园区东兴路 7-1 号 邮编：215021)

开本 710 mm×1 000 mm 1/16 印张 9.75 插页 28 字数 209 千
2016 年 11 月第 1 版 2019 年 12 月第 3 次修订印刷
ISBN 978-7-5672-1893-2 定价：38.00 元

若有印装错误，本社负责调换
苏州大学出版社营销部 电话：0512－67481020
苏州大学出版社网址 http://www.sudapress.com
苏州大学出版社邮箱 sdcbs@suda.edu.cn

目 录

序　一

苏州大学老校长陈克潜和他的弟弟陈克澄两位先生的大作《风雨如磐忆江南——陈范有与江南水泥厂》修订版即将出版。陈克潜先生已过鲐背之年,近十余年来,他一直四处奔波,寻找其父亲和江南水泥厂的相关历史资料,书写父亲与近代民族企业不屈抗争的历史,至今笔耕不断,其精神令人感佩!

陈先生的先父陈范有先生是民国时期著名实业家,江南水泥厂的创始人之一。早年毕业于天津北洋大学土木工程系,一生立志实业救国,但其苦心经营的江南水泥厂却在民族危机之下,从 1935 年创办起,一直到新中国成立后的 1950 年才开工生产,其间经历了长达 16 年的艰苦筹建历程。1985 年全国政协主席邓颖超倡导为百名实业家撰写传记,已于 1952 年英年早逝的陈范有名列其中。不过作为陈范有先生的大公子,陈克潜先生由于多年担任苏州大学校长,从事高等教育管理和化学专业的研究,其对先父的历史知之甚少。陈先生离休后,才开始关注其先父与江南水泥厂的历史。而恰好此时,作为侵华日军南京大屠杀期间南京郊外最大难民收容所的江南水泥厂的资料不断被学术界挖掘,陈范有和抗战时期江南水泥厂的历史开始引起社会各界关注。

笔者由于长期研究南京大屠杀史,特别关注抗战时期江南水泥厂的研究,2004 年在陈克潜先生三弟陈克俭先生的支持下,我指导硕士生张朔人以抗战时期江南水泥厂为主题撰写了硕士学位论文,其后我从民间收藏者叶德兴先生处复制了其收藏的所有散落民间的江南水泥厂资料。近十余年来,有关陈范有和江南水泥厂的研究成果不断问世。最新成果是 2013 年陈克潜先生推出的大作《爱国实业家陈范有与江南水泥厂》,现在我又收到陈先生兄弟俩对这本书的修订稿,阅读之后,收获很大。下面谈三点读后感与读者分享:

一、让史料说话。陈先生与南京市档案馆深度合作,在书中采用了许多珍贵档案文献，并将部分重要档案图片附于书后，使全书论述建立在翔实可靠的第一手档案资料基础上，增强了论述的可信度。这些档案资料主要来源有三类：一是南京市档案馆有关江南水泥厂档案资料，包括陈范有与陈立夫的来往函件，赵庆杰、孙柏轩致天津常董函（1938 年 3 月 27 日）等。二是南京市档案馆从江南水泥厂接收的 277 卷档案，如《在上海日本大使馆讨论拆迁机器问题》（1943 年 8 月 23 日），《在南京日本大使馆讨论拆迁机器问题》（1943 年 8 月 27 日），《日、汪长官到工厂宣布"奥田六条"》（1943 年 9 月 6 日），《在上海召开华中部分股东谈话会》（1943 年 9 月 21 日），庾宗溎、赵庆杰给江南水泥公司天津董事会的报告，等等。三是南京民间收藏爱好者叶德兴先生提供的散落在民间的一批重要档案，如陈范有草《江南水泥公司之历史与内容及拟为政府部分加工之建议》，《上海日本大使馆派翻译官中田丰干代君到颜府与颜惠庆谈话记录》（1943 年 9 月 22 日），《袁总理晤町田谈话要旨》，日本大使馆特命全权公使田尻爱义致江南水泥公司董事长函，《昆德与日方使馆 Jarasaka 在江南水泥厂谈话纪要》，日本大使馆特命全权公使堀内干城致"实业部长"陈君慧第三一六号函，《庾宗溎在上海日本大使馆与田边调查官座谈记录》，陈范有给袁心武的信（1943 年 9 月 19 日），等等。让史料说话，是本书最大的特色。

二、深化研究薄弱环节。2010 年，《中国青年报》记者戴袁支先生出版了《1937—1938：人道与暴行的见证——经历南京腥风血雨的丹麦人》，对南京大屠杀前后江南水泥厂难民营的史实做了很深入的研究，但学术界对汪伪统治时期江南水泥厂的研究一直较为薄弱。1944 年 2 月 3 日《解放日报》第 2 版曾以"敌'没收'沦陷区工厂"为题报道了日军强行"没收"江南水泥厂机器的消息，但日军如何进行强制"没收"？江南水泥厂如何进行抗争抵制？为了回答这些问题，该书通过第六、第七两章内容，对战时江南水泥厂的"另一种抗日"进行了十分深入的论述，揭示了民族企业在沦陷区艰难生存的困境。作者指出：江南水泥公司上下团结一致，不畏强暴，据理力争，与日方展开针锋相对的斗争。虽然机器在武力威迫下被洗劫，江南水泥公司蒙受了巨大损失，但由于采取了正确的应对之策，利用谈判拖延时日，拆迁机器时不予合作，直到日本战败投降，日方铝厂也未建成。此举不但伸张了民族气节，也为抗日战争的胜利作出了贡献。作者还从众多史料中抽丝剥茧，发现江南水泥厂在与日伪进行斗争过程中，为避免向伪政权登记，通过驻重庆的陈汉清律师秘密向国民政府经济部申请登记。又如，抗战胜利后，日军一六一师团却借宿江南水泥厂，并且可以携带枪支，声称“遵照蒋委员长命令保护南京、镇江间铁路”。作者通过江南水泥厂庾宗溎、孙柏轩呈递陆军总司令部的函件以及江南水泥厂罗仲平秘书的书信等资料，揭露了蒋介石利用日军阻止新四军收复南京的阴谋。作者对战时江南水泥厂命运的透析解剖，对推动战时沦陷区民族企业的深入研究具有十分重要的意义。

三、公众史学的典范。进入21世纪以来，国内公众史学借助自媒体的优势异军突起，而且日趋活跃。以往记录和书写历史是少数所谓历史学专家的特权，而现在则有演变为人人书写历史的态势。“人人都可以书写自己的历史，人人都可以成为自己的历史学家。”为了探求父亲的传奇历史，陈范有的四位公子都十分执着，“上穷碧落下黄泉，动手动脚找东西”。他们分别从不同的角度，先后撰写并出版了《“洋灰陈”传略》（陈克宽、陈克俭编著，上海三联书店出版），《爱国实业家陈范有》（陈克澄编著，苏州大学出版社出版），以及《爱国实业家陈范有与江南水泥厂》（陈克潜著，苏州大学出版社出版）。陈家四公子虽然都不是历史专业出身，但是公众史学的魅力就在于此。“公众史本质上是由无数个人史所组合而成的整体史，反映的是大众的个体经历和个人视角所观察到的历史场景，能让我们看到更生动、更贴近生活、更富有个性的历史景象。”无疑，陈克潜、陈克澄先生的《风雨如磐忆江南——陈范有与江南水泥厂》是一部公众史学的典范之作。

该书自2016年出版以来引起了社会的广泛关注，近年来南京市档案馆以江南水泥厂史料开发研究为题陆续推出了文献纪录片、专题展览、档案汇编等成果，不断丰富了该课题的研究成果。

陈克潜、陈克澄两位先生不畏年高，根据近年来收集的资料，对《风雨如磐忆江南——陈范有与江南水泥厂》再次进行修订，相信该书的出版一定会引起更多读者的关注。

张连红

2019年8月31日于仙鹤门

（本序作者系南京师范大学南京大屠杀研究中心主任、博士生导师，侵华日军南京大屠杀史研究会副会长）

序　二

"十三五"期间,南京市档案馆申报的江南水泥厂档案成为国家重点档案保护与开发项目,项目成果包括一部专著《风雨如磐忆江南》、两集文献纪录片《一座工厂的抗日传奇》、三个相关展览、五本档案汇编,取得了良好的社会效益。南京市档案馆馆藏江南水泥厂档案主要包括江南水泥厂的筹建经过、增资过程、抗战前后大事记、沿革及历年资本变动说明、工厂机器被日军强迫拆迁、日军投降后增资扩股重购机器等内容。这批档案全面反映了作为民族工业脊梁的江南水泥厂的创业、发展历程,以陈范有为代表的民族工商业者在国家和民族危难之际和敌酋之间的顽强抗争,丹麦友人贝恩哈尔·辛德贝格和德国友人卡尔·昆德在南京大屠杀期间的艰难护厂,是具有珍贵历史价值的档案资料。

对江南水泥厂档案史料的系统研究始于2000年。2000年5月,时值中国、丹麦建交50周年。根据两国的文化交流协定,中国在丹麦的第二大城市奥尔胡斯举办"国际大救援"的展览,展览内容有侵华日军南京大屠杀期间丹麦友人辛德贝格在江南水泥厂难民营救助中国难民的事迹。

2002年4月6日,应南京市对外友好协会邀请,专程从德国赶来的卡尔·昆德夫人伊迪斯·昆德,向侵华日军南京大屠杀遇难同胞纪念馆捐赠了41幅见证南京大屠杀史实的图片拷贝,为深刻揭露侵华日军暴行、全面研究南京大屠杀历史提供了珍贵的史料。

2004年,陈范有四子陈克澄获得一批江南水泥厂档案并出版了《爱国实业家陈范有》一书,首次公开了这批档案。2013年,陈范有长子,苏州大学原校长、研究生导师陈克潜教授用了十多年时间将已发现的档案和各方面研究成果整理成《爱国实业家陈范有与江南水泥厂》一书出版,叙述了该厂16年艰苦创业的历程。

2014年3月，陈克潜教授前往南京市档案馆查询并获得江南水泥厂部分档案的复印件。经过仔细阅读和查考，萌生了对已出版的《爱国实业家陈范有与江南水泥厂》一书进行修订的愿望。2015年11月，多年研究江南水泥厂厂史的陈氏兄弟与南京市档案馆、苏州大学出版社共同协商，议定合作出版《风雨如磐忆江南——陈范有与江南水泥厂》一书。三方合作推动了档案的开发和利用，取得了较好的工作成果。

2016年南京大屠杀死难者国家公祭日前夕，由南京市档案馆和苏州大学出版社合作推出了由陈克潜教授与其弟陈克澄先生共同撰写的《风雨如磐忆江南——陈范有与江南水泥厂》。该书在采用南京市档案馆翔实可靠的第一手档案资料的基础上，记述了其父亲陈范有等中国民族工业的杰出代表创办南京江南水泥厂的艰难历史，国际友人卡尔·昆德、贝恩哈尔·辛德贝格等在侵华日军南京大屠杀期间机智护厂以及在江南水泥厂难民营救助和庇护南京难民的往事。该书序言由南京师范大学南京大屠杀研究中心主任、博士生导师张连红教授撰写，江苏省近现代史研究会副会长、江苏省社会科学院研究员孙宅巍和江苏省社会科学院研究员杨颖奇对该书进行了审读。2016年12月11日，该书在南京举行了首发式。

2017年12月13日，南京市档案馆联合相关单位共同主办的《风雨如磐——抗战中的江南水泥厂》展览，在南京市档案馆、南京抗日航空烈士纪念馆开展。1937年南京沦陷后，江南水泥厂民族实业家与正义仁爱的国际友人合作，不仅阻止了日军进厂，保护了工厂免遭日军侵占，还为中国军队伤员和当地难民提供避难场所，江南水泥厂难民营成为南京沦陷时期郊外最大的单体难民收容所，也是保护难民时间最长的难民营。面对敌人的威逼利诱，江南水泥厂的管理者机智迎敌、巧妙周旋，宁可蒙受巨大的经济损失，也坚持不开工，抗战期间没有生产一吨水泥，竭尽全力捍卫了民族尊严和国家利益。

2017年12月，《全面抗战中的南京记忆》展在南京市档案馆开展。展览的“生存与抗争”板块反映了江南水泥厂的民族实业家巧妙躲避日本势力，在南京八年沦陷期间不资敌、不生产的崇高民族气节。

由江苏省广播电视总台出品，南京市档案馆、南京电影制片厂联合摄制，以抗战期间江南水泥厂的故事为背景，历时18个月拍摄的文献纪录片《一座工厂的抗日传奇》,于2018年8月16日、17日在中央电视台中文国际频道《国家记忆》栏目20:00—20:30黄金时段播出。该片摄制组先后前往苏州、上海、北京、天津、唐山等地,查阅了南京市档案馆、天津大学档案馆、唐山水泥工业博物馆馆藏及陈范有先生家属所保管的珍贵档案,考察了保存至今的历史遗迹,重温了烽火岁月里那段永不尘封的历史记忆。纪录片分为《江南方舟》《明争暗斗》两集。2018年8月15日,南京市档案馆、南京电影制片厂、南京新工投资集团有限责任公司和江苏省社科院有关专家以及江南水泥厂的职工代表在江南水泥厂(有限公司)召开了纪录片播出座谈会。该片经过一年多的前期拍摄和后期精心制作打磨,播出后获得各方的肯定及好评,并荣获第十三届“中国纪录片国际选片会”创优评析文献类三等奖。

2018年1月27日,中国第一批工业遗产保护名录公布,江南水泥厂名列100家企业之中。时间的流逝不会淡化那段深刻的记忆,近代中国水泥工业蹒跚起步的脚印、南京大屠杀的民族灾难,如今仍然可以从档案中寻觅到痕迹。透过这些历史档案,我们看到了许多可歌可泣的人物和事件,大爱无疆的国际友人和艰苦创业的民族实业家永远值得我们怀念。

南京市档案馆

2019年7月7日

前　言

坐落在南京栖霞山东麓的江南水泥厂，是我国近现代民族工业艰难发展众相中的一帧缩影。从1935年开始筹建，历经坎坷磨难，直至新中国建立之后的1950年才竣工投产，其时长达16年之久。江南水泥厂的建设过程，从一个侧面见证了中国人民从苦难深渊走向繁荣昌盛的历史，其筹创历程中蕴含了太多筚路蓝缕的创建艰辛、顽强不屈的抗争精神，彰显了国际友人的正义良知、中华民族的强国梦想，留下了民族工业艰难困苦和顽强坚韧的历史印记。同时，解析江南水泥厂的这段历史，有助于我们了解那一时期中国民族资本发展的轨迹，以史为鉴，对于传承历史、服务现实、启引未来具有重要的作用。

1985年，时任全国政协主席的邓颖超同志提出为全国爱国实业家写百人名录，天津市有边洁清、陈范有、宋哲久三人入选。是年，天津市工商联合会李士钧先生联系到在天津的陈范有三女陈培之、女婿胡和严及在北京的陈范有次子陈克宽，于是陈克宽、胡和严和陈范有三子陈克俭等搜集了一些资料，并由胡和严执笔写成《爱国的实业家陈范有》一文，以“程蔚”的笔名，1986年11月发表在由中国民主建国会天津市委员会、天津市工商业联合会主编的《天津工商史料丛刊》第五辑上。这是最早将江南水泥厂主要创始人之一的陈范有与江南水泥厂联系在一起的文章。1995年，江南水泥厂厂志编委会编写了《江南水泥厂志》一书，记述了从1933年至1995年的厂史，其中着重叙述了新中国建立后该厂各方面的生产建设情况，但对此前长达16年的创业经历记述得比较简略。

陈范有的生前往事，其子女也知之甚少。1986年，陈克宽、陈克俭、胡和严等在《天津工商史料丛刊》上发表了《爱国的实业家陈范有》文稿之后，子女们又对居住在天津、上海、南京等地江南水泥厂的陈范有昔日同事和好友进行了访问和调查，并做了录音。在天津访问了原江南水泥厂董事会秘书言申夫，在江南一带访问了陈范有逝世后续任江南水泥厂总经理卢祖贻、会计师徐莘农、工程师张鸿椿等人。在此基础上,由陈克宽撰成有关江南水泥厂厂史部分初稿,陈克俭又加入有关祖父陈一甫的部分内容。2001 年,陈克宽、陈克俭出版了《“洋灰陈”传略》一书,记述了陈一甫、陈范有父子从事我国民族水泥工业的事迹。2002 年 11 月修订版问世,增加了抗战初期江南水泥厂难民营等内容。

关于江南水泥厂难民营的研究,始于原南京大屠杀史研究会会长、南京大学高兴祖教授。他在史料研究中发现,在南京大屠杀期间,受聘于江南水泥厂的丹麦人辛德贝格(Bernhard Arp Sindberg,又译为“辛波”“辛佩”“辛柏”)做了许多救助和庇护中国难民的工作。2000 年,高教授趁庆祝中丹建交 50 周年、在丹麦举办“南京大屠杀期间国际大救援展览”之际,着意在丹麦寻找辛德贝格,未果。高教授回国后不久即因病去世,《中国青年报》资深记者戴袁支报道了高教授去丹麦寻找辛德贝格一事的经过。2000 年 5 月 11 日,戴袁支前往江南水泥厂,终于在该厂留存的档案中找到了有关辛德贝格和卡尔·昆德(Karl Günther,又译“卡尔·京特”)的相关资料。

戴袁支在寻找辛德贝格下落的同时,委托旅德华人金存桐在德国寻找卡尔·昆德的下落,此时卡尔·昆德已经去世。几经周折,金存桐终于找到时年 81 岁的卡尔·昆德夫人,并获得有关江南水泥厂难民营若干重要的历史信息。戴袁支跨洲寻找南京栖霞的两位“辛德勒”事迹的经过,《中国青年报》做了追踪报道。2002 年 4 月,应南京市对外友协邀请,卡尔·昆德夫人携儿子访问南京,来到她 50 多年前生活过的江南水泥厂。在南京期间,卡尔·昆德夫人向侵华日军南京大屠杀遇难同胞纪念馆赠送了 41 张 60 多年前栖霞寺和江南水泥厂难民营的历史照片,一部尘封了半个多世纪的江南水泥厂难民营历史又清晰地展示在世人面前。2007 年,在侵华日军南京大屠杀发生 70 周年,侵华日军南京大屠杀遇难同胞纪念馆扩建之际,纪念馆增加了“江南水泥厂难民营”的展板。2010 年,戴袁支经过十年的艰苦考证,终于出版了《1937—1938:人道与暴行的见证——经历南京腥风血雨的丹麦人》一书,用大量的史料还原了当年江南水泥厂难民营的真相和辛德贝格的一生。

2000 年前后,南京民间收藏家叶德兴先生收集了不少江南水泥厂资料,引起了人们的关注。2004 年,在美国南加州大学任医学摄影师的陈范有四子陈克澄三次从美国前往南京，从叶德兴处获得部分资料，其中就有陈范有亲草、长达 54 页的《江南水泥公司之历史与内容及拟为政府部分加工之建议》《事变后江南水泥公司大事记》等重要档案，以及陈范有的若干往来信函、与日方会谈记录、汪伪政府下达的文件等各类资料。2004 年 11 月，陈克澄出版了《爱国实业家陈范有》一书，将这些资料首次公之于世，并于 2007 年将这些档案原件及复印件捐赠给北京卢沟桥的中国人民抗日战争纪念馆。

2007 年，南京市档案馆的有关人员在整理侵华日军南京大屠杀史料时，在江南水泥厂发现了一批重要的历史档案。这些档案比较完整地反映了曾经是民族工业和中国建材工业杰出代表、号称“东方水泥之冠”的江南水泥厂的创业发展历史，记载了以主要创办人之一的陈范有先生为代表的民族实业家，在国家和民族危难之际，与侵华日军和汪伪政权顽强抗争，最终招致拆机毁厂以及战后重建等事实。为了更好地保护这批珍贵的历史档案，南京市档案馆于 2007 年 4 月选派了王伟、卞继东、崔立平、刘萍等四位同志携带设备驱车几十公里，用 13 天时间将这部分档案规范整理并进行了数字化扫描。2010 年，南京市档案馆接收了这批档案，并与馆藏的江南水泥厂档案合并。

陈克潜自 2000 年收集有关江南水泥厂资料，整理出该厂长达 16 年的创业史实，于 2013 年出版了《爱国实业家陈范有与江南水泥厂》一书。该书出版后，作者得知南京市档案馆整理出 2007 年发现的一批新档案，2014 年前往南京市档案馆查阅这批档案。作者仔细阅读了这部分档案，将有关资料充实到书中。又经过一年的努力，作者于 2015 年 10 月完成该书的补充和修订，形成了《风雨如磐忆江南》的初稿。

2015 年 11 月 20 日，南京市档案局张军副巡视员等人来苏州大学商讨《风雨如磐忆江南》的出版事宜，苏州大学田晓明副校长、校长办公室吴鹏副主任以及苏州大学出版社张建初社长等接待了张军一行。经过协商，达成了陈克潜与南京市档案馆、苏州大学出版社三方共同合作出版本书的协议。

2016 年 12 月 11 日，在第三个南京大屠杀死难者国家公祭日前夕，在南京举行了《风雨如磐忆江南》的首发式，一本较完整地反映中国民族工业艰辛创业、艰难发展过程的著作，经过多年努力、多方协作，得以面世。

历史事件往往与人物紧密相连。在创建江南水泥厂的过程中，关键人物陈范有、王涛、庾宗溎、赵庆杰等人均毕业于天津北洋大学。在西学东渐的浪潮中，北洋大学是最早打破封建教育体系，传授西方先进科学技术的高等学府之一。陈范有、王涛、庾宗溎、赵庆杰等人是最早接受西式教育的一代知识分子，他们有技术、有抱负，认为仿效西方实现工业化是“实业救国”的理想道路，为此他们付出了不懈和艰辛的努力。中国民族工业的发展历史并不算长，由于时运不济，1931 年“九一八”事变之后，日本军国主义的侵略打断了其发展进程。诚如王光英在《爱国实业家陈范有》一书的序言中所说：“落后就要挨打，在山河破碎、国难当头的情势下，是没有民族工业的前途可言的。……只有民富国强，才会有民族工业真正的春天。”

民族工业史是我国近现代史的重要组成部分。在历史长河中，这段历史虽然不长，但中国民族工业艰难创办、蹒跚发展的曲折经历，给人们留下了不少思考和启迪。相隔几十载，翻开尘封的档案史料，虽然记忆的底片有些模糊，但依然可以藉此勾勒出中国近代工业艰辛而光辉的发展历程。本书作者与南京市档案馆等单位合作，挖掘历史，考证有关档案，吸收各方的研究成果，重点聚焦在1935—1950 年 16 年间江南水泥厂创建过程，撰成此书，以飨读者。

第一章
中国水泥工业应时崛起

半殖民地半封建的旧中国历史是一部被侵略、被掠夺、被欺凌的历史。19世纪60—90年代，腐败落后的清政府曾推行过“洋务运动”，企图“师夷长技以自强”，曾国藩、李鸿章等人以官办名义兴建了一批军事工业。1894年中日甲午之战，北洋海军全军覆没，宣告洋务运动破产。但洋务运动也带动了一些基础工业的建设，客观上促进了民族工业的发展。1875年，为了给北洋海军提供燃料，李鸿章指派唐廷枢（字景星）创办开平矿务局。唐廷枢是广东香山县人，因熟悉洋务而为李鸿章赏识。后因军事、建材的需要，李鸿章又命唐筹建水泥厂。1889年，唐廷枢建成唐山细绵土厂（“细绵土”为英语水泥“cement”译音，意译“洋灰”）。1907年，湖广总督张之洞招商，程祖涵应招开办湖北黄石大冶华记水泥厂。以上为我国最早涉足生产水泥的企业。

我国早期水泥工业多为官办，在技术和经营管理理念方面存在不少问题。例如，唐山细绵土厂原料石灰石取自唐山，而黏土则取自唐廷枢家乡广东香山。唐山细绵土厂趁开平煤矿运煤至广东空船返回之时，再把香山黏土运至塘沽，辗转由陆路运至唐山，因而运输成本增加，加之机器落后，1893年唐廷枢病故后，该厂亏赔停闭。唐山细绵土厂因借款而抵押给开平矿务局。

一、 中国首座大型水泥企业——启新洋灰公司的诞生

江南水泥公司起源于启新洋灰公司，两者关系密切。了解江南水泥公司的发展历史，必须从启新洋灰公司开始。

周学熙

1898 年,周学熙[①]任开平矿务局总办,兼管唐山细绵土厂。周指派学过 8 年德文,并去过德国的李希明负责恢复水泥生产,同时聘用德国人汉斯·昆德(Hans Günther,又音译为汉斯·京特)为技师,李希明任翻译。汉斯·昆德把产自唐山的黏土送往德国化验,证明唐山黏土也可以成为生产高质量水泥的原料,仅此一项,就可大大降低生产成本。

1900 年八国联军入侵中国时,美国人赫伯特·胡佛(Herbect C. Hoover)既是开平煤矿的工程师,又是英商墨林公司在华代表。胡佛利用开平矿务局督办张翼害怕八国联军占领开平煤矿的心理,借口为避免工厂被联军侵占,哄骗私作卖契,将开平煤矿全部产权转给英商墨林公司。总办周学熙反对,拒不签约,并辞去总办职务以示抗议。张翼即委托德国人德璀琳(Gustav Von Detring)为代理总办,代签秘密契约。签约中未写明有关开平煤矿收回条款,以致八国联军退去后,英商霸占了开平矿务局产权。

汉斯·昆德

1902 年,开平矿产被英商骗占的事才被发现。1905 年,清政府责成张翼赴伦敦向英国法庭提出诉讼,但结果以失败告终。这样,耗费官银 120 万两创办的开平煤矿落入英商之手。[②] 早先唐山细绵土厂由于亏损,被抵押给开平矿务局,在英商强占开平煤矿之时,唐山厂也连带被强占。关键

① 周学熙(1866—1947),字缉之,号止庵,安徽至德(东至)人。其父周馥,为晚清洋务运动重要人物之一。周学熙是著名实业家,北方近代民族工业奠基人,与南方实业家张謇齐名,史称“南张北周”。1898 年任开平矿务局总办,1902 年开办银元局。1903 年赴日本考察,著有《东游日记》。1903 年开办工艺总局。1906 年从英商手中收回唐山细绵土厂,改办为启新洋灰公司。1907 年开办滦州矿务公司。1910 年在北京开办自来水公司。1918—1921 年在唐山、天津、青岛等地开设华新纱厂,创建华新纺织公司、中国实业银行、耀华玻璃厂等。1912 年、1915 年两度出任北洋政府财政总长,但坚决反对袁世凯称帝,被袁软禁于北京,直至袁世凯称帝失败才获自由。晚年在家中开办“师古堂”。1947 年逝于北京寓所,终年 82 岁。

② 清政府收回开平煤矿失败后,周学熙在唐山另设开滦矿务局与之抗衡,实行“以滦制开”。最后终因政府支持不力,双方妥协,两矿合并,成立开滦矿务局,成为中英合资企业。

之际,汉斯·昆德做了一件对中方极为有利的事。在相关档案中,他了解到唐山细绵土厂抵押借款的合同规定中,存有提前三个月通知开平煤矿,该厂就可以赎回的条款。因此,他拒绝将这些档案交给英商,甚至拒绝了曾推荐他入唐山细绵土厂的德璀琳的重金利诱。在李希明的支持下,汉斯·昆德把档案交给了中方,使周学熙在交涉唐山细绵土厂产权时,了解和掌握了开平煤矿和唐山细绵土厂之间仅为产权抵押而非产权转移的关系,唐山细绵土厂并不是开平煤矿的组成部分。据此,最终使该厂于1906年正式从英商手中赎回。周学熙在他的自述年谱中提到:"使昆德者当日不携出或私授英人,则此产早与矿产同入开平掌握中矣。所以未蹈覆辙者,昆德之功不可没。"又说:"余恐此轶事,后人无从考虑,特表而书之,以告来兹。"[①]可见,汉斯·昆德为唐山细绵土厂的收回做了一件大好事。

陈一甫

1906年,周学熙将收回的唐山细绵土厂改名为启新洋灰公司,并被任命为总理。在袁世凯的支持下,借得官银100万元,使工厂的发展步入正轨。当周学熙得知袁世凯将升任军机大臣、外务部尚书时,恐袁离津赴北京之后,官场变化将致使启新洋灰公司发生风险,故1906年11月起,花了8个月时间,通过吸收地方官员、盐商及公司主管等出资入股,用私人资本置换官银,使启新由官办变成民营,生产能力得到发展。1912年,启新总理开始由股东直接选举产生,公司才真正成为民营股份有限公司。周学熙当选为公司总理,袁世凯私人管家王筱汀[②]当选协理,陈一甫[③]被任命为总事务所经理,李希明[④]为公司下属工厂经理。转为民营企业的启新洋灰公司,在周学

① 周小鹏:《周学熙传记汇编》,甘肃文化出版社,1997年,第32页。

② 王筱汀(?—1938),字锡彤,河南汲县人。家境寒素,靠自学取得功名,在豫北各县书院教课讲学,成为当地的名人。后进入袁府,成为袁世凯的嫡系人物和私人管家,1910年由袁推荐任京师自来水公司协理。1912年任启新洋灰公司协理。袁世凯去世前,委托王筱汀照顾他的后人,并主持为袁世凯身后分家析产。

③ 陈一甫(1869—1948),名惟壬,安徽石埭人,陈范有之父。自幼与周学熙相识,辅佐其创办实业。1903年任北洋银元局提调,1905年赴日本考察,1906年任北洋劝业铁厂坐办。先后任启新洋灰公司驻津办公处坐办、总事所经理。还参与滦州矿务局事务,1924年继任滦州矿务局正主任董事,1932年任启新洋灰公司总理。是周学熙主要助手和"北周"华北实业集团中的重要成员。

④ 李希明(1870—1932),名士鉴,天津人,著名实业家。北洋武备学堂、路矿学堂毕业。曾任开平煤矿、建平和永安金矿、承平银矿等矿帮矿师。长期任启新洋灰公司唐山工厂经理,负责水泥生产,后任公司总经理。曾兼任开滦总局议董、华新纺织工业公司唐山厂董事、永平铁矿公司董事等职。

熙执掌期间，购买新的生产机器，扩大生产，增设了甲、乙、丙、丁四个工厂，生产规模进一步得到扩大。

唐山启新洋灰公司工厂，现为中国水泥工业博物馆（陈克宽提供）

1907 年建立的湖北大冶华记水泥厂，1909 年开始生产。因欠日本大量债务，日方意欲收购该厂。为了防止日货占领中国市场，1914 年启新洋灰公司出资兼并了湖北大冶华记水泥厂，更名为启新华记水泥厂。嗣后，启新洋灰公司在上海和汉口两地均设有办事处。

第一次世界大战（1914—1918）期间，帝国主义列强无暇东顾，暂时放松了对中国的经济侵略，此时的中国民族工业迎来了短暂的发展时机。1914—1922 年，启新洋灰公司达到了鼎盛时期，所产水泥几乎占国产水泥份额的 100%，销售占市场总销量的 92%（进口水泥占有少量市场），在我国水泥工业中形成一家独大的垄断局面。

二、20 世纪 30 年代我国水泥企业三足鼎立

随着经济社会发展对水泥需求的增加，1920 年，有“火柴大王”之称的刘鸿

生[1]创办了上海华商水泥公司(龙华水泥厂),1923年投入生产。1921年,靠承包土木工程建设起家的姚锡舟[2]在江苏龙潭创办了中国水泥公司(龙潭水泥厂),1923年投入生产,并于1926年兼并了太湖水泥厂,产量大增,仅次于启新,居第二位。这样,国内水泥行业形成了启新、龙华、龙潭三大企业三足鼎立之势,启新已失去其垄断地位。三者之间既有竞争,又有联合。

第一次世界大战后,列强重新把掠夺目标指向中国,加之国内军阀混战,民族水泥工业在内忧外患的夹缝中生存十分艰难。1929年,世界爆发经济危机,日本浅野水泥和小野田水泥大量倾销我国。日资小野田水泥厂1907年在大连建厂,1909年投产,1922年、1928年两次扩建,年产25万吨。产品大约65%在东北销售,20%销往华北、华南地区,15%销售到日本、东南亚及我国台湾。国内水泥企业为了抵制日货,曾携手联合营销。

1925年,启新与上海华商曾达成联合协议,1927年后又与中国水泥公司谈判,最终达成三厂联合协议,抵制日货,避免内耗。但日本浅野水泥、大连日资小野田水泥大肆倾销,1933年上海工部局两次招标,启新、华商、中国三家公司虽联合投标,但最终还是失败。

三、 启新洋灰公司领导层实现新老交替

周学熙创办了启新洋灰公司并担任公司总理。周兼职颇多,便在天津的总公司设“代办”一职,由同乡、至交陈一甫担任。陈谨慎细致,工作负责,为公司的发展做出了重要贡献。周命李希明长驻唐山,负责水泥的实际生产。陈一甫、李希明成为周学熙的得力助手。在两人辅佐下,周学熙在任总理期间,启新事业蒸蒸日上。

启新借袁世凯之力而兴起,袁为获得利益,1910年派私人管家王筱汀为董

---

① 刘鸿生(1888—1956),祖籍浙江定海,出生于上海。中国近代著名爱国实业家,被誉为中国的“火柴大王”“毛纺大王”“水泥大王”。新中国成立后曾任第一届全国人民代表大会代表、中国人民政治协商会议第二届全国委员会委员、中国民主建国会中央常委、中国民主建国会上海市委副主任委员、华东军政委员会委员、上海市人民政府委员。

② 姚锡舟(1875—1944),字锦林,上海人。近代实业家、建筑家。自幼独自外出谋生,曾受教于著名工匠杨斯盛,学习营造技术。光绪二十六年(1900),创办姚新记营造厂,成为上海著名的建筑承包商。后因在上海建造电话大厦、中央造币厂、法国总会,在南京建造中山陵而声名大振。1921年年初,他发起组织上海营造业同行,在南京近郊龙潭镇创办水泥厂。在南京成立中国水泥股份有限公司,自任总经理,聘德国人克礼司盟为技师。经过数年的曲折发展,中国水泥公司成为仅次于唐山启新洋灰公司的全国第二大水泥生产商,所产“泰山牌”水泥远销香港、东南亚等地。抗日战争中,他坚持民族大义,断然拒绝与日本军方及三井财团合作经营中国水泥厂。

事，两年后任协理。1916 年袁世凯称帝失败，不久去世。其子袁克桓[①]（又名袁心武）、袁克轸（字凤德）等以及王筱汀之子王仲刘，先后进入启新。

周学熙任启新洋灰公司总理长达 20 年，60 岁时，在其自叙年谱中写道："精力就衰，时事又多变幻，殊非老朽所能周旋。"[②]1924 年遂辞去总理职务，由其亲戚言仲达代理启新洋灰公司总理。

启新事业兴旺，引起北洋政府一些政要的注目。刚退出政界的龚心湛（仙洲）因周学熙关系，1927 年出任启新洋灰公司总理，曾任北洋政府内阁总理的颜惠庆与龚心湛成为启新洋灰公司董事会成员。

袁心武

1930 年，启新元老李希明任总理，袁心武任协理。1932 年李希明病故，公司另一元老陈一甫接任总理，这是陈任职 20 多年来首次执掌启新。一年后公司董事会改选时，袁心武以陈年事已高，委婉劝其离任，将其子陈范有由科长升任为公司协理。1933 年，袁心武获任总理之职。

袁心武 1927 年即为董事，1930 年为协理，已在公司核心层工作多年。袁足智多谋，实际掌控启新全局。王仲刘职务不动，留任协理。陈范有是领导层中唯一受过正规高等教育且懂技术的重要成员。他在南开中学时，与周恩来先后同学并相识。在北洋大学时，与陈立夫成为同室好友。陈范有以及他推荐聘任的人才成为公司的技术骨干。

1933 年，启新洋灰公司领导层为总理袁心武，协理王仲刘、陈范有。至此，启新洋灰公司的权力转移到第二代手中，完成了新老交替，也开始逐步改变技术依赖外国人的局面，生产技术掌握在中国人自己手中。

---

① 袁克桓（1899—1956），又名心武，字巽安。出生于天津。祖籍河南项城，为袁世凯第六子。1913 年受其父派遣，赴伦敦就读英国皇家军校。次年回国后，在其父身边见习军事，因此结识了一些政治人物。1916 年袁世凯称帝失败时，袁心武 18 岁，袁世凯死后，随其母定居天津。其母杨氏对子女教育甚严，提倡勤俭、立业。1927 年成为启新洋灰公司董事，1930 年任协理，1933 年成为启新洋灰公司总理。1935 年他支持在南方建立新厂，成为江南水泥公司常务董事。抗战时期，袁心武利用袁世凯之子关系与日方交往周旋，拒绝日资进入启新洋灰公司，坚持江南水泥厂不开工，对日方拆机持反对态度。1956 年 9 月袁心武逝世，国家建材工业部派代表出席追悼会，肯定他对国家建材工业的贡献。

② 周小鹏：《周学熙传记汇编》，甘肃文化出版社，1997 年，第 52 页。

四、 启新洋灰公司首用国人总技师

在洋务运动中，清政府采购大量西洋机器，并聘用不少外籍技师。其中尽管有汉斯·昆德那样尽心为中国人服务的洋人，但也有只为中饱私囊，或带有其他目的。具有高等学历的陈范有27岁进入启新，在生产基层工作已8年，了解水泥生产的全部过程，认为启新聘用的丹麦人施密特·金森(Schmit Jensen)并不称职，因此向父亲陈一甫推荐了其北洋大学师弟王涛。1932年，陈一甫任启新洋灰公司总理不久，就做出一个重要的决定，聘任陈范有推荐的校友王涛为总技师。这是启新第一次不用洋人而聘用中国人掌管全厂的技术工作。

王 涛

王涛[①]，1926年毕业于北洋大学，曾在姚锡舟创办的位于江苏龙潭的中国水泥公司工作过3年。这3年时间，正值该厂合并太湖水泥厂，他因此有了建设水泥厂的实践经验。其凭借勤奋努力，1929年考取官费进修名额，赴德国皇家水泥研究所进修。在进修3年间，他与德国导师发表了有关“水泥水化”的论文，因而闻名于水泥界。王涛既有实践经验，又有理论修养，回国后一心寻找能够施展其才华的舞台。恰在此时，陈范有向董事会提出不再续聘金森而另聘技师的意见，并推荐了王涛。1932年11月，陈范有请王涛来启新洋灰公司考察，王涛写了考察报告《参观唐山厂的概述及意见》，指出启新存在的问题和解决的办法。董事会认为，王涛提出的问题抓住了公司生产、经营的关键，显示出王涛的才华和金森的不足。启新决定聘王涛为总技师，彼时他年仅28岁，成为启新第一任华人总

① 王涛(1905—1985)，字松波，上海崇明人。1926年毕业于天津北洋大学采矿工程系。1929年赴德国进修。1932年任启新洋灰公司总技师。1935年兼任江南水泥厂技术筹备专员，参与江南水泥厂的建设工作。抗战爆发后，离开启新洋灰公司南下至湖北。受国民政府经济部长翁文灏之命，将湖北大冶启新华记水泥厂迁移到湖南辰溪。先后参与建设昆明水泥公司、贵阳水泥厂等，在抗日战争的大后方发展水泥工业，为国民需求和抗战军需做出贡献。1944年订购美国最先进的水泥设备，在大冶建成当时远东第一、享誉中外的华新水泥厂。新中国建立后任华新水泥公司总经理、总工程师。1955年调国家建材工业部任一级工程师，先后担任建工部水泥研究院院长、国务院科学规划委员会委员、硅酸盐学会常务理事和顾问等。王涛在中国水泥工业发展中起着重要作用，是第一、二、三届全国人大代表，第五、六届全国政协委员。1985年5月23日与世长辞，享年80岁。

技师。

王涛任职后，对全厂的生产工艺和设备进行了多项改进。他购置国外先进仪器，建立起当时国内先进的实验室，大幅度提高了水泥产品的质量。王涛还首创用纸袋包装水泥，防止水泥受潮，此项工艺日后在全国水泥企业得到推广。

陈范有引进了王涛，两人志趣相投，亲密合作，成为挚友。又引进了有留美经历的赵庆杰任化验室主任，引进了留美回国创业的工程师庾宗溎，为启新注入一股新生的技术力量。

抗日战争爆发后，王涛到抗战大后方发展水泥工业。陈范有和赵庆杰、庾宗溎等人则在沦陷区留守，饱受磨难，苦苦支撑快要建成、尚待完工的江南水泥厂。抗日战争胜利后，又一同重建该厂，为新中国留下了当时东亚先进的水泥企业。正如陈范有在他亲拟的《江南水泥公司之历史与内容及拟为政府部分加工之建议》中所说："华新水泥厂为美国所设计最新机器，江南水泥厂为欧洲设计最新机器。"[①]江南和华新两大水泥厂并驾齐驱，成为新中国水泥工业的支柱。

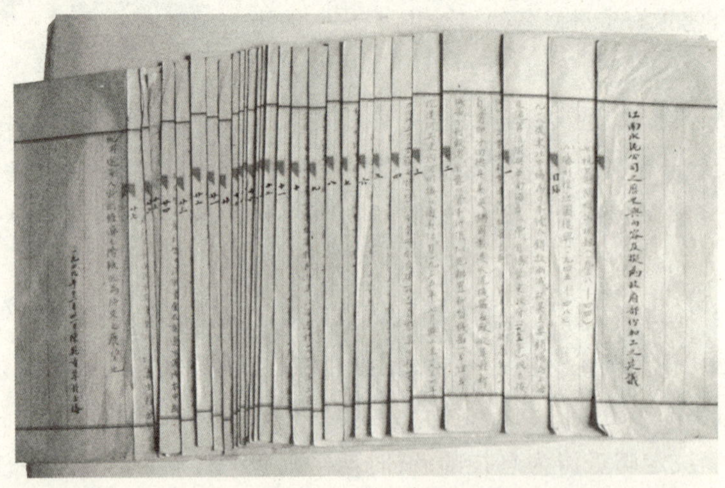

陈范有亲草之《江南水泥公司之历史与内容及拟为政府部分加工之建议》

① 陈范有：《江南水泥公司之历史与内容及拟为政府部分加工之建议》（甲）。原件已捐赠给中国人民抗日战争纪念馆，复件存南京市档案馆（见后附档案1）。

第二章
避敌锋芒　南下选址建设新厂

1931 年，日本发动“九一八”事变，东北三省沦陷，启新洋灰公司完全失去了东北市场。1935 年，伪冀东政府成立，包括唐山在内的河北省东部实际上已处于日本势力范围之内，启新等国产水泥企业举步维艰。这种不利的国际和国内形势，摆在新产生的启新洋灰公司领导的面前。

新上任的启新洋灰公司总技师王涛熟悉江南地区的情况，有意在江南一带建厂。这个想法启发了陈范有的思路。启新在失去东北市场后，经苦心经营尚有盈余。资金如何使用，从公司发展的长远利益考虑，投向老厂不如另建新厂。用陈范有的话说就是：“鉴于冀东（即唐山一带）已沦为敌日势力范围之内，遂改变方向，拟在江南一带另设新厂，一则以避敌日之锋，一则以就近市场也。”①

就南下办厂一事，启新洋灰公司的领导层很快达成共识，并积极付诸行动。

一、　确定厂址　获得国民政府批准

1933 年，启新洋灰公司董事会派技术专家赵庆杰②到江南一带察勘地形地质，选择建厂地址。赵庆杰冒着严寒酷暑，踏遍宁镇丘陵山区，取岩样化验，进行分析比较，历经一年时间。最后发现在南京栖霞山东麓，石灰岩和黏土储量丰

---

① 陈范有：《江南水泥公司之历史与内容及拟为政府部分加工之建议》（甲）之（一）（见后附档案 1）。

② 赵庆杰（1901—1975），江苏川沙（今属上海）人。1922 年毕业于北洋大学冶金系。因学业成绩优秀，获得奖学金赴美国卡乃奇工学院冶金系深造 3 年，取得硕士学位。回国后，在唐山交通大学先后任副教授、教授。1933 年应陈范有之聘，任启新洋灰公司实验室主任，后任启新洋灰公司总工程师及厂长等职。江南水泥厂所购机器均由赵庆杰负责安装。新中国建立后任江南水泥厂厂长兼总工程师。是陈范有技术领域中最密切的合作者。在国内首次试制油井水泥，填补了我国此项空白，得到南京市人民政府奖励。1956 年 5 月国家建筑材料工业部调赵庆杰去北京建筑材料研究院水泥研究所任工艺室主任。1972 年退休，1975 年 10 月 5 日在无锡病逝。曾任全国政协第二、三、四届委员。

厚,质地优良,开采条件好,且地处长江沿岸和京沪铁路沿线,水陆交通十分便利。赵庆杰还考察了安徽的淮南煤矿,对原料煤来源进行了详细调查,同时对浙江杭州市闸口镇是否可设水泥厂也做出了评估,最后由公司决策,确定南京栖霞山为新建江南水泥厂厂址。

栖霞山地区地处首都南京附近,是江防军事要地,在此处建厂须经国民政府军事委员会的批准。这件事先由曾任北京政府内阁总理、时任驻苏联大使的启新洋灰公司董事颜惠庆面见蒋介石提出办厂请求。颜惠庆、袁心武、陈范有等人又于1935年1月22日向国民政府军事委员会呈文申请在栖霞建水泥厂[①],但杳无音讯。见此情形,陈范有写信给他的北洋大学同学、舍友陈立夫请求帮助。陈立夫回信如下[②]:

范有哥:

请即转请颜大使电蒋委员长。大意如下:"前托立夫兄代呈关于江南水泥公司……一呈,祈早赐批准,以便早日施工购机为祷……"则较可迅速批准也。耑此

敬颂勋祺!

弟燕上,二、三

陈立夫的回信寓意深长,由他代呈文件,说明他对建厂一事的支持。

陈范有即照陈立夫所言行事。陈范有天天盼着南京的消息。2月11日,蒋介石给颜惠庆复电,说水泥厂一事,已交军委会核办。陈范有思忖,厂址事关江防军事要地,一般官员不会为此事负责,核办不知要核到何时。情急之下,又写一函给陈立夫,并由此时正在南京的孙柏轩[③]亲自送到陈立夫府上。函件内容

---

① 颜惠庆等就申请在栖霞建水泥厂事呈国民政府军事委员会文,1935年1月22日。南京市档案馆藏(见后附档案2)。

② 陈立夫致陈范有函,1935年2月23日。南京市档案馆藏(见后附档案3)。陈立夫名祖燕,故落款称"弟燕"。

③ 孙柏轩(1899—1957),安徽石埭人,为陈范有堂兄妻弟。1924年任启新洋灰公司职员。1933年在南京随陈范有筹办江南水泥厂,负责处理内部财务、人事、文书和对外联系,与庾宗溎、赵庆杰同为江南水泥厂筹建组负责人。建厂初期,在购买栖霞山工厂用地时,与当地地方势力周旋,曾被当地黑恶势力以莫须有的罪名告至当地法院。经他多方活动斡旋,工厂圆满完成了征地任务。办事仔细认真,善于文书,为陈范有的得力助手。抗战期间,曾由上海赴天津,根据陈范有意见,曾取道安徽屯溪潜赴重庆,与有关方面进行联系。抗战胜利后,担任江南水泥厂副厂长,负责全厂财务、后勤及对外联络工作。后身染肺病,由杜芝良代理副厂长。1952年经医生检查可以工作,考虑身体情况,4月调回上海江南水泥公司任董事部稽核。1957年病逝。

如下①：

立夫吾兄赐鉴：

前奉大函，比即遵嘱托由颜大使致电蒋委员长，请其早日批准，以便进行。昨日颜得蒋复电，谓水泥厂事已交军委会核办矣。当经专电奉达登记室。此事现既在军委会，非切托该会主管人员，恐难得早日批下，仍须仰仗吾兄大力亲向主管者切托，务恳吾兄于百忙中抽暇代为一办。此间对于购办新厂机器，业已着手进行，专候此项要塞问题之解决，即可签订各项契约。此事一日不决，弟等一日难安，一切事务亦均难进行。弟回津已将旬日，消息沉闷，殊深焦灼。无论如何务恳代为力催，并向主管说明递呈经过及原委。是为至托，不情之处尚希鉴谅为祷，匆此。

勋祺　鹄盼福示！

弟陈敬启

廿四年二月十二日

由于陈立夫不在家中，孙柏轩未能面呈而是在陈宅留下纸条，说明来意。陈立夫对于办厂一事，正在积极斡旋。过了 4 天，陈立夫将有关情况函复陈范有②：

范有吾兄：

手书诵悉。柏轩兄枉顾未晤为怅函亦接到。弟已将此事托军委员秘书处及第一、三两厅查过，据复并未接到该项呈文。现当另行设法查询，俟查明再当函达知。

先此布复。顺颂

台祉

弟　陈立夫启

二月十六日

① 陈范有致陈立夫函，1935 年 2 月 12 日。南京市档案馆藏（见后附档案 4）。

② 陈立夫复陈范有函，1935 年 2 月 16 日。南京市档案馆藏（见后附档案 5）。

“栖霞模范农林畜牧场”木牌

经过陈范有的不断努力，加之陈立夫的活动和帮助，终于在3月13日拿到蒋介石签署的军事委员会4951号批文①，跨过了建厂过程中最大的难关。

关于记录这段历史的来往信件均保存在南京市档案馆中，从中可看出陈立夫与陈范有之间的大学同窗情义，陈范有因此也解决了建厂中最关键的问题。

与此同时，由孙柏轩负责的购买山石土地工作也已开始。为避免同行竞争和抬高地价，公司在创立之初，宣称开办“栖霞模范农林畜牧场”，并立了场牌，任命沈济华为农场主任。孙柏轩凭借其老到干练，经过和当地势力的机智周旋、巧妙应对，解决了不少纠缠，买下了规划中的厂基，面积为2 400亩的土地与山丘。

二、 江南水泥公司正式成立

1935年3月13日，国民政府军事委员会正式批准在栖霞山开设水泥厂。3月31日，江南水泥公司发起大会在天津召开。② 到会254人，均为与启新洋灰公司相关人士，大会推周实之为主席。王仲刘③发言道：“发起人诸君既一致提议，以启新公司再分息八厘为江南水泥公司的股本，股本总数二百四十万元，已由发起人一次认足。公司先就位于天津的启新大楼设立筹备处，并拟定简章八条，请众公议。”会上一致通过简章后，选出筹备委员11人，名单如下：吴少皋、卢开媛、

① 国民政府军事委员会4951号批文，南京市档案馆藏（见后附档案6）。

② 江南水泥公司发起人会议记录，南京市档案馆藏（见后附档案7）。

③ 王仲刘：王筱汀之子，启新洋灰公司协理，江南水泥公司常务董事。晚年笃信佛教，1943年逝世。

袁心武、周实之、颜惠庆①、孙多钰(章甫)、陈范有、王仲刘、庾宗溎②、王松波、张建新。

颜惠庆

袁心武在会上指出:"筹备委员自以由启新公司董事担任为便,但建厂购机,关于技术方面须各有专家,方可合力进行。故委员中有启新总技师王涛(松波),会计专家张建新和土木工程专家庾宗溎。"庾宗溎为陈范有北洋大学校友,留学美国,方进入启新不久,后来也成为江南水泥公司核心人物之一。

1935 年 5 月 1 日,江南水泥公司在天津召开第一次股东大会,宣告公司正式成立。到会股东 415 人,筹备会报告了筹备经过。股本为二百四十万元,全数一次收齐。工厂设在南京栖霞山,董事会设在天津。大会通过了公司章程草案,选出董事会人选:

董 事 长 颜惠庆

常务董事 袁心武 王仲刘 陈范有

董 事 孙多钰 周学辉 吴少皋 卢开媛 曾养甫

董事会聘王涛为技术筹备委员。

---

① 颜惠庆(1877—1950),字骏人,出生于上海,祖籍福建厦门。早年毕业于同文馆,后留学美国弗吉尼亚圣公会中学及州立大学。回国后,任上海圣约翰大学教授、商务印书馆编辑、中国驻荷兰公使馆翻译及驻美国、墨西哥公使馆参赞等职。1909 年,任清政府外事部主事、参事。辛亥革命后,1912 年起历任外交次长及驻德国、丹麦、瑞典等国公使。1920 年任外交总长。1924 年任北京政府内阁总理兼内务总长。1926 年任国务总理,并摄行总统职权。1929 年起投身实业界,成为启新洋灰公司董事。创建江南水泥公司时,被选为董事长。抗战期间,他寓居上海,投身慈善、教育事业。日方企图通过他完成拆迁江南水泥厂机器的谈判,他以老练的外交手段与日方机智周旋。1949 年 2 月与邵力子等人由上海飞抵北京,代表上海各界与中国共产党商谈和平及南北通邮、通航等事宜。新中国成立后历任中央人民政府政法委员会委员、华东军政委员会副主席等职。1950 年 5 月 24 日病逝。

② 庾宗溎(1893—1958),江苏常熟人,1921 年毕业于北洋大学土木工程系。后留学美国,就读于康奈尔大学。回国后组成工程队,在安徽、江苏、天津、山东、浙江、上海等地主持有关公路、铁路、桥梁、水利、房建等土木工程的设计与施工。由其设计的江苏省常熟县白茆闸工程一直使用到 2002 年,被称为江南第一闸。1923 年,参与了陈范有在家乡安徽省石埭县永济桥的施工。1935 年任江南水泥公司筹建委员、江南水泥厂建厂处负责人,负责土木工程建设。南京沦陷后,与日方、汪伪政府机智周旋,抵制日军一次又一次无理及强迫开工要求。太平洋战争爆发后,日方企图强行拆走江南水泥厂机器,他忠于职守,据理抗争,置生死于不顾。抗战胜利后,任江南水泥公司董事,积极从事江南水泥厂的重建工作。1947 年任江南水泥公司副总经理。1952 年 5 月突发脑溢血中风就医。1956 年公私合营后续任江南水泥公司董事。1958 年逝世。

颜惠庆当选为董事长，他参与江南水泥公司的决策和决定。公司的日常工作则主要由袁心武、王仲刘、陈范有处理。此与启新洋灰公司总理、协理职位的设置相一致，表明江南水泥公司是由启新洋灰公司投资创办而衍生的事实。

江南水泥公司创建伊始，无论是从整体设计还是技术要求看，掌握生产技术的陈范有的作用更加突出，而王涛、赵庆杰、庾宗溎等建厂负责人均为其志同道合的同窗好友。事实上，陈范有已成为江南水泥厂筹建过程中的核心人物，陈范有对该厂的经营理念、整体设计、机器布局以及经营管理起着决定性的作用。抗战胜利后，陈范有被正式任命为总经理。袁心武在江南水泥厂建设过程中与陈范有通力合作，也发挥了至关重要的作用。

三、 订购机器 欧美各厂商竞相竞标

江南水泥公司成立后，当即分别向德、丹、美、英诸国制造水泥机器名厂征购最新机器，由上述诸国厂家分别报价。原意因资本所限，拟先购买新型机器一单位，年产水泥 10 万吨，预留逐步扩建地域，最终扩充到四单位，总共年产水泥 40 万吨。当时各国著名厂家获知江南水泥公司将成为中国最新的模范水泥厂，无不悉心研讨，刻意竞争，均派遣代表或专家，齐集天津，面为商讨。报价者凡七家，以德国波利西亚斯厂（Palysius）所报之价最廉，机器亦颇精致。江南水泥公司首先与其洽商，行将订约。而丹麦的史密芝公司（F. L. Smidth & Co.）为夺得此项交易，极力游说和鼓动江南水泥公司，将原计划先购置一单位机器增为两单位，使产量加倍，而机价所增无多，且用种种方法保证机器效率，付款条件也给予优惠。当时国内水泥需要数量日见增加，公司为降低成本，并利用各外商同业竞争之心理，遂改变计划，于 1935 年 5 月 23 日，与丹麦史密芝公司订立购买两单位年产 20 万吨水泥机器合同，并保证日产水泥 700 吨，约定机器制造期限为 10 个月。在制造期间，由江南水泥公司派技师赵庆杰至该厂监造。购机合同签订后，双方在天津利顺德饭店合影留念、留凭。江南水泥公司又向德商禅臣洋行订妥电气设备（大小马达 30 台座共 5 000 余匹马力）及 375 匹马力柴油发电机一台。至此，江南水泥厂计划应购设备均已齐全。

陈范有、袁心武、王仲刘等(前排左起)与丹麦史密芝公司代表合影

与丹麦史密芝公司签好购机合同后,赵庆杰按计划赴丹麦监造,并于余暇赴英、德等国考察水泥工业。1935 年 6 月 16 日,赵庆杰从唐山出发,乘火车经东北、西伯利亚经莫斯科至柏林,于 6 月 30 日抵达丹麦首都哥本哈根。史密芝总公

赵庆杰(左一)在德国考察

司及绘图室等均设在城内,机器制造厂设于郊外。赵庆杰参观和考察了史密芝公司生产厂家,得知设计出图纸约需两个月。因此,8 月赵乘隙又赴英国实习水泥生产,9 月赴德国实习及考察水泥生产,10 月再返史密芝公司监造机器。由于计划周详,江南水泥公司所购机器从招标、订购、设计、制造,直至在栖霞江南水泥厂安装等工作迅速而顺利。

赵庆杰在欧洲期间,经常用信函与陈范有联系,寄回机器设计图纸,报告各地参观心得,提出各种建议,如大窑易损特种钢零件应设法自行生产,今后如何生产白水泥、彩色水泥、特种水泥等。赵庆杰思维缜密,为新厂建设殚精竭虑,其贡献甚为显著。

四、 科学规划 栖霞工厂全面施工

机器订妥后,1935 年 7 月,江南水泥厂开始进行土建工程。工厂土木工程项目由庾宗潍负责,机器安装由赴丹麦监制机器的赵庆杰负责,孙柏轩负责后勤。陈范有负责对全厂进行总体布局优化设计,先开山垫筑厂基,同时自行建筑铁路岔道,与京沪线上的栖霞山车站衔接;修筑石子公路,连接京杭国道;开挖运河,与便民河相接以通长江,便于日后原料、产品运输。江南水泥厂利用距离长江岸较近的有利条件,在工厂四周开凿了人工河道,称之为围厂河。这不仅保障了工厂的水源供给,也有利于工厂的防护安全。此举在日军入侵时期发挥了重要作用,且挖河所取土方,又解决了施工中的回填用土问题,可谓科学周到,一举多得。

1936 年 2 月,订购史密芝公司的机器已制造完毕,机器重量计 3 000 余吨。4 月 24 日用专轮运抵浦口,再用轮渡辗转运至栖霞山东麓。于是安装工作全面开工。两条巨龙般的回转窑横卧在厂内,蔚为大观。配套的生产设备安装科学合理,生料磨与水泥磨等设备紧靠在一起,压缩空气机紧靠磨机,输送途径缩短,因而大大节省了能耗。厂房旁边的办公区和生活区楼房、宿舍均已建好,并全面进行了绿化,此时护厂河边的杨柳已然随风飘拂。

1936 年 11 月 15 日,江南水泥厂与首都电厂(即南京电厂)签订互惠合同,架线工作于 1937 年夏开始,10 月完成,即可向工厂送电,以保障工厂生产、生活用电,工厂建成指日可待。

1936年2月25日，第六次公司董事会决定，由陈范有代表江南水泥公司赴上海，与中国水泥公司、启新洋灰公司签订联营合同，为江南水泥厂产品销售做预先准备。在江南水泥厂即将建成前，在荣宗敬（荣毅仁伯父）的主持下，袁心武代表启新洋灰公司、陈范有代表江南水泥公司与中国水泥厂负责人姚锡舟在上海的姚宅会谈，成功地达成江南、中国、启新三家水泥生产公司联营协议，并合影留凭、留念。此番会谈，为江南水泥厂产品日后顺利进入市场创造了条件。时人认为，三公司联营是民族企业联合抵制日货的行动，得到全国舆论界的普遍期许。

五、 胸怀壮志 拟建江南水泥厂分厂

在建设栖霞山江南水泥厂的同时，陈范有、王涛等人得知国民政府将湖南省株洲、湘潭地区划为重工业区，将兴建钢铁厂等大型国防工业，打造成国防重工业区。这个消息令陈范有、王涛等人兴奋不已，他们积极与相关各部门联系，王涛与启新大冶水泥厂总技师张宝华[①]等携手，调查萍乡峡山口石灰岩地质情况、湘潭谭家山煤田地质状况，并撰写了有关调查报告等。王涛还奔走于各有关部门，与各方人士频频接触。

1937年5月11日，王涛、庾宗溎面见了国民政府军事委员会资源委员会副主任钱昌照[②]。见面情况，王涛在给启新总理、协理的信中写道："今早与宗溎晤钱昌照，钱君表示资（源）委（员）会本拟将来利用化铁炉渣制造水泥，今既有商人愿办，则政府方面可以让出。因（资源委员）会宗旨系举办人民无力办理及并无利益之国防工业，渠表示无论吾方完全自己办理，或与该（资源委员）会合作，在可能范围内均可帮忙。"[③]王涛还说，钱昌照介绍了资源委员会设计主任朱君和

---

① 张宝华（1885—?），浙江平湖人。他靠奖学金在上海南洋中学求学，1904年毕业，任中学教师。后考取庚子赔款第二期留学生，进入美国密执安州国立大学化工系学习。1912年毕业后在美国工厂工作一年。1913年回国，受聘于唐山启新洋灰公司。1914年启新洋灰公司兼并湖北大冶水泥厂，被派到大冶掌管工厂生产技术工作。抗战初期，与王涛共同把大冶水泥厂迁至湖南辰溪。

② 钱昌照（1899—1988），著名爱国民主人士。生于江苏常熟，1918年在上海浦东中学毕业。1919年赴英国留学，就读于伦敦政治经济学院。1922年进牛津大学深造。后参加北京政府派出的考察团到英国、美国、日本考察。1928年任国民政府外交部秘书。1929年任国民政府秘书。1930年任教育部常务次长。1932年任国防设计委员会副秘书长，国防设计委员会改建为资源委员会后任副主任委员。新中国成立后，当选为第一、二、三、四届全国人大代表，第五、六届全国政协副主席，中国国民党革命委员会中央委员会副主席。

③ 王涛致启新总理、协理函，1937年5月11日。南京市档案馆藏（见后附档案8）。

筹备钢厂主任（实业部矿业司长）程君与他及庾宗溎见面交谈。程君只知道炉渣可以制造水泥，但不知采用何种方式。王涛告知，炉渣可代替原料中的黄土，且比黄土价稍低。双方就厂址选择、电力供应、合作方式等进行了商谈。

江南水泥公司董事会研究后，于 1937 年 6 月 15 日向国民政府军事委员会委员长蒋中正上呈在湘潭地区筹建水泥分厂的报告。4 月 24 日即获得密字第 4635 号批文①。

在江南水泥厂紧张施工之际，陈范有、王涛、庾宗溎、赵庆杰等北洋大学早期毕业生风华正茂，又掌握先进的生产技术，为实现“实业救国”抱负，似乎找到了施展的舞台。但时运不济，他们为国防工业建设水泥分厂的期冀，被日本全面侵华的枪炮声所打断。

① 国民政府军事委员会第 4635 号批文，南京市档案馆藏（见后附档案 9）。

第三章
众志成城　在困境中艰难护厂　救助难民

一、 全面抗战爆发　开工计划被迫中止

天有不测风云。原计划南下建厂,可以避敌之锋。江南水泥厂努力抓紧时间,加快建设速度,但日本侵略者的步伐更快。1937年,日本悍然发动“七七”事变,抗日战争全面爆发,江南建厂已完成十之八九。是年9—10月间,虽淞沪战事吃紧,而江南职工仍希望工厂竣工,早日产出水泥,以为民生及国防之用。全厂上下通力合作,日夜赶工,至10月底,机器已全部安装完毕,工厂用电亦顺利接通。

陈范有1937年10月23日给江南水泥厂领导的信中,表现出积极开工的意愿。①

宗淮、庆杰吾兄惠鉴:

闫生与松波(王涛)日前到津商谈吾厂试机之事,现决议除非时局再有特殊转变外,吾厂当仍进行试机,现所接商者为安装师回厂之安全问题,日内即可商妥。松波先拟于下月初,乘轮赴沪转赴栖霞山,帮同办理试机及调查产量事宜。关于开机所应用之一切材料,仍望充分预备。特别对于开青石之量数应酌量增加(前闻开石人被控,未知已解决否)。又开山之炸药,有无存储,均祈预为筹备注意为幸。其余各事,容松波到厂后面洽。匆布。

敬颂

筹绥!

弟良敬启

---

① 陈范有致庾宗淮、赵庆杰函,1937年10月23日。原件已捐献给中国人民抗日战争纪念馆(见后附档案10)。

廿六,十,廿三

建新、柏轩两兄均此不另。

再关于吾厂拟开机之事请暂勿对外宣传。

陈范有在上述信中最后特别注明“再关于吾厂拟开机之事请暂勿对外宣传”,说明当时陈范有已考虑到,如果局势恶化,依据订购机器货款未清,机器设备还属于外籍公司的实际情形,聘请外籍人士护厂,阻止日军侵占,仍是可行之策,故在此时叮嘱开机之事不可外泄。此点甚有远见,反映出陈范有的深思远虑,为日后与日寇长达八年的机智抗争留下了周旋的伏笔。

正如信上所说,工厂在战争环境下继续赶建,丹麦籍安装师由汉口来到工厂,11 月 4 日开始试机,拟校车出货。未及旬日,淞沪撤守,丹麦籍安装师奉领事之命,急速离厂,试机工作只得停顿。工厂随即解散了土石、机工等大批工人,每人发放十天的工资,遣散回原籍。11 月 16 日,工厂已处于停工状态。此时围厂河已经开挖完工,沿河竹篱亦已编成,仅留前后门出入,加强保安工作。工厂器材、木料及停工前运到的煤屑等均运至厂内妥善保管。

上海失守后,南京危急。天津董事会11 月 20 日密电栖霞山江南水泥厂有关领导:近以时局紧张,拟暂不开工,同人迁往石埭或汉口,留乙、丙级职员五人在厂看守。“赵(庆杰)、庾(宗溎)、孙(柏轩)经、副理驻芜(湖),逐日用电话与厂通消息,在可能范围内到厂照料指示一切。”

二、 时局恶化 工厂紧急部署撤退疏散

接天津董事会电示后,江南水泥厂领导遂对紧急疏散和撤退事宜做出如下安排:

1. 工厂大型设备已安装完毕,短时间无法移动。只好将重要可拆卸零件部分拆下,与重要工具一起埋在地下,或藏于河中,或藏匿密室,以免机器被日军利用。

2. 将所有厂内重要机器图纸、账册等文件分装七箱,随部分职工撤往汉口,存放在启新洋灰公司汉口办事处。

3. 组织厂内职员及家属撤退,免遭日军荼毒。撤退地点分为湖北汉口和安

徽省石埭县，另设留守组。留守组以沈济华（农场主任）、徐莘农（会计科副主任）为首，加上徐震寰（工人管理）、夏毓华（交通运输）、郭仁旺及少数工人组成。工厂已得知江南水泥公司天津董事会将派德人卡尔·昆德前来护厂。在卡尔·昆德未来厂之前，遇到战事紧急、生命无保证的情况下，留守组可就近暂避。

江南水泥厂紧急疏散撤离工作，在厂领导的主持下紧张有序地进行。1937年11月23日，汉口组由陈育龄带队，携带老幼家属及七箱档案，经芜湖撤至湖北大冶，将七箱档案暂存在汉口启新办事处。撤退至汉口相关人员陆续转至广州，经香港回上海或天津。1938年王涛组织湖北大冶水泥厂西迁至湖南辰溪时，此七箱档案随同迁移，不幸于1939年9月21日遭日机轰炸，七箱文件被燃烧弹击中而全部焚毁。

1937年11月25日，石埭组由桂承之带领职工及家属，乘汽车撤至陈范有的家乡安徽省石埭县。桂承之为石埭人。孙柏轩的哥哥时任石埭崇实小学校长，他接待了石埭组一行。避难组人员历经艰苦，在石埭停留一段时间后，遂各自散去。

在芜湖，工厂领导指挥安排撤退，孙柏轩为协助解决去石埭沿途关卡等疑难问题，随石埭组同行。途经宣城险遭轰炸，在敌机威胁之下，筹划布置，昼夜奔走。到达石埭后，他于1938年2月经浙江金华转温州，乘船返回上海。庾宗溎和赵庆杰撤到芜湖后，在芜湖继续指挥撤退，1937年11月30日得知战事已离工厂不远，又折返栖霞山工厂，再一次对留守组进行安排。对此在庾宗溎1938年3月27日向天津董事会的汇报中有所叙述："十一月中旬以后，整日在警报中。职（宗）溎、（庆）杰居芜（湖）五日，于长途电话中知战事离厂不远，留厂职员即将离厂，三十日夜冒险回厂。另派沈济华、曹诚之、郭仁旺、夏毓华四君为最后留厂者。一日自朝至暮，厂内闻炮声隆隆。车站职员及公安局长、警均完全离去。职（宗）溎、（庆）杰觉厂址附近将为危险地带，不容再事留恋，乘车赴芜（湖）。中途兵马塞途……"①到芜湖后，即设法于5日搭轮船赴汉口，19日离汉口前往香港，12月28日回到上海。庾宗溎、赵庆杰立即与各路避难组同仁联络，并成立江南水泥厂上海临时办事处。

① 庾宗溎等给天津董事会报告，1938年3月27日。南京市档案馆藏。

工厂留守组一直没有等到卡尔·昆德到厂的消息。为了及时掌握战争动态,他们不断与栖霞车站联系。"十二月一日,据栖站站长电话,谓该站人员因时局紧急,即将避居扬州。且曹镇长亦来关照,封江在迩,务速避往六合,否则被围难出……"[①]见形势紧张,留守组徐莘农、徐震寰、夏毓华、刘汉增、胡庆泉、刘绍卿、王士华、戴庄等人,按紧急时暂避的应急计划,乘小舟渡过长江,至江北六合暂避。12月4日,曹诚之、郭仁旺亦离厂暂避。这时工厂内仅沈济华及部分工人留守,以等待卡尔·昆德等人的到来。

12月6日,徐莘农派工人过江探听,得知卡尔·昆德已到厂,随偕胡、王两人雇船欲返工厂。到划子口时与曹诚之相遇,得知战事已在栖霞山东麓梅墓村一带展开,无奈之下只得返回六合。郭仁旺携眷属直奔扬州,曹诚之则赴舒城而去。此时日军已至仪征,六合居民纷纷走避,过江众人徐莘农、徐震寰和工人戴庄三人与刘汉增、胡庆泉、刘绍卿、王士华四人走散。徐莘农等三人避难六合北乡山中。12月23日,戴庄渡江探望,得知卡尔·昆德等人到厂。之后,徐等遂冒着生命危险,步行两天,于12月27日回到厂中。

徐莘农回厂后,积极参加难民营工作,并于1938年1月14日写信给上海经理们汇报这段经历[②]:

经、副理钧鉴:

十二月三日职等到六合,即照原定计划,于城中及瓜埠、划子口三处税屋居住,四日(徐)震寰赴京办理卡车交涉,悉卡车已损坏于内政部,车夫已渡江,下午返栖(霞)厂,电报电话均不通,于五日晨离厂。曹(诚之)、郭(仁旺)偕行,六日勤(徐莘农,字蕴勤)等派长工再过江探厂,悉西人已到,并需款用,遂偕胡、王二兄雇舟返栖。及划子口遇曹诚之先生,悉战事已在梅墓村,不能再去。遂折回六合,郭赴扬州,曹赴舒城,勤等居六合。五日,日军已迫近仪征,六合居民纷纷走避。勤等商议避走滁州,于十一日晨,雇小舟二,溯江而上,中途失散。十三日,勤与震寰以找刘、胡等四兄复折回六合。是时日军已过仪征,六合县长、公安局

① 刘汉增致庾宗溎、赵庆杰函,1938年3月10日。陈克潜:《爱国实业家陈范有与江南水泥厂》,苏州大学出版社,2013年,第25页。

② 徐莘农致上海办事处经副理函,1938年1月14日。张宪文:《南京大屠杀史料集》(第30卷),江苏人民出版社,2007年,第274页。

长等均已走去。勤等见势已迫，连夜步行，避入六合北乡山中，居凡十日，常饬人探渡江消息。及十二月二十三日，戴庄到划子口得渡江，返厂中途三遇日军，未遇危险，于二十四日返六(合)。报告厂方案(安)全，西人不欲职员返厂。沈先生嘱缓日回去，勤以返厂为勤职务，途中危险、西人拒绝在所不计，与震寰兄于二十五日，首途返厂，步行二日，于二十七日午到厂，晤昆博士报告一切，未遭拒绝，震寰兄任管工，勤仍司出纳。惟勤所有千元[①]均交昆博士掌管。厂中职员只二人，工人三十余，且由多数眷属，栗陆异常，厂大概情况尚为平安，另(零)星损失在所不免。望经、副理早日来厂主持一切，并祈将大概情形报告天津，以天津颇挂念也。刘、胡四兄去后，了无消息，携去三千元之谱。此间需款，尚祈接济。石埭队、汉口队可有消息否？深念。草此。

即请

大安！

职徐莘农手上

一月十四日

在六合每日曾以快信报告，想多(都)收到，六合于九日起快信不通。

刘汉增、胡庆泉、刘绍卿、王士华四人与徐莘农等分别后，逃亡途中屡遇寒冷、饥饿、抢劫和生命危险种种磨难，最后各自回到原籍。其逃难经过，刘汉增写了13页信纸，于1938年3月10日寄与上海庾宗淮、赵庆杰。信中详述逃难过程，反映了日军侵略给中国人民所带来的种种苦难，值得一读，现披露于下[②]：

宗淮、庆杰经副理先生钧鉴：

……职前奉钧谕谓须在厂留守，并俟时局紧急始再避居一节，职当时遵照指示，住厂看守尽厥职。职嗣于十二月一日，据栖站站长电话通知，谓该站人员因时局紧急，即将避居扬州。且曹镇长亦来关照，封江在迩，务速避往六合，否则被围难出等情。职因时局紧张，如是似届。

① 徐莘农信中称交昆德只有一千元，并说"此间需款，尚祈接济"，与辛德贝格电文一致，说明难民营仍是缺钱。

② 刘汉增致庾宗淮、赵庆杰函，1938年3月10日。陈克潜：《爱国实业家陈范有与江南水泥厂》，苏州大学出版社，2013年，第25页。

钧座嘱职避难之时，故偕曹镇长沽舟渡江，不料船漏，不堪载人，遂复回厂。另雇一舟，始得渡江。达划子口讯地，其警官因封江之故，不准前进。嗣经曹镇长一再交涉，方予放行。更因由曹镇长赠给前途国币十余元，方能缮给难民证一份，以便直达瓜埠。厥后探知，该埠亦不安谧，遂暂住白庙。翌日晨，曹镇长、郭仁旺二君，仍折回划子口小住。而职等乘船去六合，即在旅馆宿一宵。当因职等仍拟回厂，故找民房赁居，以期经济。并商请徐震寰先生去瓜埠，探明厂方情形。嗣悉昆德博士等于十二月五日已到厂，且渠等需款甚急，遂由苹农、庆泉、士华三君携款送交昆德，无如封江仍严，依然被阻。当时一切详情，前在六合时，已快函呈报钧座在案。但六合情形日益恶劣，曹镇长又复折回，谓拟去安徽。职等此时商定由震寰先生探路，并拟转道上海，再行设法回厂。嗣经探悉，已有日军在扬州登陆，势不能再居六合，不得已即奔全椒。但苹农、震寰二君在六合时，即与职等分道扬镳，留厂队于是离散矣。

至有庆泉、绍卿、士华、汉增四人行抵乌衣，情形较在六合尤劣。且闻浦镇已成沙场，复又改奔滁州。将达近郊，被枪炮声迫退。且于十二月十三日晚，在乌衣附近，又遭逃兵劫掠。其损失则庆泉君约八十元，绍卿七十元，汉增念（廿）余元，而士华则无损失。翌日，因南京已沦陷，乌衣已成前哨地。职等所乘之船，又被退兵强令送伊等至滁州，故又随之往滁州。及至近郊滩浅，舟不能行，乃舍之登陆。肩荷行囊什物，而至滁站。当时景象除混乱之军人及难民外，当地人民已逃避一空。至此，职等亦已两日不眠，水食未进，乞诸军人方得一餐充饥。连夜又遽走沙河集站，天明有兵车一列，因拥挤过甚不得乘，时后防紧迫，又避奔张八岭。此时，职等所有之行囊，泰半遗弃，途次又三日未睡、未食，渴则饮于稻田而已，所以力竭体疲，精神颓丧。幸遇同乡供以食宿，次日奔嘉山。又借宿同乡之茅屋中，夜间风雪虽猛，得未受冻。清晨，传闻有车北上，因过拥挤，故仅庆泉君一人上车。职等未能赶及，复又步行至管店车站。虽自午间候车，但至夜半始得挤上兵车，驶抵蚌埠。又再换车，直至中午，乃抵徐州。而庆泉君正在站寻候，故又相遇。当职等寄寓徐州时，曾电告钧座，谅已阅悉在案。

但住徐两日，询悉津浦车尚通济南，胶济路亦可通车，故决议去青岛转沪返厂，于十二月廿二日晨，再抵济南，即奉电呈报。并嘱绍卿、士华二君先去青探复，有无轮船开驶津、沪，而职等暂留济南城，藉免途次再遇劫掠。并于次日移居友人寓次，庆泉君则回桓台家乡探望。及廿六日上午,绍卿、士华二君,由青返济,始悉青岛恐慌异常,轮船已停。此时济南情形亦渐恐慌。因此,绍卿、士华二君深恐被围危城,故已立即直奔汉皋。职即将每人携款各计九百元,从中各提出洋四百三十元埋之地下。而职则以七百元埋之,共计洋一千五百六十元,以防再遇劫掠。并不欲辗转,故仍住济,时值十二月廿六日之夜。鲁军退出济南起,至一月十三日晚上,职均住友处。避居之际,曾经土匪七人入宅抢掠,将职反结两臂,并举尖刀小铳,恐吓逼索财物。当将职身边所带之六十元,及置诸床头之表、眼镜、衣帽等掳去,至于款项因预先埋藏,幸得保留。但友人李君被刺三刀,幸衣厚而未刺深,尚无重创,然贵重衣物则劫掠一空。翌晨,急迁入齐大医学院,因有外人庇护似平安。

嗣闻津浦通车至桑梓店,乃遣人过黄河探路,隔夜即返,得悉前途多匪,并无客车通行。庆泉君于年前曾一度由桓台到济南,均系步行,故抵济则两足俱裂,殊为痛楚。留济数日,因见一时不易有车,故又回桓台。因职与胡君相约同行回厂,至二月十三日,始闻津济段通车消息,一再查询确实,故即遣人通知庆泉君以便同行,未得回信。又书一函,着便人送交前去,不料等候十余日之久,依然音讯杳无。职恐交通再为中阻,故于二月廿五日,先行来津。当因沿路情况不明,恐再遇意外事件,故将公款存济,俟将来通汇兑则行汇寄较为妥善。职到津后,稍事休息,即于二十八日至公司,晋谒总、协理,并将离厂以来途次情况报告。……

敬请

钧安!

职刘汉增谨启

三月十日

南京栖霞山江南水泥厂的经理们紧急疏散了工厂职工。庾宗溎、赵庆杰由汉口转香港回到上海。孙柏轩由安徽石埭转温州,也回到上海。他们在上海成立了江南水泥公司上海办事处,并与逃难职工联系,先后收到来往信件两百多封。据此,1938 年 4 月 23 日编写了《江南水泥公司总店及工厂职员避难时通信录》[①],记录了栖霞全体职工人员名单,逃难后的通讯处、地址和避难经过情形。

① 《江南水泥公司总店及工厂职员避难时通信录》(见后附档案 11)。

有了这本通讯录,可以清楚地看到工厂每位职工的去向,反映了在战火面前,公司职工并未像一盘散沙,大难面前作鸟兽散,而是重新聚集起来,同心协力,共同面对艰难的现实。

三、利用中立国关系　抵制日军入厂

江南水泥公司董事会安排好职工疏散后,再欲转移已经初步安装完毕的三千多吨的大型制造水泥机器,已无可能。要贯彻董事会“不资敌、不合作”的原则与要求,唯一的办法就是想方设法阻止日军进厂,不让日方企图利用这套先进的机器生产水泥,为其侵华战略服务的阴谋得逞。在日军占领的情况下,要达成上述目标,只有援引国际法中有关交战国双方不得损害中立国财产的原则才有可能。根据1948年4月11日江南水泥公司董监会记录,当时董事会想到了为江南水泥厂提供水泥生产设备的丹麦史密芝公司所签合同中的规定:“签约时付八

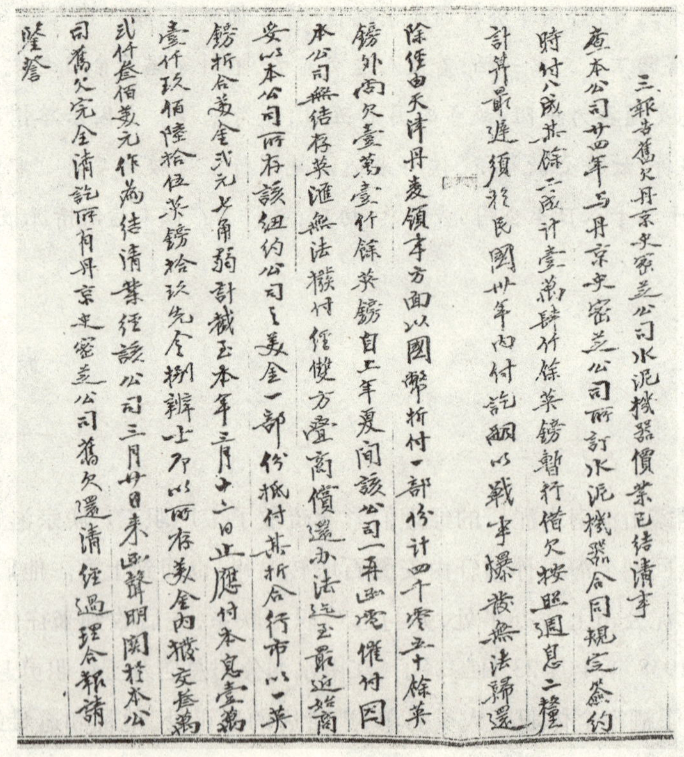
三、報告舊欠丹京史密芝公司水泥機器價業已結清事
查本公司廿四年與丹京史密芝公司所訂水泥機器合同規定簽約時付八成其餘二成計壹萬肆仟餘英鎊暫行借欠按照週息二釐計算最遲須於民國卅年内付訖嗣以戰事爆發無法歸還除經由天津丹麥領事方面以國幣折付一部份計四千零五十餘英鎊外尚欠壹萬壹仟餘英鎊自上年夏間該公司一再函電催付因本公司無結存英滙無法撥付經雙方屢商償還辦法迄至最近始商妥以本公司所存該紐約公司之美金一部份抵付其折合行市以一英鎊折合美金貳元七角弱計截至本年三月十二日止應付本息壹萬壹仟玖佰陸拾伍英鎊拾玖先令捌辨士即以所存美金内撥交叁萬貳仟叁佰美元作為結清業經該公司三月廿日來函聲明關於本公司舊欠完全清訖所有丹京史密芝公司舊欠還清經過理合報請
鑒詧

1948年4月11日江南水泥公司董监会记录

成，其余二成计一万四千余英镑暂行借欠，按照周息二厘计算，最迟须于民国卅年内付讫。”[①]如前所述，机器货款未清，产权尚属丹、德两国，产权尚未完全移交的情况，邀约供货方、中立国丹麦商人前来护厂，将是有理、有利、有节的可行应对之策，也是在当时情况下唯一可能阻止日军入厂的办法。

要实现上述计划，尚有两个难点。其一，不知丹麦史密芝公司是否愿意配合。因“八一三”淞沪战役，南京遭日机轰炸，设在天津的董事会曾急电江南水泥厂，希望商请丹麦公司允许，在江南水泥厂内的窑磨房顶部漆一面丹麦国旗，以躲避日机轰炸。此要求并未被史密芝公司接受。[②] 因此，驻地远在天津的江南水泥公司董事会还摸不透丹麦公司对护厂计划的最后态度。其二，在短时间内难以找到合适人选。为了贯彻护厂策略，必须尽快先找到一位符合护厂要求的外籍人士。此时，董事会想到了在唐山磁厂工作的德国人昆德父子。

（一）“两代世交”的卡尔·昆德被委以护厂重任

要实现护厂计划，必须有可靠和可以信赖的外国人选。由于时间极为紧迫，兵荒马乱、战火纷飞，丹麦史密芝公司一时难以联系。公司董事们急中生智，想到在唐山磁厂的德国人卡尔·昆德。昆德父子两代都与中国人民十分友好且为人可靠，由他来顶替曾为江南水泥厂提供过电气设备的德国禅臣洋行的商人代表应对日本人，似乎可行。江南水泥公司的常董们就这样“假戏真做”，护厂行动得以冒着风险展开。

昆德一家与中国人民的情缘，早在1898年周学熙兼管唐山细绵土厂时就已开始。汉斯·昆德除了用唐山本地黏土生产水泥，降低了成本外，更重要的是1900年唐山细绵土厂被英商霸占后，由于汉斯·昆德把有关重要的档案交给了中国有关部门，使中方彻底了解唐山细绵土厂与开平煤矿全部契约内容和经济关系，因而取得了主动。通过交涉，周学熙于1906年才得以从英商手中将工厂成功收回。

唐山细绵土厂收回后，改名为启新洋灰公司。周学熙聘用李希明为厂经理，汉斯·昆德为技师，工厂遂得到迅速发展，成为国内水泥行业的第一大厂。

汉斯·昆德全家居住在唐山，受到当地人们的尊敬。1903年其子卡尔·昆

① 江南水泥公司董监会记录，1948年4月11日。南京市档案馆藏。

② 戴袁支：《1937—1938：人道与暴行的见证——经历南京腥风血雨的丹麦人》，江苏人民出版社，2010年，第42页。

卡尔·昆德

德在唐山出生。卡尔·昆德自幼就生长在中国，能讲一口流利的汉语。第一次世界大战后，德国成为战败国，汉斯·昆德全家被遣返回国。战败的德国，生活极其艰苦，汉斯·昆德找不到合适的工作，提出重返中国唐山工作，得到启新洋灰公司领导的同意，1924 年昆德全家返回唐山。回到唐山后，汉斯·昆德并未回水泥厂工作，而是被委以重任，经营启新洋灰公司所附属的启新磁厂。

卡尔·昆德在德国接受了高等教育，并获得博士学位，具有深厚的中西方文化修养。他出生在中国，把中国视为第二故乡。得知江南水泥公司董事会将委派他到栖霞江南水泥厂护厂，慨然应允。“他与启新有二代之交，启新待之甚厚，故欲藉此机会以报前恩。”卡尔·昆德临危受命，旋即前往栖霞护厂，并被任命为代理厂长。

（二）配以日语翻译颜柳风

考虑到护厂的需要，江南水泥公司常务董事聘请颜柳风为日语翻译，随同卡尔·昆德南下。颜柳风是辽宁开原靠山屯乡人，生于 1899 年 7 月 17 日，1919 年毕业于沈阳甲种工业学校，1926 年毕业于日本东京高等工业学校窑业专业，1927 年在日资本溪湖煤铁公司工作。他对日本侵略行径深感不满，后因时局紧张，东北不稳，日军强占东北之心日渐明显，为了防止日后成为亡国奴，他由东北辗转至关内河北唐山花砖厂工作。

颜柳风临危受命，将个人安危置之度外，冒着极大的危险随卡尔·昆德赴南京栖霞山护厂。他虽然是翻译身份，但他对驻天津的江南水泥公司董事会负责，实际上是卡尔·昆德的重要助手。他在后来的江南水泥厂难民营中做了许多好事。护厂 5 个月后，他写下了《驻栖霞厂颜柳风报告》，现存于南京市档案馆，成为见证侵华日军南京大屠杀那一段历史的重要历史资料。

天津董事会还考虑让多次参加与史密芝公司谈判而与该公司关系熟悉的王涛与卡尔·昆德、颜柳风同行，旨在向丹麦史密芝公司陈晓利害，力争丹麦史密芝公司派员参与江南水泥厂的护厂计划。王涛等三人由天津乘轮船赶赴上海。

（三）觅得见义勇为的丹麦人辛德贝格

王涛抵沪后，即往当时位于福州路30号汇丰大厦132号史密芝公司驻中国代表事务所接洽，邀约该所派人参与护厂，谈判十分顺利。彼时丹麦人辛德贝格[①]正在寻找工作，他即被聘为丹方护厂代表。王涛完成任务后，遂转向抗战大后方。

辛德贝格

辛德贝格1911年2月19日生于丹麦第二大城市奥胡斯市（Aarhus）。读完初中后，毅然离家，冒险闯荡世界。他曾做过海员、雇佣兵、饭店的前台接待员、销售员等，成为当时的“洋打工”。1937年日军发动“八一三”事变进攻上海，辛德贝格遇见英国《每日电讯报》（The Daily Telegraph）的战地记者布鲁克·史蒂芬，做了他的司机和助手[②]，因此掌握了一些撰写战争新闻与报道的基本能力。布鲁克·史蒂芬在上海战事中，被日军子弹击中，就牺牲在离他几米远的地方。作为热血青年，辛德贝格目睹了日军的种种侵略暴行。在参加史蒂芬的追悼会后，得知有一份前往南京栖霞山参与江南水泥厂护厂的工作，他不顾风险，毅然应允。史密芝公司同时派出英语翻译李玉麟同行。这样前往江南水泥厂护厂的基本队伍得以组成，他们是：德国友人昆德博士、丹麦友人辛德贝格、日语翻译颜柳风和英语翻译李玉麟。

1937年12月1日，昆德和辛德贝格分别赴德国和丹麦驻沪总领馆，获得了领馆为他们出具的十分重要的身份证明。[③]

德国驻沪总领馆给昆德出具了用英文打印的证书。12月7日，在德国驻华

① 辛德贝格生平详见戴袁支：《1937—1938：人道与暴行的见证——经历南京腥风血雨的丹麦人》，江苏人民出版社，2010年。

② 戴袁支：《跨洲寻找南京栖霞的两位“辛德勒”（三）》，《中国青年报》2002年2月20日。

③ 戴袁支：《1937—1938：人道与暴行的见证——经历南京腥风血雨的丹麦人》，江苏人民出版社，2010年，第33－34页。

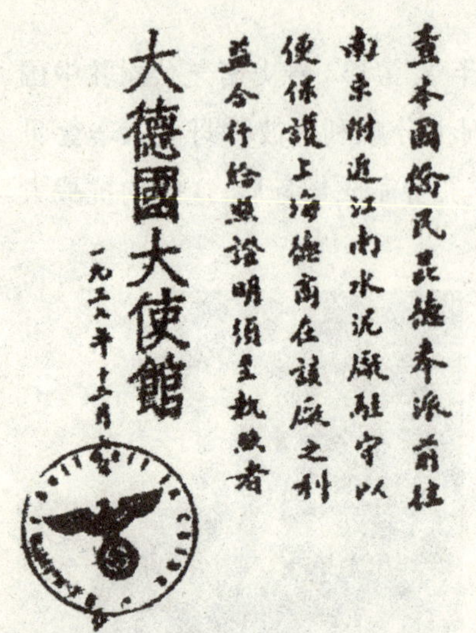
查本國僑民昆德奉派前往
南京附近江南水泥廠駐守以
便保護上海德商在該廠之利
益合行給照證明須至執照者
大德國大使館
一九三七年十二月

德驻华大使馆为昆德出具的证书

大使馆南京办事处，昆德取得了以德国驻华大使馆名义将证书译成中文的文本，并加盖了印章。原文如下：

> 查本国侨民昆德，奉派前往南京附近江南水泥厂驻守，以便保护上海德商在该厂之利益，合行给照，证明须至执照者。

史密芝公司驻中国代表事务所以英文、日文、中文给辛德贝格出具的证明如下：

> ……持函人兴伯格（辛德贝格），丹麦国籍，定于一九三七年十二月二日，由沪启程前往南京栖霞山江南水泥厂。兴伯格将代表敝公司驻在该厂，以看管敝公司所有制造水泥机械之利益。
>
> 史密芝公司尼尔生（Niels Jensen）启
>
> 一九三七年十二月一日于上海

丹麦驻沪总领馆对该证明进行了签署。辛德贝格还在丹麦驻沪总领馆用英文立下了悲壮的“生死状”，译文如下：

> 上海丹麦王国领事馆：
>
> 我特此同意志愿前往南京附近的栖霞山江南水泥厂，战时停留期间，风险自担。假使我负伤、伤残或死亡，除了合理的医疗费用，不对 F. L. 史密芝公司或任何其它方面附带任何要求。
>
> 直到我完成这项工作，返回上海的时候我将收到月薪 100 英镑的酬金。
>
> 除了合理的医疗费用，这些薪水由江南水泥股份有限公司付给。假使我死亡，这钱通过丹麦总领馆支付给我的双亲，父母各半……

（四）战火纷飞　护厂队伍赶赴栖霞山

1937年12月5日，昆德、辛德贝格、颜柳风、李玉麟一行四人，在战火纷飞、兵荒马乱之中，绕道苏北，抵达栖霞山江南水泥厂。颜柳风在1938年写给天津董事会的述职报告中追记道："职于二十六年十一月二十七日奉命后，当即随同磁厂昆德先生及（唐山启新洋灰公司）王（涛）总技师，由唐（山）到沪，后由王总技师向史密芝公司接洽，派洋员辛德贝格君及译员李玉麟随行。时战事在苏锡一带，京（南京）沪间不能通行，于是乃绕道江北，经（南）通、如（皋）、泰（州）、扬（州），渡江至镇江，转车到栖霞。当职等行至江北，情况极为紊乱：军队云集，难民塞途，船只封差，交通梗阻，日机轰炸，人心慌张，士兵检查，到处留难。职等沿途几经危险，数度惊吓，但以职责所在，虽艰苦备尝，终于抱定牺牲精神，不避危险，而达栖霞厂。"①

又根据上海办事处赵庆杰、孙柏轩两位副经理1938年3月27日致天津常董函所述旅途细节——"辛佩（辛德贝格）君云上年赴厂时，自通州以西，无舟车可乘，幸李玉麟君沿途设法，李君在通州向轮船公司商得一汽艇赴扬，在扬州向友人借得汽车往镇江，在镇江觅得同乡获乘向镇开京最末之火车而至龙潭"②，可以看出李玉麟在途中做出种种努力，与各方积极联系，使护厂计划得以顺利进行。

昆德、辛德贝格等一行到达工厂时，包括徐莘农在内的留守组大部分成员，因战事逼近栖霞，已于12月1日暂避于长江对岸的六合，只有沈济华一人和少数工人在厂内坚守，他们与昆德、辛德贝格等四人会合，共同担负起护厂任务。他们在工厂前、后门高杆上挂起德国和丹麦国旗，在工厂大门口挂起"德、丹合营江南水泥厂"的厂牌，还用石灰等材料在地上画了一个很大的德国国旗。辛德贝格还在工厂屋顶上用油漆画了一个大大的丹麦国旗，以醒目的标志防止日机轰炸，又把德国和丹麦国旗插在工厂周围。江南水泥厂俨然成为"丹、德合营"的工厂。

昆德和辛德贝格到达的第二天（12月6日），由辛德贝格步行至南京，向驻地在天津的江南水泥公司董事会发出电报。电报全文如下③：

---

① 《驻栖霞厂颜柳风报告》。

② 赵庆杰、孙柏轩致天津常董函，1938年3月27日。南京市档案馆藏。

③ 戴袁支：《1937—1938：人道与暴行的见证——经历南京腥风血雨的丹麦人》，江苏人民出版社，2010年，第40页。

12月5日到达,工厂尚可。经理带钱离去了。中国士兵在周围修筑防御工事,工厂位置因此危险易受攻击。急迫地需要钱。告知所有的(人)。

董事会收到这封来电,知昆德一行安抵工厂,悬着的心稍有放松。12月12日,董事会秘书言申夫[①]回函曰:"柳风仁兄大鉴:自得六日来电,此间佩慰良殷。兹寄上电底一份,请与昆德先生同阅。……一切情况,盼示一二,或嘱(徐)莘农、(胡)庆泉、弼臣诸兄同时寄详函,计日来邮件可望递达矣……"

聘请外国友人护厂及南京大屠杀期间江南水泥厂内设难民营,这些情况陈范有在亲草之《江南水泥公司之历史与内容及拟为政府部分加工之建议》中这样记载:"在国军撤守之际,地方糜乱。所有自南京至栖霞山之输电杆线,摧毁无遗。公司当局为适宜应变,商请丹、德两国售机器洋行分派代表,冒险驰赴工厂,协同留厂员工尽力保护厂内所有财产。是以沦陷之初,工厂内部未遭破坏,并就厂址设难民区,拯救难胞三万余人。"[②]

四、护厂成功　难民营形成

1937年12月13日,日军占领南京,开始了震惊中外、惨绝人寰的南京大屠杀,30万中国同胞罹难。德国商人约翰·拉贝和美国史密斯博士等一批主持正义、具有人类良知的西方人士,对侵华日军的暴行心怀愤懑,同情遭受灾难的南京无辜平民。他们在南京城内建立了"庇护所"——南京安全区,为保护难民尽了他们最大的努力。与此同时,在南京东郊的栖霞寺和江南水泥厂也先后成了难民避难的场所,建成了难民营。安全区和难民营成为南京平民和中国军队伤员躲避侵华日军屠戮但也是岌岌可危的"诺亚方舟"。

① 言申夫(1896—1990),又名言继毅,原籍江苏常熟,生于河北。自幼入私塾,读程朱理学,中学接受新式教育。1913年考入保定军官学校,同期学员有叶剑英、邓演达等。1919年毕业后入国民革命军见习,后任联络参谋。历经多年国内战火,深感军阀混战国无宁日。1931年经袁心武介绍为启新洋灰公司董事会事务所秘书,得识信仰佛学的王仲刘和旅居天津的易学大师周善恪,受益匪浅。1935年调任江南水泥公司董事会秘书主任,至1958年退休。退休后在家隐居,通读易经经典著作,注写心得,颇有造诣。参见《天津文史资料选辑》总第101辑(2004年1月),第209页。

② 陈范有:《江南水泥公司之历史与内容及拟为政府部分加工之建议》(甲)之(五)(见后附档案1)。

昆德(中立者)、李玉麟(持丹麦旗者)在江南水泥厂难民营

在南京沦陷前的1937年12月9日,中日双方在栖霞山附近发生战斗,日军沿着公路一路烧杀,火光一片。当天,双方在栖霞山激战之际,日军飞机扔下多枚炸弹,其中一枚在江南水泥厂靠近大窑的地方爆炸,厂房玻璃震坏受损。卡尔·昆德、辛德贝格等人都吃惊不小,异常紧张。颜柳风在述职报告中记载道:"十二月九日战事迫近栖霞,公路附近竟成一片焦土,农民流离失所,无家可归";"当日军进攻栖霞时,日机曾抛掷炸弹多枚,有一弹掷于厂附近大窑的地方";"栖霞一战后,死人不少","地方民众、避乱难民,受枪弹之伤,以及患染疾病者,不知凡几"。①

12月9日,栖霞被日军占领,江南水泥厂因悬有德国、丹麦旗帜,事先设置了德、丹两国的醒目标志,日本军队才未进入厂内。江南水泥公司董事会策划的护厂行动初步取得成效。此时位于南京栖霞山东麓的江南水泥厂局面,实际上还是为卡尔·昆德、辛德贝格、颜柳风和留守人员沈济华等人控制。

卡尔·昆德、辛德贝格、颜柳风、李玉麟受天津常董委派,从唐山和上海赶到江南水泥厂参与护厂。虽然执行该计划之初,存有许多不确定因素,但在天津常董的周密安排下,计划终于一步步得以实现,阻止了日军进厂,保护了工厂免遭日军侵占。

为了逃避日军屠戮,栖霞山周边及南京东郊的难民纷纷找寻避难场所,不断涌入江南水泥厂。卡尔·昆德、辛德贝格等人十分痛恨日军暴行,主持正义,义

---

① 《驻栖霞厂颜柳风报告》。

不容辞地向身处人间地狱的难民以及中国军队的伤病员伸出了援助之手。颜柳风在《驻栖霞厂颜柳风报告》中说："职因同系国人，为良心所驱使，不得不设法收容。"①充分显示了人类的良知。在护厂计划初步成功，中外人士思想一致的情况下，江南水泥厂难民营得以形成。参加难民营救助工作的还有沈济华等留厂员工。在难民营形成两星期后，12 月 27 日，暂避六合的徐莘农等人也冒死回厂，参加到护厂和难民营工作中来。

江南水泥厂难民营形成，以及相关中外人士后来的证词证言，为侵华日军南京大屠杀暴行又添铁证，成为南京抗战史上见证侵华日军暴行史料的重要组成部分。

江南水泥厂难民营之一（昆德夫人提供）

江南水泥厂难民营之二（昆德夫人提供）

① 《驻栖霞厂颜柳风报告》。

江南水泥厂难民营分布在工厂周围的南区和北区，以南区面积最大。难民除住在厂外原有芦席棚和北区工房外，多数沿着工厂边缘丘陵的山坡，搭建了许多草窝棚和芦席棚，自备铺盖和杂物，在草棚外搭灶烧煮。人挨着人，棚子靠着棚子，解手的地方都没有。下雨天人只好坐在棚子里，也无法生火做饭。但因有德、丹两国影响，有了这个基本保障，难民们还是从四面八方蜂拥而至，来到这块得以保全生命的地方。为了加强管理，工厂职工徐莘农等人了解难民来路，将难民分组推出代表，进行管理。工厂护厂队雇用了白俄人鲍波夫带着枪支和猎犬夜间巡逻，又有卡尔·昆德和翻译颜柳风对付前来的日本军人。当日军烧杀、土匪横行，枪声彻夜不断之际，江南水泥厂在国际友人和中国员工的支撑之下，竭力保护即将开工的工厂和各地逃来的难民的安全。

辛德贝格年轻热情，富有正义感。上海"八一三"事变前后，他曾目睹日军在码头上残杀中国平民，非常痛恨日军残害中国无辜平民的暴行。1937 年上半年，他曾经在南京工作过，有驾车往返于上海与南京之间的经历，比较熟悉南京郊区的交通。到达江南水泥厂的第二天，他就冒着危险步行到南京，办理身份证明，发电报通报消息，想方设法购买用于储备的食品和饮料。这时德国驻沪大使馆已迁往武汉，留守在南京的德国大使馆南京办事处的领事部秘书许尔特尔接待了辛德贝格。许尔特尔将德国驻上海大使馆给卡尔·昆德开具的英文证明译为中文，加盖印章，并亲自驾车送辛德贝格回江南水泥厂。

江南水泥厂难民营草窝棚(昆德夫人提供)

辛德贝格随英国战地记者工作过一段时间,掌握了一些采访技能。他用摄影机记录了日军暴行,并设法向外界披露侵华日军南京大屠杀种种真相,向国际社会揭露侵华日军暴行,留下了不少珍贵的历史资料。南京大屠杀期间,辛德贝格奔走于南京和栖霞山之间,与南京安全区的怀有人类良知和坚持人类正义的国际人士频繁接触。他用不同方式记载和保留的侵华日军南京大屠杀的罪证,为中国人民抗战胜利后控诉与清算日本侵略者的暴行起到了重要的作用。

几十年后,研究南京大屠杀史实的南京大学高兴祖教授,在文献中发现了有关辛德贝格的资料,并以此为线索,不断搜索,使得辛德贝格的事迹较完整地呈现在人们面前。

1938 年 1 月 14 日,辛德贝格为挽救一个被日军炸伤的中国儿童,开摩托车将其送进城医治,在中山门被日军阻拦。他不顾个人安危,绕道太平门,冒险通过岗哨,把孩子送进鼓楼医院救治。

辛德贝格还与鼓楼医院和国际红十字会接洽,邀约两名医(护)士来厂救治难民。药品由国际红十字会供给,在江南水泥厂内建立了简陋的临时小医院。颜柳风记载:“地方民众、避乱难民,受枪弹之伤,以及患染疾病者,不知凡几。职目睹心伤,特设立医院,以供施疗。医士及药品,由辛德贝格君赴(南)京,向鼓楼医院、红十字会接洽,派护士二名来厂担任诊治,药品亦由该会供给。成立以后,活命无数,此职堪告自慰者也。”①

江南水泥厂难民营小医院尽力为避难者医治病伤,对其中的中国伤兵,为避免不测,先为他们换上便装,保护他们的安全,再医治伤病。从卡尔·昆德夫人后来提供的照片中,可以看出一些人的头上、手上、臂膀上缠着绷带和纱布,虽然都换上了百姓的服装,依然可以分辨出他们是中国军队伤兵。他们逃难至此医治伤病后,再设法转移至其他地方。

参与江南水泥厂护厂的徐莘农在有关书信中,也提及江南水泥厂内的小医院。他在 1938 年 3 月 18 日的信中写道:“医院日益扩大,来就医者日益众多……辛先生所主办之事。”4 月 8 日(此时辛德贝格已离开南京)又记载:“医院中贫病者多亦惨不可言,伤心惨目,可忍言哉。”江南水泥公司上海办事处庾宗溎

① 《驻栖霞厂颜柳风报告》。

江南水泥厂难民营中的中国伤兵(昆德夫人提供)

等人也想尽办法对小医院予以支援。同年2月20日,上海办事处提交地处天津的江南水泥公司董事会的信中报告说:"送往栖霞工厂之衣服、药品及食物等共六大箱,分两批运往,昆(德)君均已收到。"①

卡尔·昆德主持正义,凡有日本兵侵害滋扰,都由他出面交涉。日军顾忌他的德籍背景,不敢贸然侵扰。离江南水泥厂不远的栖霞寺难民则不断遭受日军侵害,栖霞寺长老写了一封《以人类的名义,致所有与此有关的人》的信,痛斥日军暴行。卡尔·昆德把它译成德文②,由辛德贝格送到南京安全区国际委员会主席、德国西门子公司南京分公司经理拉贝手中。这封信向全世界公开揭露了日军的暴行,在当时和后来都产生了广泛和深远的影响,成为研究南京抗战史中有关难民营问题的重要历史资料。

"日军占领栖霞后,即不时来厂骚扰、捣乱,一日或来数次,或数十次。遇有日军闯入难民区意图强奸妇女,卡尔·昆德等人挺身而出,加以阻拦。""日海军焚烧洋松。堆存江边之洋松木料,价值约七千余元。日海军在(1938年)一月十二日纵火焚烧……"护厂组闻悉急率农民趋往营救,所幸木料仅烧毁三分之一,

① 戴袁支:《1937—1938:人道与暴行的见证——经历南京腥风血雨的丹麦人》,江苏人民出版社,2010年,第101页。

② 陈克澄:《爱国实业家陈范有》,苏州大学出版社,2004年,第21页。

其余运回厂保管。

卡尔·昆德解救了本厂职工夏毓华、王长顺等人[1]。夏毓华的子女说,夏毓华跟工友在摄山镇河口被日本兵抓住,日本兵命他们去龙潭干苦活。那时,日军经常将干完活的苦力杀害。当日本兵押送他们走到九乡河附近四段圩时,一同被抓走的王长顺逃脱。王逃到农民草房里阴暗卧室的蚊帐后面,躲过日本兵的追捕搜查,后迅疾逃回工厂向卡尔·昆德报告。卡尔·昆德急忙驱车赶到四段圩,与日本兵交涉说,这是我厂里的工人,结果一共救回 4 人,夏毓华就此得以死里逃生。被救出的还有摄山镇的农民。

1937 年的一个冬夜,日军纵火焚烧江南水泥厂附近的摄山镇,并架起机枪,不准百姓抢救。昆德闻讯后,带领工厂留守人员和翻译,扛起德国国旗前往救援。他严正告知日军,这是工厂的附属地区,负责工厂的食品供应,不能侵扰。日军无奈,只得离开,全镇房屋才免遭一炬。[2]

护厂组的另一项工作是掩埋尸体。颜柳风记载:"职与昆(德)、沈(济华)二君,领导农民干埋葬工作。"[3]

罗祚威在《南京沦陷目睹记》中,对此更有详尽的记载。时任国民党中央军校教导总队骑兵队兽医的罗祚威于 1987 年 7 月回忆,沦陷后"日本骑兵分散到各村庄搜索,边搜查边放火烧房子……公路两旁躺满了死尸……有的是被敌人困住双手后用刺刀扎死的……尧化门营房,房屋都已焚毁,院坝中到处都躺满了死尸……天大亮后才走到栖霞山,见路旁死尸很多。……走到江南水泥厂时,听说那里也收容难民,于是先到水泥厂。只见厂里的铁栅栏门关着,有一工人在守门。我们请他收留,他听说我和(教导总队连长)高(振芳)都讲的北方话,连忙说:'我们都是老乡,快进门来。'他把我们安置在一间大屋里,并向一个外国人作了介绍(据说是厂主人请来守厂的)。以后每天由外国人带领我们去江边打捞死尸,捞上来后埋在江边的一个小山坡上。我一共捞了八具死尸,全是被火烧过的残骸,面目都辨不清了。大约在江南水泥厂住了七天,忽然听到北方籍的工人向我们说,日本人明天要来厂里检查,叫我们赶快走,他给我们一床棉絮,给我找来

---

① 戴袁支:《1937—1938:人道与暴行的见证——经历南京腥风血雨的丹麦人》,江苏人民出版社,2010 年,第 80 页。
② 陈克澄:《爱国实业家陈范有》,苏州大学出版社,2004 年,第 132 - 133 页。
③ 《驻栖霞厂颜柳风报告》。

一双布鞋，并将我穿过的呢军装拿去丢在山洞里。这时亦有渡船过江了。他们把我们送上船，过江到瓜埠去”[①]。

江南水泥厂难民营由于昆德、辛德贝格、颜柳风、沈济华、徐莘农及留厂员工的努力，比相距五里的栖霞寺收容所安全得多。日军每次骚扰，均被昆德等人机智化解。江南水泥厂难民营在日军横行霸道期间，未发生重大人身受损事件，昆德和辛德贝格起了重大的作用。江南水泥厂难民营是南京地区维持时间最长的难民营，颜柳风在到达栖霞5个月后，向天津董事会的常务董事们写了一份述职报告，报告了江南水泥厂的护厂经历和救助难民的情况。

昆德和辛德贝格十分痛恨日军的暴行，主持正义，见义勇为，成为中国人民永远怀念和尊敬的国际友人。昆德1939年3月6日在德国柏林获得德意志红十字会二级奖章证书。辛德贝格离开栖霞山时，乡绅赠以“见义勇为”丝绸感谢状，现均陈列在侵华日军南京大屠杀遇难同胞纪念馆中。

在天津的陈范有十分关注江南一带局势的发展。由于交通阻隔，信息不通，1938年3月19日，陈范有曾有一函致江南水泥公司上海办事处。原文如下[②]：

庆杰、宗淮、柏轩吾兄惠鉴：

关于江南水泥厂情形，此间股东时有询问。诸兄到沪已久，可否设法有一人赴厂，在厂中住若干时，对于厂中情形以及环境详为考查后，作一较详之报告书，俾此间之股东均得明了。又昨阅九日致申夫再启吾厂难民日增，似宜一面设法救济，一面防患于未然。统希荩筹办理。匆布。

顺颂

筹绥！

弟良敬启

廿七，三，十九

此时陈范有得到“难民日增”的消息，并再度表示要“设法救济”的立场。至于所谓“防患于未然”是指加强管理，防止火、盗等意外事件的发生。“难民日

① 罗祚威：《南京沦陷目睹记》。载《河北文史资料》（第20辑），1987年。

② 陈范有致赵庆杰、庚宗淮、孙柏轩函，1938年3月19日。原件已捐献给中国人民抗日战争纪念馆（见后附档案12）。

增”是何原因而引起的呢?

这是因为南京大屠杀从占领开始,时间持续了大约六周,至1938年1月才结束。1938年2月,伪南京自治委员会和日军开始逐散难民。2月4日,要求国际安全区在七天之内遣难民返回原处,郊外难民也在逐赶之列。栖霞寺必须服从地方命令分散难民,而江南水泥厂由丹麦、德国人管辖,可以不予理睬。原来在栖霞寺避难的难民闻到风声后,大多又就近逃到江南水泥厂。2月11日尚有23 000余难民的栖霞寺,到了2月17日只剩下了近千人,这是造成江南水泥厂难民营难民大量增加的原因。由于战乱阻隔,信息传到上海,再传到地处天津的江南水泥公司董事会,已经3月中旬,故有陈范有3月19日函中“难民日增”之说。

1938年3月,难民数达到高峰,此后迅速减少。4月22日,沈济华、徐莘农给上海庾宗溎、赵庆杰、孙柏轩的信中说:“难民在南厂者已经肃清,北厂留有百余人,多为一时不能返家者。”①徐莘农在5月12日的信中说:“北厂难民只余三家,不足三十人。南厂难民由曹先生办理,甚为安静。”②整个难民营持续到1938年5—6月份才遣散全部难民,接纳难民数量最高峰时曾达到两万多人。因难民具有流动性,统计数字略有上下,累计计算则如《江南水泥厂志》记载:“三万多‘跑反’百姓,躲进‘工厂保护区’以避浩劫。”③陈范有在《江南水泥公司之历史与内容及拟为政府部分加工之建议》中写道:“就厂址设难民营,拯救难胞三万余人。”④

侵华日军南京大屠杀期间,江南水泥厂难民营救助和庇护了南京东郊成千上万躲避日军屠杀的中国平民和中国军队的伤病员。江南水泥厂难民营能够在血与火的环境中存在,卡尔·昆德、辛德贝格的特殊身份,以及他们见义勇为的精神起到了关键作用。卡尔·昆德、辛德贝格救助和庇护中国难民躲避侵华日军屠戮的正义行为,以及他们表现出来的人类良知和人道主义的精神,获得了世界人民的尊敬。

江南水泥公司天津董事会大胆机智,对时局的准确判断和采取的恰当策略,使护厂计划得以在险恶环境中施行。为阻止日军占领工厂,在时间十分紧迫的

①② 张宪文:《南京大屠杀史料集》(第30卷),江苏人民出版社,2007年,第283、284页。

③ 《江南水泥厂志》编委会:《江南水泥厂志》,1995年,第6页。

④ 陈范有:《江南水泥公司之历史与内容及拟为政府部分加工之建议》(甲)之(五)(见后附档案1)。

情况下，他们急中生智，邀约、聘遣在唐山的卡尔·昆德、颜柳风和在上海的辛德贝格至栖霞护厂。德国、丹麦友人抢在日军占领栖霞前三天，火速赶赴栖霞，与留守工人一起紧急完成需要安排的一切，蒙瞒侵华日军，冒险达到了护厂目的。

江南水泥厂护厂目的按计划实现，为难民营的形成提供了必要的条件，而且也为随后日军对工厂的“军管”设置了障碍。从 1937 年 12 月至 1943 年 12 月，江南水泥厂在六年的时间里始终坚持“不开工、不生产”的方针，达到了“不资敌、不合作”的目的，最后日军使用武力强行拆机毁厂。

江南水泥公司护厂工作影响深远，体现了中国人民机智与不屈的抗争精神。江南水泥厂难民营的历史存在，在江南水泥厂乃至南京军民的抗战史册上写下了重要的一页。

第四章
上海办事处——天津董事会与江南水泥厂对日斗争的纽带

日本虽然占领了天津、上海，但这些地方的外国租界并没有受到日方进占，仍旧保持独立的司法系统，正常的外事和经济往来依然可以进行。

地处天津的江南水泥公司董事会时刻关注着战乱中的江南水泥厂，分析形势、研究对策。尤其是亲力亲为，历经了五年筹建江南水泥厂的陈范有，此时此刻更加焦虑和不安，日夜苦想对策，以致长年失眠，患上了神经衰弱症，每晚必须服安眠药才能入寝。陈范有等在处理江南水泥厂危机过程中，筹划了正确的对策，先是谋划江南水泥厂在战乱中紧急疏散，随后又约聘外籍人士昆德等人赶在南京沦陷之前冒险进驻护厂。

江南水泥公司董事会得知庾宗溎等人于 1937 年 12 月 27 日返回上海后，立即成立江南水泥公司上海办事处，地点设在位于外滩江西路口浙江兴业大楼的启新洋灰公司上海办事处内，并任命庾宗溎、赵庆杰、孙柏轩三人负责。这个机构建立之后，有效地成为地处天津的江南水泥公司董事会与栖霞山江南水泥厂之间密切联系的重要纽带，各类消息均可上下通达，公司董事会决策得以实施，使公司在复杂多变、异常艰难的形势下尚可正常运转。太平洋战争爆发后，日本对英、美宣战，租界虽然被日本占领，但这个组织体系仍然发挥作用。

一、忍辱负重　恪尽职守

江南水泥公司上海办事处负责人庾宗溎、赵庆杰、孙柏轩与陈范有均为北洋大学校友或同乡。长期工作中的相处，使他们互为知己，上海办事处成为天津董事会决策的忠实执行者。

抗战期间，工厂停顿，毫无收入，职工靠变卖煤、石膏、木材等旧有库存艰难维持。抗战后期，江南水泥厂职工的工资由启新洋灰公司拨付至江南水泥公司上海办事处，再由庾宗溎、赵庆杰、孙柏轩等人每月轮流将工资送到厂里。[①] 在对日抗争中，上海办事处时刻处于风口浪尖之上。尤其是办事处总负责人庾宗溎，面临着许多危难和日方的侵扰威吓。这些情形从庾宗溎的长子庾维义[②]给陈克澄的信中可以看出大概[③]：

抗日期间，父亲在上海，与赵庆杰、孙柏轩等伯父非常繁忙劳累，主要是抵挡日寇一次又一次的无理要求、强迫开工、拆卸设备等，还要维持厂内留守员工的生活和安全，经常往返沪宁，应付传讯。每次进出上海车站，几乎都要遭受日军的搜身和侮辱，而每次回家，总是气愤郁闷，长期处于受压抑状态。

庾宗溎之子庾维义(右)、庾维礼合影

庾维礼[④]给陈克澄的信中也描述了庾宗溎的民族操守和忠于职守的精神[⑤]：

“江南”创办的早期董事会是在天津，父亲是沪宁地区的负责人。在抗战期间，南京、上海相继沦陷，日寇曾多次找他到办公室，面对面地威逼江南水泥厂开工，甚至将手枪摆在桌上进行威胁，情况十分危急。母亲知道后很担心，劝父亲到乡下老家去躲避一下。父亲考虑到自己有责任保护工厂和照料职工的生活，他忠于职守，没有离开，仍不顾个人安危，继续与日寇周旋，始终拒绝为日寇开

① 陈克宽、陈克俭：《“洋灰陈”传略》(修订版)，上海三联书店，2002 年，第 65 页。
② 庾维义，1928 年生。曾任安徽省国际经济技术合作公司副总经理、总工程师，现侨居美国密歇根州。
③⑤ 陈克澄：《爱国实业家陈范有》，苏州大学出版社，2004 年，第 174、171－172 页。
④ 庾维礼，1934 年生。曾任中央农垦部外事局高级工程师，现侨居加拿大温哥华。

工。这个历史事实,足以表现我父亲对日寇采取不畏惧、不妥协的态度,保持了国人应有的民族气节。

另有件生活小事,1941 年太平洋战争爆发后,日军占领上海租界。日军街头巡逻时,中国人遇到都要向他们脱帽。在苏州河上过桥时,经过日军站岗,都要鞠躬行礼。父亲为了回避向日寇脱帽、行礼,不论严寒酷暑,外出时从来不再戴帽;若要过苏州河桥,不论路绕多远,他都搭乘公共有轨电车,从外白渡桥过苏州河,绝不向日军低头行礼。这虽是区区琐事,但从侧面反映出我父亲的为人。他的一生,爱国正直,刚强不屈,具有民族气节……是值得我们晚辈尊敬的。

庾宗溎是一位爱国知识分子、陈范有的昔日校友。陈范有在家乡安徽石埭造永济桥时,他的工程队是施工方。庾宗溎后来参与江南水泥厂土建工程,多年的合作,使他们同心同德,为了共同目标而奋斗。正是陈范有周围有一个恪尽职守、忍辱负重、坚忍顽强的群体,才使得江南水泥厂在与日方抗争中苦撑到抗战胜利。

赵庆杰于北洋大学毕业后留学美国。回国后,曾任唐山交通大学教授。陈范有将其聘请到启新洋灰公司担任化验室主任,后来被江南水泥公司派遣至丹麦监造机器,成为水泥专家,是陈范有的同事和好友。1937 年采购的机器在栖霞山工厂安装之后,牵涉生产机械的事都由他出面解决,是工厂负责人之一,他对日本侵略者也是痛恨之极。

孙柏轩文笔极好,办事细心,他与栖霞山周边的土豪劣绅周旋,完成了建厂的征地工作。在抗战时期,他曾通过民间小道,由上海经安徽屯溪前往重庆,与启新洋灰公司驻重庆特派专员陈汉清律师及身处抗战大后方的王涛等人联系,传递有关江南水泥厂处境的信息。他是陈范有的文书、后勤管理和对外联络的重要助手。

二、做好经济往来会计月报

在日军入侵、兵荒马乱时期,江南水泥公司的一切经济往来开支,包括职工工资,全部由上海办事处处理。江南水泥公司仍能按月完成会计月报,一直坚持到抗战胜利。江南水泥公司上海办事处每份月报上盖有负责人庾宗溎、赵庆杰、孙柏轩的图章，全套会计月报保存得相当完整。笔者查阅了南京大屠杀期间，即1937年12月及1938年1月、2月、3月的会计月报，并获得完整的1938年3月会计月报的原件①以及其他几个月的会计月报的复印件，从中可以解读不少信息，如留厂人员的名单和工资，避难人员名单和发给他们的生活费，以及有关“西人”（昆德和辛德贝格等人）的费用等。

1938年3月份的会计月报共9页。第1页为收支表，第2页为存欠表，第3页为留厂职员薪津表，第4页为西人费用表，第5、6页为生活费表（汉口避难组、石棣避难组等），第7、8页为暂记表，第9页为银行往来表。

该会计月报第1页收支表中，记有西人旅费和膳费。下面为1937年12月至1938年3月会计月报第1页收支表中有关西人费用的记录：

1937年12月　两西人［昆德、辛波（辛德贝格）］及翻译由沪赴厂旅费

1 700.00元

1938年1月　两西人（昆德、辛波）伙食一部分

12.00元

1938年2月　两西人（昆德、辛波）翻译、护士伙食费

148.50元

1938年3月　两西人（昆德、辛波）翻译、护士伙食费

199.04元

3月份会计月报第1页收支表中，还有“西人薪津”栏，记录了辛德贝格等人的薪金情况：辛德贝格8 200.40元，牛尔生350.00元，李玉麟217.90元。据《江南水泥厂志》记载，辛德贝格和昆德的工资每月为1 000元，普通工人的工资为10元，技工为20元，高级职员（如徐莘农）为70元，机械师（胡庆泉）为100元，经理赵庆杰300元。② 辛德贝格工作只有3个多月，但实付薪金总计为8 200元，平均每月为2 000元以上，超过辛德贝格原定月薪1 000元，应当看成是江南水泥公司对辛德贝格工作的肯定与奖励。

① 江南水泥公司上海办事处会计三月份月报，中国人民抗日战争纪念馆藏（见后附档案13）。

② 《江南水泥厂志》编委会：《江南水泥厂志》，1995年，第356页。

会计月报表中,第4页记载西人费用,现将1937年12月至1938年3月的费用分录如下:

1937年12月

启新购应用物品	24.30元
旭士购食品及用品	300.00元
旭士经手上项物品运厂运费	300.00元
启新为昆君印卡片	1.25元
旭士购食物带厂	178.50元
合计	804.05元

1938年1月

旭士购西装衣料四身、皮鞋及长袜各四双,咖啡、牛乳、酒等	1 050.00元
旭士经手上项物品运厂运费	800.00元
昆德账单载生活各种杂用	132.50元
合计	1 982.50元

1938年2月

旭士购食物及用品	240.00元
旭士经手上项物品运厂运费	60.00元
昆德账单载付辛佩	400.00元
合计	700.00元

1938年3月

昆德君账单载付辛佩(辛德贝格)	160.00元
昆德君账单载昆、辛、颜、李制衣裁缝工资	96.00元
昆德君账单载洗衣	5.00元
昆德君账单载生活各种用费	83.50元
昆德君账单载小账、理发	5.40元
合计	349.90元

从以上可以看出，江南水泥公司领导层为了保全工厂不被日军利用，用重金聘用了外国人士，在生活上给予优厚待遇，使护厂工作取得成功。

3月份会计月报第3页为留厂职员薪津表。从留厂职员薪津表中可以看出，只有徐莘农、沈济华、徐震寰、夏毓华、郭仁旺五人在厂，此情况与前文所叙述内容相一致。而留守组中的刘汉增、刘绍卿、王士华、胡庆泉尚未回到江南水泥厂。

3月份会计月报第5、6页为生活费用表，记有汉口避难组14人与石棣避难组20人的名单和发给的生活费账目，说明公司在战乱之际，对职工并没有撒手不管。

三、 顺利处理工厂及护厂有关问题

江南水泥公司上海办事处除处理工厂事务外，还妥为处理与护厂有关问题。例如，1938年2月至3月，昆德与辛德贝格之间发生严重矛盾。昆德和辛德贝格虽然在反对日军侵略暴行上态度一致，但随着相处时间的延长，由于性格上的差异，致使在一些问题的处理上产生矛盾。矛盾尖锐时辛德贝格甚至使用武器相威胁，此举令昆德难以容忍。昆德给上海经理们的信中称“不能与辛佩君相处”。徐莘农在信中则写道：“辛、昆冲突危机，令人日夜不安。”上海办事处急与史密芝公司上海事务所女秘书史丹伦协商，调回辛德贝格，另派他人接替。① 由于辛德贝格有意赴美留学，于是由公司多付一个月工资，此事得以顺利解决。1938年3月20日晚，辛德贝格与李玉麟回到上海。

对辛德贝格与昆德不和之事，陈范有在致庾宗溎等的信中也有提及：“丹、德人性格不合，致有不和之处。”为节约开支，希仅用昆德一人即可。但史密芝公司并不想放弃这个权力，故而另安排牛尔生接替辛德贝格继续工作。辛德贝格未等到江南水泥厂难民营结束，于3月份便离开了江南水泥厂，踏上他人生的另一段旅程。

陈范有信件全文如下②：

---

① 戴袁支：《1937—1938：人道与暴行的见证——经历南京腥风血雨的丹麦人》，江苏人民出版社，2010年，第213页。

② 陈范有致庾宗溎、赵庆杰函，1938年3月26日。原件已捐赠给中国人民抗日战争纪念馆。

宗淮、庆杰吾兄惠鉴：

三月十九日布缄计已达，顷接宗兄廿一日手示知史密芝之辛（德贝格）君业已来沪，拟即赴美求学，甚慰。目下厂中对外无多事，若仅昆德一人支持门面，亦可应付。拟请两兄就近与史公司一商，最好勿用另派代表，对外事务即委昆德君办理。一则可以省费，一则以免丹、德人性格不合，致有不和之处。当祈洽后示知为幸。又与辛君同去之华人（指李玉麟）未知已返沪否？便祈示知……

即颂

筹绥！

弟良敬启

廿七，三，廿六

陈范有信中提及的翻译李玉麟，感到在栖霞山十分危险、生命难以保障，向江南水泥厂提出如下要求[1]：

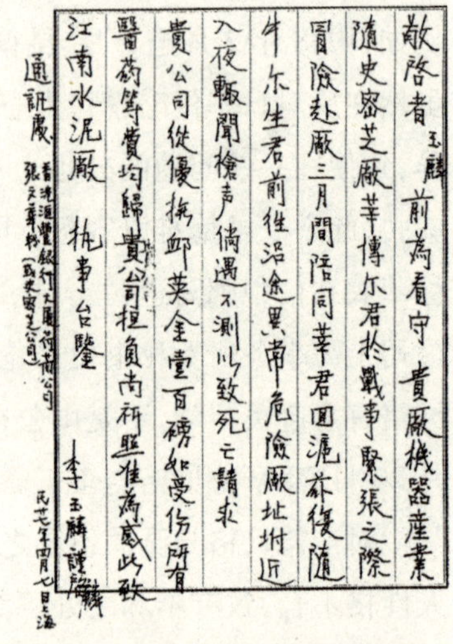

敬啓者玉麟前為看守貴廠機器產業
隨史密芝廠華博尔君於戰事緊張之際
冒險赴廠三月間陪同華君回滬茲復隨
牛尔生君前往沿途異常危險廠址附近
入夜輒聞槍声倘遇不測以致死亡請求
貴公司從優撫卹英金壹百磅如受傷所有
醫葯等費均歸貴公司担負尚祈照准為感此致
江南水泥廠　執事台鑒
通訊處
李玉麟謹啓
民廿七年四月七日上海

李玉麟致江南水泥公司函

（1938年4月7日）

敬启者：

玉麟前为看守贵厂机器产业，随史密芝厂辛博尔（辛德贝格）君于战争紧张之际冒险赴厂，三月间陪同辛君回沪，兹复随牛尔生君前往，沿途异常危险，厂址附近入夜辄闻枪声，倘遇不测，以致死亡，请求贵公司从优抚恤英金壹百镑；如受伤，所有医药等费均归贵公司担负。尚祈照准为感。

此致

江南水泥厂　执事台鉴

李玉麟谨启

民国廿七年四月七日上海

① 陈克澄：《爱国实业家陈范有》，苏州大学出版社，2004年，第18页。

5月，李玉麟回厂，一直到6月牛尔生获得赴厂通行证。牛尔生尊重代理厂长昆德，两人和睦相处，一直到抗战胜利，牛尔生回国。

昆德（前右）与颜柳风（前左）、牛尔生、沈济华在江南水泥厂合影（昆德夫人提供）

四、发放特别酬金　奖励护厂有功人员

1944年10月29日，江南水泥公司第38次董监会议提议并讨论酌提特别酬劳金案。提案通过后，天津董事会对护厂有功者发放特酬金，陈范有、袁心武在给庾宗溎、孙柏轩的函中交代，对于变乱中护厂有功的沈济华、颜柳风及昆德等予以特别奖励。该函全文如下[①]：

宗溎、柏轩吾兄惠鉴：

关于特殊酬金事，今日接大电询如何发给。顷已复电，即行发给。此项酬劳数目前已将单寄交彦公（指颜惠庆，通讯中所用之隐语），谅已查阅。弟等昨与君飞兄会商，以厂中职员沈济华于工厂危急之时，不顾生命，留厂看守。又颜柳风随昆德等于变乱之际，冒险赴厂。此二人似宜特别奖励。前拟特酬之数，仍嫌稍

① 陈克澄：《爱国实业家陈范有》，苏州大学出版社，2004年，第21页。

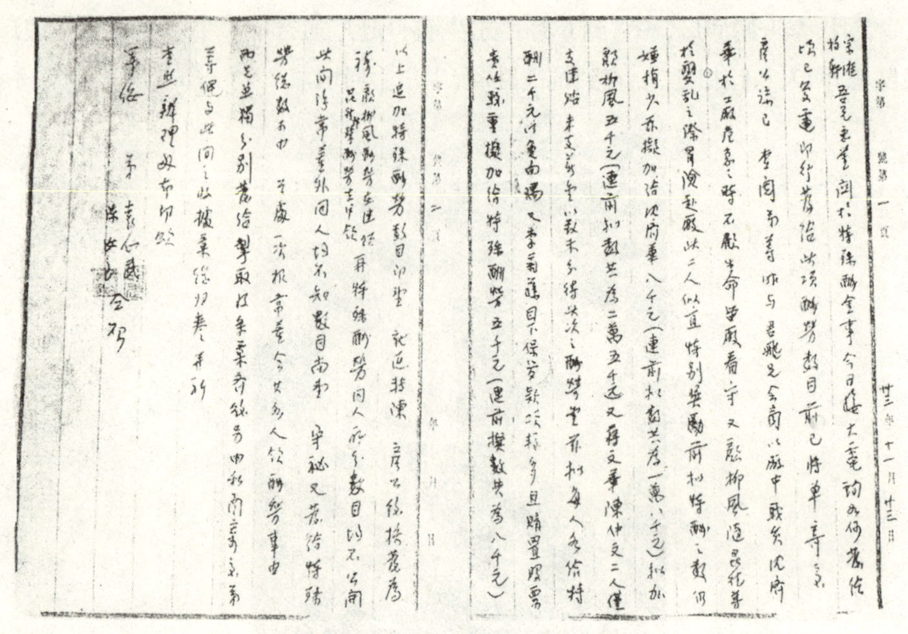

陈范有等就奖励护厂有功人员致庾宗淮等函(1944 年 11 月 23 日)

少。兹拟加给沈济华八千元(连前拟数共为一万八千元),拟加颜柳风五千元(连前拟数为二万五千元)。又蒋文华、陈仲文二人仅支津贴,未支薪金,以致未分得此次之酬劳金,兹拟每人各给特酬二千元以免向隅。又李菊荪目下保管款项较多,且购置股票,责任较重,拟加给特殊酬劳五千元(连前拟数共为八千元)。以上追加特殊酬劳费数目即望就近转陈彦公后核发为祷。

颜柳风酬劳在津领,昆德特殊酬劳在沪领,再特殊酬劳同人所分数目均不公开。此间除常董外,同人均不知数目,尚望守秘。又发给特殊(酬)劳总数,可由尊处一次报常董会,其各人领酬劳事由两兄单独分别发给掣取,收条汇齐后,另由私函寄交弟等,俾与此间之收据汇总归卷。并祈查照办理,匆布。

即颂

筹绥!

弟　袁心武　陈汝良　同启

民国卅三年十一月廿三日

第五章
陈范有秘赴上海　巩固护厂成果

一、日方紧密调查　陈范有秘赴上海

日本军国主义者在武力侵占我国领土后，经济掠夺随之而来，以为其侵略战争提供经济支持。江南水泥厂是水泥行业的远东第一大厂，设备先进，生产潜力巨大，早为日本三井洋行、小野田水泥厂株式会社所垂涎。在日军占领栖霞山后，该厂悬有丹麦和德国国旗，厂内设有德、丹两国标志，还有两国厂商的"代表"护厂。日方不明就里，大为迷惑，随即着手调查。

在江南水泥公司的档案《事变后江南水泥公司大事记》中第二条记有："二十六年(1937年)十二月以后，敌商三井上海支店屡次寻问江南厂关系人，态度极为傲慢，时常由电话召往究问公司工厂一切事项，追根问底，俨同法官。最注意者为督促江南厂开工，愈逼愈紧。关系人惟设词搪塞，最后答以江南董事会在天津，事关重要，工厂职员无权答复。"①

事实上，早在1938年1月10日，日东京商会副会长长岩崎(S. Iwasaki)的秘书斋藤(J. Saito)与一些日本军官一起到江南水泥厂调查工厂情况，并拍摄了一些照片，当时即引起昆德和辛德贝格的注意与警觉。

1938年2月2日(农历正月初三)，在上海的日商三井洋行物产株式会社人员Oto和小野田水泥株式会社营业部办事员增田贯一(Masuda)，要求江南水泥公司驻上海办事处的陈同祐陪同前往栖霞山工厂参观。② 江南水泥公司也急于

① 《事变后江南水泥公司大事记》第二条，南京市档案馆藏(见后附档案14)。

② 陈克澄：《爱国实业家陈范有》，苏州大学出版社，2004年，第25页。

想知道南京沦陷后，地处栖霞山东麓的江南水泥厂的真实情况，同意陈同祜前往。当时南京栖霞山一带尚未恢复平静，禁止中方人员通行，持有通行证者也必须由外籍人士陪同，交通也未恢复。事后庾宗溎等向天津董事会做了汇报。[①]

迳启者　兹将由沪派陈同祜先生赴栖霞工厂调查所得近状奉告：

（一）二月二日陈君同祜伴同三井洋行日籍职员二人，往栖霞工厂参观，晨七时，在上海北站乘军用火车前往，下午五时抵龙潭，是夜宿于中国水泥厂内，三日晨再乘火车至栖霞山车站，换乘揿车入厂参观。

（二）厂内一切机件房屋绝无损失，仅董庄口储存之木料，被军队焚去小木料数十支，便民河边之煤屑、木料等，现均雇用难民逐日分批运入厂内，不日将运竣。

（三）厂内现驻有德使馆派往之昆德先生、丹使馆派往之辛柏（辛德贝格）先生，翻译二人，沈济华君暨工人约四十名。厂外各处席篷内及工人宿舍内僻为难民区，共收容附近乡民无处逃生者约五千余人，均安吉。

（四）留厂组同人徐莘农君（胡广泉、刘汉增君在济南，刘绍卿、王士华君经汉、港、沪回天津，郭仁旺在扬州）及赴六合预备避难处所之徐震寰、夏毓华君均于一月下旬由六合回厂，分别担任会计及运输等职务。再蔡公侠先生亦已回至厂内。

（五）栖霞山附近未驻军队，但也无居民，间有流落之老幼难民。摄山渡各商号均被乡民抢劫一空。

（六）南京及栖霞山附近，现在绝对不许华人由外埠前往居住，如领通行证往探视，必须由外籍人员伴往。

（七）龙潭中国水泥厂驻有军队，该厂件被乡人毁坏，一部分物件则抢劫一空，厂外职员宿舍及厂内修机间均被焚毁，损失极巨。

草此即请　台鉴

弟　庾宗溎　赵庆杰 启　二月九日

① 庾宗溎、赵庆杰给天津董事会的报告，1938 年 2 月 9 日。南京市档案馆藏（见后附档案 15）。

在这次派员探视江南水泥厂 5 天后，由日本赶到上海的日本小野田洋灰株式会社支配人渡部生一和三井洋行水泥经售主任米泽次郎，来到上海江南水泥公司办事处，提出天津常董到沪商谈“优先合作产销问题”的要求，遭到办事处的拒绝，理由是上海公共租界混乱，安全无保障。渡部生一和米泽次郎于 2 月底无果而返。①

3 月，日三井洋行采取行动，突然向江南水泥公司天津董事会提出“觉书”(外交备忘录)，以“共存共荣”为借口，要求江南水泥公司与之缔结协定 5 条。②三井洋行提出的“协定书”全文如下③：

江南水泥股份有限公司(以下简称江南社)与三井物产株式会社上海支店(以下简称三井)为对于现在环境起见协定各项如左：

第一，三井协力促进江南社之开始工作。

第二，江南社与小野田洋灰制造株式会社作技术上之提携，三井愿尽力斡旋之。其详细约定另行协议定之。

第三，江南社将所制水泥销售在华之日本人方面者委托三井一手经办，其一切细目由江南社与三井另订契约。

第四，江南社对于中国方面同业中之圆满协调当努力实现，三井亦愿居间效劳斡旋，以冀进行顺利。

第五，江南社于工场让渡或变更其组织并营业时须预先与三井相商协议之。

本协定书照缮日华文各贰份，彼此各执一份存证。

“协定书”实际上是要获得对江南水泥厂的领导权和产销控制权，其实就是军管，当即遭到江南水泥公司拒绝。后来日方又要求签订内含 20 条的约定书④，亦遭江南水泥公司拒绝。在以后很长一段时间内，三井态度强硬，不断恫吓迫胁，但毕竟不是军管军令，而是要求签订协议，均遭江南常董设词拒绝。

日方同时进一步追查江南水泥公司与史密芝公司的关系。3 月 5 日，三井洋

---

① 戴袁支：《1937—1938：人道与暴行的见证——经历南京腥风血雨的丹麦人》，江苏人民出版社，2010 年，第 199 页。

② 日本三井洋行提出的“协定书”(见后附档案 16)。

③④ 陈克澄：《爱国实业家陈范有》，苏州大学出版社，2004 年，第 135 - 136、138 - 140 页。

行向史密芝上海分公司询问:江南究竟欠他们多少机价款?何时出货?[1] 史密芝上海公司女秘书史丹伦答复:"仅记得付过一次设备款,为数记不清,因为打仗,安装工程师回丹麦了,要等时局安定,才能来华到该厂开机,该厂绝对不能自行开机。"

3月下旬,日方将调查目标转向丹麦史密芝驻日本东京公司[2],调查江南水泥厂何人所有、欠款若干及价格多少,企图接管江南水泥厂。3月27日,丹麦首都哥本哈根史密芝总公司电告东京分公司:"请日商向天津启新洽商。"江南水泥公司上海办事处庾宗湝等人得此信息后,于3月30日向天津董事会做了报告。5月13日,又有南京日本特务机关派员到江南水泥厂盘诘昆德等人,了解工厂的真正权属。

鉴于以上紧急情况,1938年5月21日,陈范有不顾战争时期交通顿阻,冒着危险,亲自秘密赴上海与史密芝分公司长谈,以巩固与史密芝公司有关护厂的协议。这段情节是60年后由戴袁支先生在丹麦史密芝公司的档案中发现的,译文如下[3]:

从天津秘密来到上海的江南水泥公司常务董事陈汝良(范有),悄悄来到F. L. 史密芝公司中国代表事务所,就局势问题与对方进行了一次长谈,坦陈了原则和策略。陈先生告诉对方,栖霞山江南水泥厂并不想现在与日本合作,他们认为日本人很可能利用水泥厂生产武器,所以江南水泥厂一旦与日本合作,将成为卖国贼。日方(企业)向水泥厂提出了很多难以接受的条件,日方希望得到51 %的股权,但是他们不提供任何资金。另外,他们认为中方要出全资确保设备的运行等。相反,他们应该得到公司所有的股票,公司的管理应该掌握在他们日方的手中,在日方的监控下,董事会中日方应占大多数,他们应该得到收益的51 %,这意味着中方只能得到49 %的收益,却要提供全部资金,承担全部风险。所以在这种情况下,是没有办法合作的。

陈先生说,他已经设想到了最坏的结局,所以江南水泥厂现在不能直接拒绝与日方合作,但要让他们相信现在开工还为时尚早,因此不具备合作的条件。例

---

①②③ 戴袁支:《1937—1938:人道与暴行的见证——经历南京腥风血雨的丹麦人》,江苏人民出版社,2010年,第199、201、202页。

如，要召开股东大会，而这是非常困难的，因为股东们分散在全国各地；缆车还没有架起，还有很多架设的工作要做；通向南京的电线有很大一部分被偷了，需要从国外购买新电线；没有架设工人和锅炉工人无法生产；现在的生产条件不够安全，没有提供将来生产的安全设施；没有充足的石油和石膏，他们不能生产水泥；启动工程将需要大量资金，一旦现在上马极有可能遭遇再次停工等。他们希望等局势明朗一些以及有市场需求后再开工。上述理由意在说明现在开工收益甚微，所以目前没有谈判的必要。因此应该推迟，直到有实质性的进展，可以进行合作。栖霞山水泥厂对日本的政策要足够温和，与对方保持友好（以避免遭受军事打击），但是同时要避免做出任何承诺。

F. L. 史密芝公司内部认为，我们不能在这件事上给江南水泥厂施加任何压力，我们越是同意他们所持的观点和态度，就越是能在处理（中日企业）二者关系时保持中立。我们也应该和江南水泥厂采取同样的措施，与日方保持友好，不反对他们，也不能反对水泥厂，友好礼貌地对待他们是必要的。

陈范有这次上海秘密之行，说服了史密芝公司采取与江南董事会同样的立场，获得极大的成功。在会谈中，陈范有明确提出公司不可能与日本人合作，不会生产水泥，否则就是卖国贼。日方要通过占有多数股权来控制工厂，这也是江南方不可能接受的。陈范有还列举开工所遭遇的困难，使不开工变得理直气壮。这些理由也成为日后长达六年间拒绝日本人要求生产水泥的主要托辞。

此后，日方还频繁到江南水泥厂“参观”和施加压力，多次逼迫江南方面就范，要求合作生产水泥，仍以失败告终。

1938 年 10 月，日军扩大战区，相继占领广东、武汉等地。为了军事需要，日军大肆修建铁路、码头、飞机场等，急需大量水泥，沦陷区的水泥厂如启新洋灰公司、上海龙华水泥厂、江苏龙潭水泥厂均被列为“军管”对象，由日方统一管理生产、销售。而设备精良、产能巨大的江南水泥厂坚持不生产，日方无计可施，十分恼火。在此情况下，1939 年 11 月，小野田常务董事朝枝及三井洋行水泥部长西田来到天津要求与江南常董们面谈，表示协力合作之必要，谓日军部方面对江南延不开机深为不满，请江南注意。江南水泥公司常务董事会以江南以中国人自营为原则，至于江南厂开机制货，因遭事变，安装尚未完工，电力原材料现均无办法，只能俟明春再派员入手调查实际情形，再酌情办理等语搪塞之[①]，使气势汹汹来访的日方代表碰了软钉子。

二、日军"军管"江南水泥厂企图落空

江南水泥公司档案《事变后江南水泥公司大事记》第六条中有关日军"军管"问题的记述，读起来令人费解。原文如下[②]：

二十九年（1940年）七月，上海方面敌军管理工厂整理委员会召集军管各厂定期开会，先期由三井沪、津两店分头向江南厂及江南董事会面致整（委）会通知江南与会之函，盼望出席，情辞迫切。经复以江南厂未被军管，无资格出席。三井乃声称军部确委彼为江南厂管理人，但彼方希望江南与之签立协定，等于取得江南之管理权，尚未进厂管理，并非江南不在军管之列。嗣经本厂呈请当地主管机关向关系机关解释，准予撤销江南关于军管理之字样。敌方整委会明白表示，江南水泥厂已于二十七年三月二十日置于敌军管理之下（到此方悟三井于二十七年三月提出签立协定之由来），应遵照申请发还手续办理。遂按照其所定手续申请发还。

日方千方百计要对江南水泥厂实行"军管"，甚至欲以签订协议之名，行"军管"之实，现在却又主动解除"军管"，所有这一切与当时形势有关。日本侵略者一贯采取"以华制华"的政治策略。在"七七"事变后，网罗王克敏等汉奸，在1937年12月成立伪"中华民国临时政府"。南京沦陷后，1938年3月策划成立伪"中华民国维新政府"。1938年日军准备进攻武汉、广州，同时也加强了对国民政府的诱降。1939年5月，汪精卫等亲日投敌分子由昆明绕道越南河内到达上海，与日方多次讨价还价，签订了"日汪协定"，出卖了国家利益。在日方的支撑下，1940年3月，汪伪"国民政府"以还都的形式，在南京宣告成立，自称是全国唯一合法政府。汪伪打着国民党和国民政府的旗号，对沦陷区民众有一定的欺骗性。

---

①② 《事变后江南水泥公司大事记》第五条、第六条，南京市档案馆藏（见后附档案14）。

汪伪政府的成立，使日军占领形式发生变化，由直接占领转变为通过傀儡政府进行统治。在侵华战争中，日军在其占领区都要设立管理委员会，对区内重要的工厂企业一律实行“军管”，控制他们的生产、经营和销售大权，使这些工厂企业的产品为日军侵华服务。汪伪政府成立后，与日方商定，对“军管”企业解除“军管”，予以发还，由伪实业部进行管理。这就是 1940 年 7 月上海日军管理工厂整理委员会召集“军管”各厂开会的背景，并事先由三井洋行分别向江南水泥厂及天津董事会发出要求参加会议的通知。江南水泥公司接到通知后，摸不着头脑，回复称江南水泥厂未被“军管”，无资格出席。这时三井洋行才说出实情，日军军部确实委托三井洋行为江南水泥厂管理人。三井洋行打算与江南方面签订协定，通过协定取得江南水泥厂之管理权。由于江南方面的抵制，协议未签成，三井洋行未能进厂管理，而并非江南水泥厂不在“军管”之列。日方整委会也明白表示，江南水泥厂已于 1938 年 3 月 20 日置于日军管理之下。至此，江南水泥公司方才明白三井洋行不断威胁要求与之签订协定之缘由，工厂实际已列入日军“军管”名单之中。

日方为何不直接宣布“军管”，而以三井洋行签订协定书的方式达到“军管”的目的呢？可能是碍于江南水泥厂挂有德国、丹麦国旗，不便强行“军管”。江南水泥厂通过此次事件才明白，该厂于 1938 年 3 月 20 日已置于日军“军管”之下。1940 年 9 月 26 日，江南水泥公司第 22 次董事会研究决定，委托庾宗溎、孙柏轩代表公司向有关当局申请准予撤销“军管”。江南水泥厂申请撤销“军管”时，要报告工厂资本、股东、机器购置等情况。1941 年 2 月 28 日，江南水泥厂解除了“军管”。

江南水泥厂在解除“军管”的过程中，日方也基本弄清了江南水泥厂的资产实为中方所有，以及购买机器与外商负债的关系，因此对江南水泥厂内悬挂德、丹两国国旗表示不满，并发出第二号函给汪伪工商部，要求江南水泥厂撤下德、丹两国国旗。为此，1941 年 4 月 4 日，汪伪工商部以梅思平部长名义发出工字第 20 号通知，内容如下[①]：

案准日本大使馆转到军管理工厂整理委员会登工整发第二号函开(译)：“该

① 汪伪工商部工字第 20 号通知。已捐赠给中国人民抗日战争纪念馆。

公司虽已于昭和十六年(1941 年)二月二十八日解除军管理,然现在仍有德商禅臣洋行及丹商史密芝洋行之债权,因此之故,该工厂房屋内仍悬挂德、丹两国旗,一见有如第三国权益之物件。此次之解除军管理,系日本军确认江南水泥股份有限公司之所有权而为者。故关于卸下该第三国国旗事,请贵部即速设法使正当权利者与外商总公司代表者交涉为荷。又本案当事者商议成立后,请将交涉经过及卸下国旗日期等,见复为盼。"等由,准此。查该厂既经解除军管理,权利业已恢复,所有因欠德、丹各商洋行机价,仅系债务关系,不应仍悬德、丹国旗,仰即遵照。与各该外商交涉,将所悬德、丹国旗卸下,并将交涉经过及卸旗日期,克日呈报本部,毋得延误。特此通知。

正是由于天津董事会的常务董事们在战争开始时,采取聘请昆德、辛德贝格护厂等措施,不但使工厂免受战火的洗劫,而且逃过了被日方"军管"的厄运。江南水泥公司因此可以从容地与日方周旋,拒绝签订合作协议,拒为日方生产水泥。在这场尖锐的、不见硝烟的战争里,江南水泥公司常务董事们维护了正义和民族气节,坚持"不资敌、不合作"的原则,从 1937 年年底到 1943 年年底,六年间未生产过一吨水泥,取得了斗争的胜利。

抗战胜利后的 1946 年 12 月,江南水泥公司曾对在抗战中因停产遭受的经济损失进行估价。[①] 按生产能力,工厂每天可生产水泥 4 000 桶;按 1946 年 12 月价格与外汇牌价计算,每桶可盈利 1 000 元(法币,下同),则

每天损失利润: 4 000 × 1 000 = 4 000 000(元)

每月损失利润: 4 000 000 × 30 = 120 000 000(元)

按当时 1 美元≈3 350 元的汇率,则每月损失利润约 35 820 美元。

八年抗战(按 93 个月计)损失利润:35 820 × 93 = 3 331 260(美元)

因此,一天不开工要损失利润 400 万元,一个月不开工要损失利润 1.2 亿元。八年间坚持不生产,利润损失达 333 万美元之巨。江南水泥公司为抵制日本侵略者,不单损失巨额利润,还要补贴各种维持费用,可见其在经济上牺牲之巨大,目的是为了与日本侵略者作顽强与不屈的抗争。

---

① 《江南水泥股份有限公司栖霞工厂抗战损失清单》,卅五年十二月结算。已捐赠给中国人民抗日战争纪念馆。

第六章
日方为生产飞机原料　强拆江南水泥厂机器

一、陈范有再度南下　共商抵制日方对策

1941年12月7日，日本偷袭珍珠港，太平洋战争爆发。1942年6月，日军在中途岛海战中大败。随着战事和战线的延长，日军败势已定。为了扭转战局，日方不惜采取一切手段，掠夺重要的战略物资。日军由于飞机损失日趋严重，急需制造飞机的金属材料。为此，日方成立华北轻金属公司，工厂设在山东张店，生产金属铝，以供急需。该厂机器设备主要靠在中国沦陷区掠夺、拆迁组成，江南水泥厂的先进机器设备成了日军掠夺的重要目标。加上自1937年至1943年六年间，江南水泥厂抵制日方多次威胁、利诱，拒不开工，导致日方极为不满。"三十二年(1943年)七月，敌使馆对江南表示：江南厂既一再延宕，不进行开工，机器废置有误生产，应将江南厂机器搬来华北设造铝厂。"[①]

1943年7月，北平日本大使馆突然通知天津江南水泥公司董事会袁心武，日本轻金属公司急需江南水泥厂主要机器设备，拟着手拆迁，希望江南厂速与日本轻金属公司商定合作或租借契约。虽然讲的是合作或租借，其实质就是掠夺。

此举是由北平、上海、南京的日本大使馆及侵华日军发起的联合行动。为了达到目的，在北平的日本大使馆将决定通知了天津常务董事袁心武后，接着召开了一系列会议，拆迁机器的行动便一步步展开。

8月23日，在上海日本大使馆召开座谈会，讨论拆迁机器问题[②]，参加者有：

---

① 《事变后江南水泥公司大事记》第七条，南京市档案馆藏(见后附档案14)。

② 1943年8月23日在上海日本大使馆讨论拆迁机器问题，南京市档案馆藏(见后附档案19)。

上海日本大使馆调查官荫山茂人、铃木敏三郎，上海日本大使馆技师阿部勇，上海日本大使馆嘱托吉田，北平日本大使馆技师绫部，北平日本大使馆嘱托神冈新五，日本三井洋行水泥部主任佐佐木智，江南水泥公司代表庾宗溎。

8月27日，在南京日本大使馆召开座谈会讨论拆迁机器问题[①]，参加者有：南京日本大使馆三等书记官吉川重藏，上海日本大使馆技师阿部勇，北平日本大使馆技师绫部，北平日本大使馆嘱托神冈新五，日本三井洋行南京支店长（代理）山尾，江南水泥公司代表庾宗溎。

9月6日，日本大使馆经济部奥田到颜惠庆家中访问，提出拆迁机器的实施方案"奥田六条"，把拆迁机器工作具体化。"奥田六条"内容即下文田尻爱义"上大经二二三三号"七条中的前六条。

9月9日，日方及汪伪政府派多名代表到栖霞江南水泥厂宣布"奥田六条"[②]，使之成为必须执行的命令。参加者有：北平日本大使馆调查官、陆军大佐中森恒二，北平日本大使馆技师绫部、嘱托福冈新五，日本中国派遣军参谋、陆军中佐冈野忠治，汪伪实业部工业司司长王家俊，江南水泥公司代表庾宗溎，上海日本大使馆调查官铃木敏三郎，南京日本大使馆调查官水野洁，史密芝公司代表牛尔生，译员颜柳风。

9月14日，上海日本大使馆特命全权公使田尻爱义向颜惠庆发出"上大经二二三三号公文"，将"奥田六条"增为七条，使这项工作由民事性质上升为军事层面[③]：

上大经第二二三三号

昭和十八年九月十四日

上海大日本帝国大使馆特命全权公使　田尻爱义

江南水泥股份有限公司董事长　颜惠庆　阁下

关于江南水泥股份有限公司栖霞山工厂移设华北之文件

敬启者：

有关本月六日由奥田经济部长将下列要领之草稿奉达台端，并为慎重起见，

① 1943年8月27日在南京日本大使馆讨论拆迁机器问题，南京市档案馆藏（见后附档案18）。

② 1943年9月6日日、汪官员到工厂宣布"奥田六条"，南京市档案馆藏（见后附档案19）。

③ 日本大使馆特命全权公使田尻爱义致江南水泥公司董事长函，1943年9月14日，并附"上大经第二二三三号公文"。原件已捐赠中国人民抗日战争纪念馆（见后附档案20）。

以书面送呈，请查照并妥善处理，又对本案“拟九月中旬予以解决，九月之内着手拆迁”，以上精神即希查核，见复是幸。

计

一、回转炉及其所附属之破碎机、粉碎机、受电设备以及不需要之建筑材料，全部供给交出，但采取石灰石之设备则保留之。

二、对于供给交出之部分施行公正供价，以现物设资之形式，在华北轻金属股份有限公司作为江南水泥公司之投资。

三、对应供给交出之部分而尚未付清者，归华北轻金属股份有限公司负担缴付，并由现物投资额内扣除之。

四、协助江南水泥公司以保留之设备即行开始石灰石采取事业。

五、将来华中如有增产水泥之必要时，同意江南水泥公司优先担当其制造，因此工场建设上所需之资材机器等，归日本方面设法援助，而由南京及上海大使馆斡旋之。

六、设备拆除工作应立即开始，由负建设责任者之华北轻金属股份有限公司担当之。

七、移设时统照军需办理。

田尻爱义用“上大经二二三三号公文”前六条把“奥田六条”书面化，加上了第七条“照军需办理”，把该项工作军令化，并提出时间要求，在9月中旬解决并着手拆迁。日方以强大的阵势、频繁的活动，欲迫使江南水泥公司交出机器。

江南水泥公司并未就此屈服。原来聘请外籍人士护厂的办法因时过境迁，不再可能奏效，何况江南水泥公司对外商欠款一事，在申请解除“军管”时已为日方所知晓。面对武装到牙齿的日本侵略者，又失去了政府保护，赤手空拳的江南水泥公司常务董事们以大无畏的精神，利用一切机会进行抵制和抗争，以谈判拖延时日或减轻损失，这是在当时形势下所能采取的唯一办法。在天津的常务董事会得到日方通知后，16日即派胡慕伊去上海向颜惠庆董事长汇报。20日，在上海的庾宗溎向汪伪实业部申述反对拆迁的理由，并提出两全办法，但遭拒绝。江南水泥公司同时根据公司法规定，公司重大事件必须由股东大会表决决定，拆迁机器乃产权更动的大事，常务董事无权擅自处理，必须根据股东大会意见行事，公司法成为与日方抗争的依据。总之，采用在当时环境下可以利用的种种斗争形式，即使不能奏效，也可达到延缓时间的目的，以期时局变化。

1943 年 9 月 10 日，在天津召开华北部分江南水泥公司股东谈话会。[①] 到会代表 368 户，代表股权 347298 股。会上公推周实之为主席，袁心武介绍与颜惠庆董事长交换意见的情况，随后多名股东发言，最后投票表决。共有 282298 股权投反对票，其余均为弃权。

陈范有在天津开完股东谈话会后，不顾旅途艰险，又赶往上海，21 日在上海召开华中部分股东谈话会。[②] 到会股东 331 户，代表股权 243604 股。会议由颜惠庆任主席。颜介绍了日方曾先后来访的经过，他发表个人意见如下：(1) 窑已安装好，如拆迁则困难甚大；(2) 汪伪实业部催促开工制造水泥，与炼铝似同样重要，如实行此事，未免刺激一般人心理。接着多名股东发言，最后举手表决，全体否决拆迁江南水泥厂机器。

此间，陈范有曾致函在天津的袁心武，信中道出了从天津赶往上海的旅途艰险[③]：

别后登车，津浦沿线一路平顺（前一日徐蚌间车阻延搁十六小时），到浦仅迟廿分钟。（颜）柳风来接，渡江颇称便利。惟到京，闻前一日常锡间车阻，恐未能赴沪。嗣经至站探听，知是日四时快车可开。弟即登车，庆（杰）、柳（风）二兄赴厂。乃车行至常州，不能前进，又复折回南京。到京后，已在晚间，不能入城。闻京沪已可通行，又改乘夜车，拥挤不堪，欲觅一隙地坐尚不可能。所幸于昨日八时半平安抵沪……

二、日汪继续施压　江南水泥公司召开临时股东大会抗争

日方急于知晓江南水泥公司华北、华中部分股东谈话情况。1943 年 9 月 22 日，日本大使馆派翻译官中田丰千代到颜惠庆家进行了解。[④] 9 月 25 日，颜惠庆

① 1943 年 9 月 10 日在天津召开华北部分股东谈话会，南京市档案馆藏（见后附档案 21）。

② 1943 年 9 月 21 日在上海召开华中部分股东谈话会，南京市档案馆藏（见后附档案 22）。

③ 陈范有致袁心武函，1943 年 9 月 19 日。原件已捐赠给中国人民抗日战争纪念馆。

④ 1943 年 9 月 22 日上海日本大使馆派翻译官中田丰千代到颜府与颜惠庆谈话记录。已捐赠给中国人民抗日战争纪念馆。

董事长也将股东讨论结果函告日方。信中指出:“本月六日又承贵大使馆奥田经济部长暨诸位先生光临见教后,鄙人表示此事当遵照中国公司法之规定,召集股东会取决,当蒙奥田部长谅解。鄙人即电致天津方面董监事,以时间急促,先行召集股东谈话会……南北两方开会表决,结果均主张仍就地制造水泥,而不赞同拆迁机件。本月二十二日贵大使馆中田书记官采访时,曾详为说明,并请转达。”

复函中有两点值得注意。一是函中“蒙奥田部长谅解。鄙人即电致天津方面董监事,以时间急促,先行召集股东谈话会”,说明召开股东谈话会已得到日方同意,采取的是公开斗争的策略。二是“南北两方开会表决,结果均主张仍就地制造水泥,而不赞同拆迁机件”,告知日方,南北股东对拆迁机件均持反对态度。此点出乎日方意料之外。

日方在收悉颜惠庆函后,由特命全权公使田尻爱义用“上大经第二五二四号文”复函颜惠庆。[①] 复函中表示,对拆机事件原来“欣然期待”,不料得到相反结果,故“不胜遗憾”,反映了日方错误估计形势和对结果的失落情绪。但日方仍希望“借重阁下积极诱导之力,使全体股东认识时局,自动将该工场机械等转用华北一事,得以迅速实现”。

日方得知江南水泥公司股东谈话会反对拆迁机器的表决结果后,加强动用汪伪政府的力量施压。1943 年 9 月 25 日,日本大使馆特命全权公使堀内干城致函汪伪实业部部长陈君慧(第三一六号函),并随函附上日本特命全权公使田尻爱义列有七条处理拆机原则的

译文
上大经第二五二四号
昭和十八年十月七日
关于江南水泥股份有限公司栖霞山工场机械转用之件
敬启者 接奉中华民国三十二年九月二十五日 尊函敬悉
关于此事本使以前曾经面陈一切栖霞山工场机械转用于华北一层与完遂大东亚战争上实有切实关系贵公司股东方面各种情形亦经充分考虑之后始再烦勷力协助正在欣然期待认为可获 阁下同意之时接奉 尊函所复旨趣不胜遗憾 因思以前 阁下所与本使之深厚友谊拟即借重 阁下积极诱导之力使全体股东认识时局自动将该工场机械等转用华北一事得以迅速实现不胜感荷务祈 格予尽力 特再奉照此致
江南水泥股份有限公司董事长颜惠庆先生
在上海大日本帝国大使馆特命全权公使田尻爱义

田尻爱义致颜惠庆之“上大经第二五二四号文”中译本

① 日本大使馆特命全权公使田尻爱义致江南水泥公司董事长颜惠庆函,即二五二四号文。原件已捐赠给中国人民抗日战争纪念馆(见后附档案 23)。

“上大经第二二三三号公文”。致陈君慧第三一六号函函文如下①：

敬启者：

关于江南水泥股份有限公司栖霞山工场移设华北一案，照抄本月十四日田尻公使致该公司董事长颜惠庆函（即“上大经第二二三三号公文”）一件，送请查照为荷。

此致

中华民国国民政府实业部部长陈君慧阁下

在中华民国大日本帝国大使馆特命全权公使堀内干城

中华民国三十二年九月廿五日

汪伪政府得到日方指令后，立即予以积极配合。10月13日，汪伪政府召开国防会议对该项议题进行讨论。会上议决“依照日本使馆意见办理”，并于10月22日由伪实业部发出业工〇〇〇二号通知，内容如下②：

案准日本大使馆特命全权公使堀内干城第三一六号函送驻上海日本大使馆特命全权公使田尻爱义致该公司董事长颜惠庆函，译开：查关于江南水泥股份有限公司栖霞山工场设施移往华北一案，经于本月六日由奥田经济部长将左列要领之草稿（指拆迁六条）奉达，并为慎重起见，以书面送请查照，妥赐处理；再对于本案，拟于九月中旬予以解决，九月之内着手拆迁等由。正核办间，复准外交部咨准日本特命大使谷正之第三四二号函，译开：查江苏省江宁县栖霞山江南水泥股份有限公司水泥回转炉二机及其附属设备，并广东省政府所有水泥工场之水泥回转炉一机及其附属设备，作为近在华北预定建设之中国普通法人华北轻金属股份有限公司（暂称）矾土工场之用，以加强铝之紧急增产，不论投资或出卖，谨请查照，赐予协助。盖在完遂大东亚战争之立场上认为有绝对之必要，且以军事协力之主旨祈予赞同等由。查此案最高国防会议意见，以事关协助大东

① 日本大使馆特命全权公使堀内干城致实业部部长陈君慧第三一六号函，1943年9月25日。已捐赠给中国人民抗日战争纪念馆。

② 汪伪实业部业工〇〇〇二号通知，1943年10月22日。南京市档案馆藏（见后附档案24）。

亚战争,应予协助。该公司自以中日共同作战之立场、双方协助之本旨,对于栖霞山工场机件,日方既急须拆迁,时间迫切,应速洽商办理。合行通知,仰即遵照。

该文件最后有"洽商办理"字样,语气似乎并不十分坚决,江南水泥公司常务董事们认为或可通过汪伪实业部向日方据理力争,一方面希望借此能够找出有利于江南水泥厂的办法,另一方面也可拖延谈判的时间。

为了抵制日本侵略者的拆机行动,江南水泥公司除以公司法正面与日方进行斗争外,还利用各种力量折冲抗衡,以期减少损失。向汪精卫及汪伪实业部进行合理的申述,亦是其中策略之一,故曾向汪伪政府提出免予拆机的申诉,指出拆机对华东地区损失巨大,并提出各种解决办法,希望汪伪政府能阻止日方拆迁机器。同时还请熟悉汪伪的高官,曾任北洋政府代理国务总理,时任江南水泥公司董事的龚心湛①出面,向汪伪实业部进行游说。但终因汪伪政府是日本帝国主义扶植的傀儡,以上努力均无结果②。

《事变后江南水泥公司大事记》记载:"伪实业部通知(即〇〇〇二号文件)之同时,敌方即派兵到江南厂,并派员工进厂察看,计划拆卸。经江南厂主管人员以未奉总公司命令,拒其即行动手。日方遂向江南公司加紧催迫,董事会以未经正式股东会讨论,董事会无权执行,加以推诿之。"③

在双方僵持不下的关键时刻,10 月 26 日,江南水泥公司第 30 次董监会做出召开临时股东大会,把拆机事件交股东大会进行讨论的决定。在日本统治的沦陷区,以这种方式进行对抗,需要极大的勇气和冒极大的风险。如陈范有亲草《江南水泥公司之历史与内容及拟为政府部分加工之建议》所说,是抱着"宁为玉碎,在所不计"的决心做出这样的决定的。临时股东大会结果如《事变后江南水

---

① 龚心湛(1871—1943):号仙舟,安徽合肥人。曾任驻英、法公使馆随员八年,1898 年回国入仕。1915 年任采金局总办,后任北洋政府财政部次长。1919 年任代国务总理。1924 年任内务总长。1925 年任交通总长。1926 年退出政界,寓居天津。因与周学熙的关系,从事实业。1927 年任启新洋灰公司总经理,江南水泥公司筹建亦有参与。"七七"事变后,日本侵略者欲网罗中国旧军政要员,组织汉奸政权。汪伪政权建立后,日方劝其出山,主持华北政局。他不受威胁利诱,加以拒绝,保住晚节。日本侵略者强行拆迁江南水泥厂机器时,他站在工厂立场,反对日方拆机,多方奔走。参见李正中:《近代中国天津名人故居》,天津人民出版社,2002 年,第 385 页。

② 张连红、张朔人:《战时江南水泥厂的命运与汪政权的角色》,载《抗日战争研究》2012 年第 1 期。

③ 《事变后江南水泥公司大事记》第十条,南京市档案馆藏(见后附档案 14)。

泥公司大事记》记载："三十二年（1943 年）十一月二十日，在天津召集股东临时大会，对于敌使馆所提拆迁江南厂机器办法，全体投不赞成票，即以决议通知敌方。"①

在日本铁蹄下，由中国人组织起临时股东大会，做出一致反对日军拆迁机器的决议，在那种环境下，组织者必须冒着有抗日嫌疑的巨大风险，有把生死置之度外的胆略。此举必然会激怒日方。事态发展果真如此，日方随后立即采取行动。

《事变后江南水泥公司大事记》记载："三十二年（1943 年）十一月二十五日，敌使馆方面派员到天津访江南董事龚仙舟（心湛）、袁心武，值袁常务董事去唐山，龚董事患病，由周修曾代见。敌方表示敌军方对江南股东坚持反对拆迁机器深有怒意，似有抗日嫌疑，已令敌宪兵搜捕考问，被该使馆拦住，希望贵方速猛省。"②

分析当时形势，陈范有已经处于极其危险的境地。他曾多次出面反对日方无理要求，组织召开股东座谈会等，势必引起日方的注意。据秘书言申夫回忆，日本人曾欲抓捕陈范有，但陈范有不顾潜在的种种危险，坚定地按着既定方针行事。

三、日方加紧胁迫　袁心武并未屈服

为了答复日方的要求，天津董监会召开了紧急会议，推袁心武、陈范有、俞君飞三位常务董事到北京向日方说明股东会决议情况。在北京会议前一天（11 月 28 日）晚上，日本军代表町田要袁心武到他住所谈话，进行交底、施压。袁心武并未屈服。此次谈话据周修曾所记如下③：

町田先报告彼参加交涉该问题之经过后，续称该问题已到最后关头，毫无交涉余地。现时所能谈判者，仅为善后之问题。惟盐泽公使仍不愿该事由军方用武力强制解决，故命本人再作最后试探。如此刻江南方面能表示全面协力为善后计，当为至上之策。

---

①② 《事变后江南水泥公司大事记》第十一条、第十二条，南京市档案馆藏（见后附档案 14）。

③ 周修曾：《袁总理晤町田谈话要旨》，已捐赠给中国人民抗日战争纪念馆。

袁(心武)总理当答以该问题发生迄今之经过,并告以股东会之表决,系对实业部通知洽商办理之答复,已有呈文呈部矣。该议案绝非反对造铝,且愿积极协力,惟馆方所提出之七条办法似难同意。盖如按七条办法办理,将使江南根本消灭,不免有违江南当初造洋灰之意旨耳。董事长以及董事绝无命令股东之权,当不待言。此点尚望贵国方面予以谅解是幸。不悉町田先生对此案之解决上有何高见否?

町田答曰:"余意(一)各位须知一切问题已无商量之余地。(二)在可能范围以内,以特别方法速速请股东表示全面协力。最好举出代表向当局表示,袁总理可代表股东?(三)对于善后处置(如赔偿费,如何分配轻金属股票,江厂财产利用方法、估价等),江南方面可表示请保留,容股东对之意见一致后再谈云云。"又云关于第三点之善后处置,应保留者乃系藉可从容商议,以免吃亏太甚。

袁公答以一切当转陈颜董事长。惟事已至此,贵方既系政府发动,敝公司亦只好候我政府之处理矣。鄙人决不能代表股东。

町田即云:"今日谈话情形,当即电告盐泽。"

在双方的交锋中,日方强硬指出:"问题已到最后关头,毫无交涉余地……惟盐泽公使仍不愿该事由军方用武力强制解决,故命本人再作最后试探。"日方向袁心武亮出底牌,袁则回以临时股东大会之表决,系对汪伪实业部工字〇〇〇二号文件中"洽商办理"之答复;对日方使馆提出的七条办法,似难同意。町田找袁心武谈话,袁并未屈服,谈话无果而散。在此情况下,袁心武第二天称病未参加六国饭店会议,而由陈范有领衔前往。

第七章
反对日方拆迁机器　宁为玉碎　在所不惜

一、 陈范有领衔参加六国饭店会议

1943 年 11 月 29 日,陈范有、俞君飞、赵庆杰一行,赴北京六国饭店与日方会谈。在会谈中,日华北轻金属公司总经理越智强调,轻金属公司“实际上是军需工业,其重要性与枪炮军火一样”,原意在 8 月开始拆迁,至今已过了 4 个月,毫无结果。日本大使馆认为不能再拖,本想将江南再收作军管,可以方便处置。陈范有则回答:江南系商办公司,是遵照公司法而成立,重要事件取决于股东,董监事均无权处分。“此次特开股东会,其结果想已闻悉……七条办法是将制灰目的完全消灭,故全体对此七条办法均不赞成。”越智说:所谓公司法,“在战时绝对不能按此手续”。江南厂所提出两全之法,以及赵庆杰提出是否可不用回转窑等建议,均被越智拒绝。越智并说:“鄙人冒昧一言,即江南厂若想留一部分决不可能。”原日本大使馆工作人员、此时已任职轻金属公司的绫部小太郎则说:“此事不能一分钟之延长,延长一分钟即误军事一分钟。”由此可见,日方拆迁机器之决定不容更改。陈范有则抱着宁为玉碎、不为瓦全的决心,继续与日方周旋。双方各说各话,谈判仍然是无果而散。这样的结果必然进一步激怒日方,日方更倾向于用武力强拆机器。同时日方强逼汪伪实业部对江南水泥公司连续发出拆迁机器的训令。江南水泥公司则不断申述理由,拖延时日。双方继续斗争着,事态急速地向不利于江南水泥公司的方向发展。

北京六国饭店会议记录摘要如下①：

会址　北京六国饭店

时间　十一月二十九日下午四时半

列席

江南方面：陈范有常董（下称陈）、俞君飞常董（下称俞）、袁心武因病未参加、赵庆杰总技师（下称赵）、周修曾君、胡慕伊君

轻金方面：越智总经理（下称越）、绫部小太郎（下称绫，原为日本大使馆工作人员，现任职轻金属公司），及常董荫山如信、立山雪两君

［越］轻金属公司现告成立，承诸位先生帮忙，鄙人等极为感激。

［陈］越智先生及诸位于忙碌中惠临谈话，至为感幸。前越智先生与颜董事长在沪晤谈情形，此间业已接到报告。原拟于股东会后即约诸公晤谈，乃以唐山厂务会议，袁公及鄙人均须赴唐，以致稍延数日，甚为抱歉。今日得与诸公会晤一室，极为欣幸。所惜者顷间接袁公电话，知其患恙发热，不能一同晤谈，殊觉抱歉。

［越］鄙人前在沪谒见颜董事长时，胡先生（慕伊）亦在座。鄙人曾将造铝之重要性及筹办轻金公司经过详为报告。轻金公司表面上似乎为民间事业，此乃就平时眼光而论，现当战争紧要时期，此次筹办之轻金公司实乃国家事业，实际上是军需工业，其重要性与枪炮军火一样。贵方仍视为民营事业，故彼此视线不一致，现经解释当可明了。因系国家军需事业，故不能不如此做，盖军需性质与其他一切均不同也。当初计划江南厂机移作此用，军部嘱估价值限期出货，系八月间开始，至今已四阅月，尚无结果。而使馆意思不能延缓，原拟仍再收作军管理，以便可便宜处置。不过个人意见不主张强制执行，以便贵我两方可常常晤面，一如今日。

［陈］敝公司系商办公司，遵照公司法成立。按公司法所规定，重要事件均须取决于股东，董监事均无权处分。此次特开股东会，其结果想已闻悉，兹再简单奉告。此次之临时股东会，系根据实业部通知书及其所附之办法七条由股东

① 陈范有等与日方总经理越智、绫部小太郎等在北京六国饭店会谈录。原件已捐赠给中国人民抗日战争纪念馆（见后附档案25）。

讨论,结果均以七条办法是将制灰目的完全消灭,故全体对此七条办法均不赞成。换言之,如能将此七条变更,使江厂仍能制造洋灰,亦可再开会商讨。又颜董事长所言之两全办法,即一方面江厂仍能制洋灰,一方面对于制铝亦能协助。倘现在能想一办法,江厂尚能制灰,而对贵公司造铝之产量及时间均可达到原定之目的,可否讨论?

[越] 陈君所称公司法等,在平时实应如此,在战时绝对不能照此手续。个人意见只能对江厂机件估价,不使受损受亏。关于估价数目,日前曾由绫部君向袁先生说过。

[陈] 并未闻机器估价数目。(按,会后访袁公于病榻询问此层,袁公云:十八日夜间绫部谈话最后有一非正式表示,谓江厂全厂价值按日本物动统制价格约共值联券一千万元。袁公曾一笑置之,并向绫部云:此语只算君未说,我未听。)

[越] 事到如此地步,个人甚感痛苦。盖因此事政府交我负责办理,上次谒颜董事长时曾云,个人虽系专家,而对此难题(按,系指双方争议)总想于困难之中想出一个办法,希望诸位亦于困难之中想一完善办法。

[陈] 颜董事长主张两全之策,今请问造铝同时不妨害江厂之造灰,不知越智先生可想出一办法否?

[越] 两全之策实无办法,只有请全部借用,因日本方面机器已无余力。至于启新,全机亦不够用,江厂机器虽暂移用,将来仍要发还。军部及使馆均切嘱拆迁时不许破坏江厂原有基础,即如烟囱、墙壁尚皆不许有所损伤。鄙人曾谓,壁墙恐须有一部分破坏,因不如此不能将机器拆出也。军部谓除此墙外,余仍不许损毁,此足可证军部保护江厂基础,即将来仍须恢复江厂以制灰。只待目下之紧张时期过去,和平来临,自当请求政府当局协力恢复江厂,本人并可向政府请求照原样恢复江厂。在此一瞬期间,必须借用江厂全机,而保留启新全机不动。江厂厂基既不动,则还原亦极易。若现即开工,制灰亦属不可能之事。此次之事对江厂决不是毁灭,日后必须恢复制灰。

[俞] 此次股东会对前次提出七条办法不能同意者,乃系如照此办法,则江厂全无生存可能。制铝重要,似应取分担办法,如献铜献金向皆按户分担,不能说江厂机件现未开工,即可全行拆去。犹之乎我有款现存银行尚未取用,不能说我不用,别人即可代为取用也。

［越］七条办法早经规定，我事先不知，我只能照所奉之命去做，即（一）拆迁，（二）估价，仅此二项责任，对于原定计划只有斟酌权而无变更权。军需事业受命令即须遵行，在日本乃司空见惯，在中国觉为惊异亦不足怪。现我政府既已规定如此办法，实无法更改，因已照此计划去筹办，改无可改，且请原谅。个人之困难，君等如要求变动原则，可向军部及使馆请求商办。鄙人本月五日尚须赴东京一行，希望五日以前能与袁先生一谈。

［赵］贵公司同时造硅素铁（Ferrosilicon）否？

［越］不造硅素铁。

［赵］既不造硅素铁，本人意见可不必用旋窑（Rotary Kiln），欧美各国普通所用之反射炉（Reverberatory Furnace）亦可制铝，此炉系用火砖砌成者。

［越］现在所用之法系日本特发明者，各书本均无记载，且甚秘密，不愿告人，此法须用旋窑。

［陈］此案既由实业部通知，敝处股东会之议决案不得不呈复实业部。今日袁公因病不能到，极为抱歉，但希望在越智先生五号赴日之前，袁公病愈，能可与君一谈。

［越］鄙人冒昧一言，即江厂若想留一部分决不可能。如再作此谈话，可不谈矣，请谅之。

［绫］鄙人现已脱离使馆，供职开发公司及轻金公司，兹谈话并非馆员资格。此案当初计划已定，决不能只拆一部分，盖应付战时需要之故，迟则不及应，请董监事说服各股东。

［赵］制铝块是否可用立形砖窑？西洋多有以砖窑制铝者。

［越］不可，因我现用之方法并无先例，不便宣布，且亦很难说明。

［绫］此事不能一分钟之延长，延长一分钟即误军事一分钟。对于技术问题不能再加解释。越智先生系世界制铝之权威者，极有把握，至其方法亦不便发表。今兹之事因不愿与贵方破面，故仍希望董监事诸位说服各股东勿持异议。

［陈］诸位于百忙中抽暇见临晤谈，至为感谢。所谈各节当即转达袁公。

［绫］希望在越智先生赴日以前，报告袁先生再共作一次谈话。

时已六时，越智君等乃兴辞而别。

周修曾译语　胡慕伊记录

二、日方以武力强拆水泥机器设备

在与日方紧张对峙之际，公司常务董事会对汪伪实业部业工字〇〇〇二号通知继续做出反应，电函上海、南京汪伪实业部，并说明拆移困难及损失。汪伪政府迫于日方压力，不断发出训令，强迫拆迁。这激起江南水泥公司广大职工的不满。庚宗溎在写给徐莘农的信中这样说："政府诸公胆小畏惧，竟先将我厂机件双手奉送……所谓'野鸡毛作令箭'之意，可叹！"[①]蔑视汪伪的态度跃然纸上。

汪伪实业部1943年12月13日发出业工字〇三〇一号训令，训令称："时间急迫，不容再缓，迅将指定制铝所必需之机件交出。"[②]12月17日又发出业工字〇〇二五号训令，列出江南水泥公司应交出的机器清单[③]：

(1) 磨四部

附件

1）喂料盘八个

2）油泵四个

3）齿轮四个

4）马达四个

5）马达用油开关四个

(2) 旋窑二部

附件

1）马达二部

2）马达开关二个

3）煤风扇二个

4）滚轮二十八个

5）看火罩二个

6）空气开关二个

清单中所列窑和磨，其价值约占全厂机器总价的75%，是工厂的主体设备。其中，回转窑长达131米，由丹麦史密芝公司将各组件运至栖霞工厂，由栖霞厂工人将一段段钢板加工焊接成圆柱状。据曾住在工厂的庚维义回忆："工人由地上的热炉将铆钉烧红，向上抛接2~3次，传递到窑座上面的窑身筒体处，用锤打紧铆钉，铆接成131米长长窑。"[④]一个窑上有35 000个铆钉。长窑是烧制水泥的

① 《日伪掠夺南京江南水泥厂添罪证》，《金陵晚报》，2007年12月4日。

② 汪伪实业部业工字〇三〇一号文，南京市档案馆藏（见后附档案26）。

③ 汪伪实业部业工字〇〇二五号文，南京市档案馆藏（见后附档案27）。

④ 庚维义致陈克澄函，2004年10月11日。

主要设备,现在要把焊接好的长窑一段段肢解,所以是一次破坏性的拆迁。粉碎用的大型管式磨,每部高 2.2 米,长 14 米,每个磨上均有 2 000 个铆钉。从机座上拆下,也需要花费很长时间和大量劳动力。

在拆迁机器的前一天,日本大使馆三人与汪伪实业部朱某来到栖霞山工厂与昆德博士打招呼,把责任全部推给汪伪政府,认为这是实业部与轻金属公司之间的事,与日本使馆无关。昆德虽表示不同意拆迁机器,但也无任何办法阻止。其间的对话颇耐人寻味。江南水泥厂通过取消"军管"后,日本已完全掌握工厂与外商之间的关系,因此并不把昆德的话当真。他们的谈话,徐莘农做了笔录,并报告上海办事处。报告全文如下①:

经、副理钧鉴:

兹奉昆德博士命将昨日(廿一日)日方使馆人员谈话情形报告如下:

廿一日十一时半,日方使馆 Jarasaka、Sakata、(经济部)Jakashira 秘书三先生偕同随员抵达厂。次因 Jakashira 曾留学德国,能说德语,是以用德文谈论。实(业)部朱专员在场。

[昆] 要求日使馆正式公文及拆机详表。

[Jaka] 日使馆只介绍轻金属公司与中国政府而已,如中国政府不愿交出此项机器者,日使馆决不能强其交出。

[昆] 但来此交涉皆是日方北平使馆人员或沪京使馆人员,何以日使馆不负责任?

[Jaka] 我等皆使馆中人,但皆随员之类而已。贵洋行要表,应向江南公司要之,江南公司负责者应签字交贵洋行。

[昆] 我意不然,因江南公司并不允许拆机,中国政府强制执行者。我洋行尚未履行合同中之条件,因机未装完,亦未试车,又未曾正式交货于江南。我洋行不能清理债务,请注意之。我因责任问题已报告德使馆,使馆意应由日使馆签字给表。

[Jaka] 日使馆非收受此机器者,收受者为中国政府实业部,实业部再交与轻

① 昆德与日方使馆 Jarasaka 在江南水泥厂谈话纪要,1943 年 12 月 22 日。已捐赠给中国人民抗日战争纪念馆。

金属公司,收据应由彼等出具之。

［昆］轻金属公司与我无交涉,我不承认此举。

［Jaka］我等明日拟开始工作,你能赞成允许否?

［昆］我不赞成,但是我固无法可以阻止你们工作。

［Jaka］既然如此,明日我等动工。

［昆］我当将此事报告德使馆。

遂握手而散。据昆德博士私人意见,此事实业部不能辞其咎也。

以上谈话皆由昆德博士于今晨(廿二日)背述,由职笔录之。专此敬请

钧安

职徐莘农敬上　十二月廿二日

其实,早在11月14日,日三井洋行南京支店长代理山尾忠信就通知栖霞厂:“关于贵工厂部分设备拆卸转至北支,为了现场警备及维持治安,需派遣警备兵,请予谅解。”如今双方谈判陷入僵局,日方决定采用武力劫持机器。

1943年12月19日,华北轻金属公司代表寺坂四人小组率领大批日本技工进驻江南水泥厂,于26日开始强行拆迁机件,遂行赤裸裸的军事掠夺。

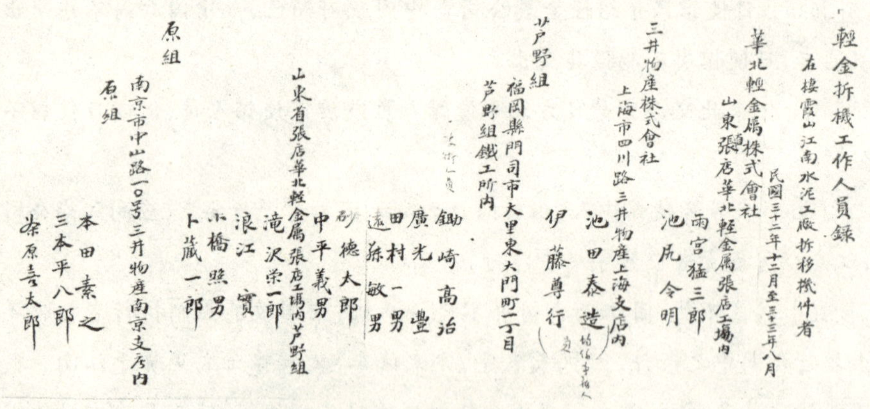
輕金拆機工作人員錄
在棲霞山江南水泥工廠拆移機件者
民國三十二年十二月至三十三年八月
華北輕金屬株式會社
山東張店華北輕金屬張店工場内
雨宮猛三郎
池尻令明
三井物産株式會社
上海市四川路三井物産上海支店内
池田泰造
伊藤尊行
芦野組
福岡縣門司市大里東大門町一丁目
芦野組鐵工所内
鋤崎高治
廣光豊
田村一男
遠孫敏男
砂德太郎
中平義男
山東省張店華北輕金屬張店工場内芦野組
滝沢栄一郎
浪江實
小橋照男
卜蔵一郎
原組
南京市中山路一〇号三井物産南京支店内
原組
本田素之
三本平八郎
柴原喜太郎

日方拆机技术人员和管理人员名单

按照汪伪实业部业工字〇〇二五号训令,日方对所要拆迁的“二窑四磨”进行拆解,形似巨龙的回转窑被肢解,大型磨也从底座上拆下。1944年3月开始,日军以黑田部队的名义,用火车将拆卸的机器装运出厂。此为日方武装掠夺江

南水泥厂第一批机器。

在整个事件中，日方勾结汪伪政府，可谓想尽办法，软硬兼施，但江南水泥公司上下团结一致，不畏强暴，据理力争，与日方展开针锋相对的斗争。虽然机器在武力威迫下被洗劫，江南水泥公司蒙受了巨大损失，但由于采取了正确的应对之策，利用谈判拖延时日，拆迁机器时不予合作，直到日本战败投降，铝厂也未建成。此举不但伸张了民族气节，也为抗日战争的胜利做出了贡献。

1944 年 2 月 3 日，延安的中共中央机关报《解放日报》第 2 版刊登文章，在《敌“没收”沦陷区工厂》的标题下，报道“栖霞山（南京东）之江南水泥公司原为中国一大水泥厂……敌因要求该厂与敌合作经营，遭该厂拒绝……乃以‘借用’名义向该厂接洽，并声称如不应允，即由‘国家’（按即汪伪）没收，以供军用”①。《解放日报》发的这条消息，说的就是这段历史。可见，当时江南水泥公司对敌斗争的情况已广为知晓。

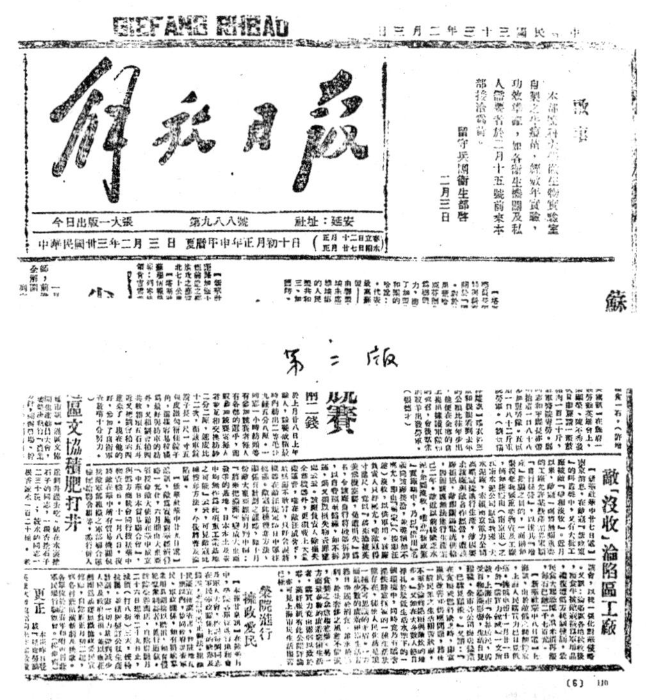
JIEFANG RIBAO

解放日報

今日出版一大張　第九八八號　社址：延安

第二版

敵「沒收」淪陷區工廠

延安《解放日报》刊登《敌“没收”沦陷区工厂》一文（1944 年 2 月 3 日）

① 《敌“没收”沦陷区工厂》，载《解放日报》1944 年 2 月 3 日第 2 版。

三、日方疯狂掠夺 工厂被洗劫一空

日方轻金属公司把江南水泥厂的主要机器"二窑四磨"拆走后，其野心并未满足，妄图掠夺更多的机件。1944年4月间，日本大使馆调查官水野开出拆迁第二、第三批增拆机件清单，遭到江南水泥公司常务董事们的坚决反对。因为这些机件在上海均能制造，轻金属公司完全可在上海订货，强拆江南水泥厂机件毫无理由。日方采取变相强夺手段，提出先行拆走第二、第三批机件，随后由轻金属公司在沪制造归还。双方在争议之中，日方调换态度更为强硬的田边新之代替水野。6月6日，新上任的日本大使馆调查官田边新之身带手枪，把庾宗溎召至上海日本大使馆训话。据有关谈话记录，田边新之讲话如下[①]：

(1) 江厂被拆主要机件牺牲殊巨，表示十分同情与抱歉。

(2) 现在大东亚战争已至严重阶段，日方需要大量飞机派往前方作战。如在洛阳、汉口等地区收获重要战果，将来即可进攻至四川、云南等地，因之急需制造飞机之原料铝灰块，故希望江厂多协力、多牺牲机件。

(3) 中国国防会议[②]已决定将江厂机件协助轻金属公司，江厂应速将全部机件交出。

(4) 从前大使馆提出第一次、第二次及第三次拟借之机件单根本错误。据我见解，应按照江厂提出之机件详单内所列机件全部交出，不可用做生意方式讨价还价。

(5) 我已到过江厂视察，见有一部分机件用木板隔除，不允外人查视，十分不满意。此足表示实业部与江厂方面均不真心协助轻金属公司，并有敌对意思。希望庾君即以电话通知厂方，拆除木板等障碍物。

(6) 我探知有一部分机件藏于水池中及土中。

田边新之讲话中的第二点，对战争形势做出了错误的估计。当时日本败局已定，他狂言要进攻中国四川、云南，反映了日本军国主义的野心和战争狂热。

① 庾宗溎在上海日本大使馆与田边调查官座谈记录，1944年6月6日。

② 指汪伪国防会议。

在第四点讲话中，要求江南公司不仅交出水泥厂第二、第三批机件，而且要交出全部机件。讲话第五点表现出对江南水泥厂极为不满，甚至对汪伪实业部也表示不满，认为不是真心协助轻金属公司。

田边新之一番狂言之后，要求庾宗溎当场表态。在日方盛气凌人的情况下，庾宗溎设词做了一些敷衍，并进行了解释①：

(a) 江厂之六大件机件被拆，乃依政府命令办理，非江厂股东同意出借。

(b) 政府命令中将命令交出之机件详细指明，并申明以所列者为限。同时派大员至江厂监拆，并将应交出之机件用白漆标以“实”字，不在范围内者，用红漆标以“不拆”二字。

(c) 工厂将命令交出以外之机件，用木板隔离，一则表明界限并免损伤，一则防止华工于拆机时偷窃小机件。轻金属公司被窃物件之事时时发生，江厂亦有电线等被窃，故用木板隔离不拆之机件。乃属保护机件必要之图，幸勿误会。

(d) 江厂范围内池塘均系事变前天然之池塘，决无临时挖掘池塘藏匿机件。江厂之机件均甚庞大笨重，小池塘亦不足容纳。希勿听信流言，引起不幸之误会。

在庾宗溎发言之时，田边新之以杂言插话打断者有七八次之多，可见当时日军的嚣张气焰。接着，田边新之又作如下发言②：

以前日本大使馆将各种文件直接交与江厂，于手续上甚不合理。……以后洽商一切，必须由大使馆经实业部陈部长转向江厂接洽，及认定汪主席、陈部长及颜董事长为接洽之对象。日方完全由田君亲自接洽，至若(北)京日大使馆调查官高桥修及尹藤先生，虽均为田君之助理员，出外接洽均不能负任何责任。……

1944 年 7 月 1 日，南京日本大使馆派尹藤等来工厂，将预先印好的白纸红字条粘贴在拟拆机件上。在日方的压力下，7 月 3 日，汪伪实业部发出工字 921 号

①② 庾宗溎在上海日本大使馆与田边调查官座谈记录，1944 年 6 月 6 日。

训令，开出第二、第三批机件清单。日方立刻着手拆除，至8月17日全部拆完。9月4日，被拆机件全部运至山东张店。日方对江南水泥厂进行了彻底的掠夺。

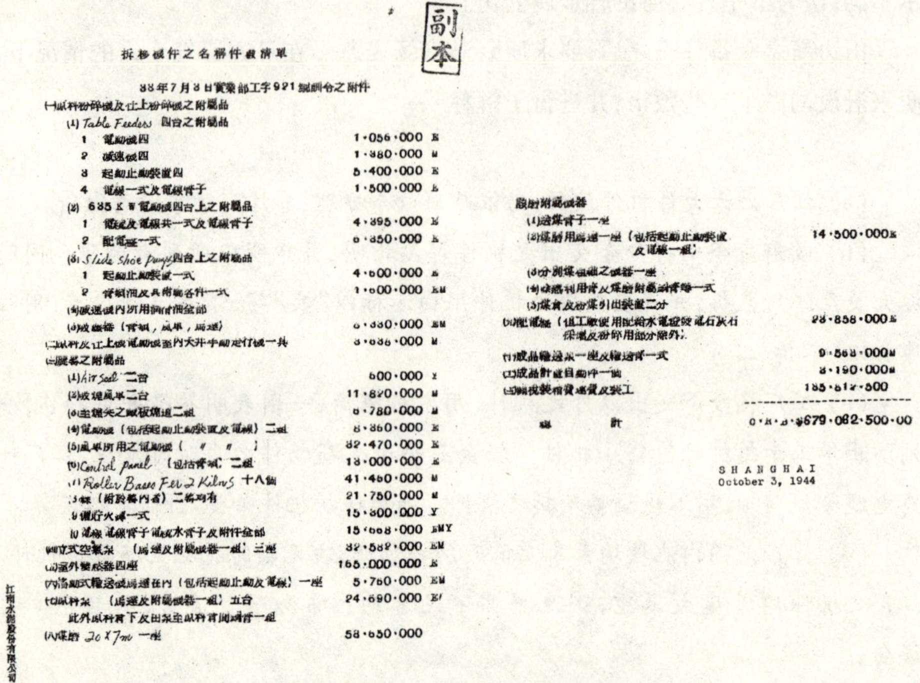

副本

拆移機件之名稱件數清單

33年7月3日實業部工字921號訓令之附件

(一)原料粉碎機及仕上粉碎機之附屬品
(1) Table Feeders 四台之附屬品
1 電動機四 1·056·000 E
2 減速機四 1·380·000 M
3 起動止動裝置四 5·400·000 E
4 電線一式及電線管子 1·500·000 E
(2) 635 KW電動機四台上之附屬品
1 電線及電線共一式及電線管子 4·395·000 E
2 配電盤一式 6·350·000 E
(3) Slide Shoe pumps四台上之附屬品
1 起動止動裝置一式 4·600·000 E
2 管類油及其附屬各件一式 1·600·000 EM
(4)減速機內所用潤滑油全部
(5)吸塵器（管類，風車，馬達） 6·330·000 EM
(二)原料及仕上機電動機至內大井中動走行機一具 3·636·000 M
(三)燒窯之附屬品
(1) Air Seal 二台 600·000 Y
(2)吸塵風車二台 11·820·000 M
(3)主煙突之鐵板煙道二組 6·780·000 M
(4)電動機（包括起動止動裝置及電線）二組 8·360·000 E
(5)風車所用之電動機（ 〃 〃 ） 32·470·000 E
(6) Control panel （包括管類）二組 18·000·000 E
(7) Roller Bases For 2 Kilns 十八個 41·460·000 M
(8)梯（附設備內者）二條均有 21·750·000 M
(9)備好火磚一式 15·300·000 Y
(10)電線、電線管子、電線水管子及附件全部 15·668·000 EMY
(四)立式空氣泵（馬達及附屬機器一組）三座 32·582·000 EM
(五)室外變壓器四座 165·000·000 E
(六)搖動式輸送機馬達在內（包括起動止動及電線）一座 5·760·000 EM
(七)原料泵（馬達及附屬機器一組）五台 24·690·000 E
此外原料貯下及出泵至原料貯間輸管一組
(八)煤磨 20×7m 一座 58·650·000
煤磨附屬機器
(1)送煤管子一座
(2)煤磨用馬達一座（包括起動止動裝置及電線一組） 14·500·000 E
(3)分別煤粗細之機器一座
(4)吹熱利用管及煤磨附屬油管等一式
(5)煤倉及粉煤引出裝置二分
(九)配電盤（但工廠使用配給水電設備及石灰石採礦及粉碎用部分除外） 28·858·000 E
(十)成品輸送泵一座及輸送管一式 9·568·000 M
(十一)成品計量自動秤一個 3·190·000 M
(十二)輸送裝箱費運費及裝工 185·612·500

總計 C·R·B·$679·082·500·00

SHANGHAI
October 3, 1944

江南水泥股份有限公司

日方拆走第二、第三批机件清单及估价

日方拆走机器后，就改变了原来由轻金属公司定制归还的承诺，而是要江南水泥厂就拆走机件向上海有关工厂询价，轻金属公司按估价付款，由江南水泥厂自行订制。江南水泥厂只得向上海各厂进行询价，询价时各厂告知，估价以一个月为限，过期因物价上涨需另行估算。为此，江南水泥厂将拆走的第二、第三批机件的估价单，共计6.79亿储备券，于10月3日送交日方。[①]

① 汪伪实业部工字921号训令，南京市档案馆藏（见后附档案28）。

拆移机件之名称、件数清单

33 年 7 月 3 日实业部工字 921 号训令之附件

名称	金额	
(一) 原料粉碎机及在上粉碎机之附属品		
(1) Table Feeders 四台之附属品		
1 电动机四	1 056 000	E
2 减速机四	1 380 000	M
3 起动止动装置四	5 400 000	E
4 电线一式及电线管子	1 500 000	E
(2) 635 kW 电动机四台上之附属品		
1 电缆及电线共一式及电线管子	4 395 000	E
2 配电盘一式	6 350 000	E
(3) Slide Shoe Pumps 四台上之附属品		
1 起动止动装置一式	4 600 000	E
2 管类油及附属各件一式	1 600 000	EM
(4) 减速机内所用润滑油全部		
(5) 吸尘器(管类、风车、马达)	6 330 000	EM
(二) 原料及在上机电动机室内天井手动走行机一具	3 638 000	M
(三) 旋窑之附属品		
(1) Air Seal 二台	600 000	Y
(2) 吸烟风车二台	11 820 000	M
(3) 至烟突之铁板烟道二组	6 780 000	M
(4) 电动机(包括起动止动装置及电线)二组	8 360 000	E
(5) 风车所用之电动机(包括起动止动装置及电线)	32 470 000	E
(6) Control Panel(包括管类)二组	13 000 000	E
(7) Roller Bases Fer 2 Kilns 十八个	41 460 000	M
(8) 练(附于窑内者)二窑均有	21 750 000	M
(9) 备贮火砖一式	15 300 000	Y
(10) 电线、电线管子、电缆、水管子及附件全部	15 668 000	EMY
(四) 立式空气泵(马达及附属机器一组)三座	32 582 000	EM

(五) 室外变压器四座　165 000 000　E

(六) 摇动式输送机马达在内(包括起动止动及电线)一座

5 760 000　EM

(七) 原料泵(马达及附属机器一组)五台　24 690 000　EM

此外,原料仓下及由泵至原料仓间钢管一组

(八) 煤磨 20×7m 一座　58 650 000

该磨附属机器

(1) 送煤管子一座

(2) 煤磨用马达一座(包括起动止动装置及电线一组)　14 500 000　E

(3) 分别煤粗细之机器一座

(4) 余热利用管及煤磨附属钢管等一式

(5) 煤仓及粉煤引出装置二分

(九) 配电器(但工厂使用配给水、电灯发电、石灰石　23 858 000　E

采掘及粉碎用部分除外)

(十) 成品输送泵一座及输送管一式　9 563 000　M

(十一) 成品计量自动秤一个　8 190 000　M

(十二) 关税装箱费、运费及装工　185 812 500

总　计　C. R. B. $ 679 062 500.00

(注:清单中"E"为电器设备,"M"为机械设备,"Y"为其他,"C. R. B. $"为汪伪储备券缩写。储备券是汪伪政府"中央储备银行"发行的货币,在沦陷区使用。)

日本轻金属公司收到估价单后,迟迟不采取行动,拖延达 5 个月之久。经过江南水泥厂的多次追讨谈判,于 1945 年 3 月下旬,才开始兑现付款,而此时价格已上涨了许多。日方以低于市价的现款,掠夺了江南水泥厂第二、第三批机件,加上第一批工厂主要机器旋窑和大磨被无偿夺走,江南水泥厂实际上已成为空厂。但日方并未就此停步,掠夺仍在继续进行中。

1944 年,日方开始劫夺栖霞工厂山石,强行开挖仙人洞山石约 600 万立方尺。

1945 年 4 月 20 日,日方又策划强占工厂厂房生产酒精。江南水泥厂完全了解日军霸占之意图，当即予以回绝。日方毫不理会江南水泥厂的反对态度，悍然采取行动，于7月间擅自运来制酒精机件15箱到江南水泥厂中。后因日本投降，生产酒精计划遂告破产。此事在陈范有亲草《江南水泥公司之历史与内容及拟为政府部分加工之建议》中也有记载："一九四五年夏，敌人正拟利用厂址及所留设备开办酒精厂，未及实施即行投降。"①

日本战败、投降，日本侵略者在中国的土地上横行霸道、为所欲为的历史就此结束。

① 陈范有：《江南水泥公司之历史与内容及拟为政府部分加工之建议》(甲)之(七)(见后附档案1)。

第八章
抗战胜利　昆德被留用　工厂损失估算

一、日本投降　日军借宿江南水泥厂

1945年8月15日，日本宣布无条件投降。9月2日，在美国“密苏里”号战舰上举行日本投降的签字仪式。9月9日，中国战区日本受降仪式在南京举行。中国人民经过浴血抗战，终于取得抗日战争的伟大胜利，全国人民为之欢呼雀跃，举国同庆。

战争结束时的形势错综复杂。在栖霞，江南水泥厂得到了附近日军欲借宿工厂的信息。9月18日，庾宗溎、孙柏轩上呈国民政府陆军总司令部函询问了解有关情况①：

窃商厂位于京沪铁路栖霞山车站迤东，本年九月六日有日军第一六一师团藤田少佐来厂，面称该团遵照蒋委员长命令保护南京、镇江间铁路，请借用商厂一部分房屋驻兵，并设置司令部，为期约二个月等语。当以所述如果属实，商厂为协助我政府护路起见，自可允予暂时借用一部分房屋，至多居住五百名左右，曾于本月七日具呈南京前进指挥所主任冷核示在案，并经告知，须俟奉到批示始能决定。惟近数日来，该师团迭派田中大尉、今开大尉、池田中尉、大野中尉等率同士兵来厂，声称借用房屋事业由日本官兵善后总连络部向钧部口头请示。钧部意旨暂借商民房屋驻兵，可由日军径行商洽，该师团原在南京城内所住房屋，

① 江南水泥厂经、副理呈陆军总司令部函，1945年9月18日。陈克潜：《爱国实业家陈范有与江南水泥厂》，苏州大学出版社，2013年，第98页。

急须迁让,势非陆续移栖不可,必须暂借厂房居住,倘政府日后着令他迁,仍当随时移去等语。计已先后迁入商厂日兵二百余名,并运来给养等项,火车二十余辆,卡车十余辆。又谓第一六一师团司令部高级人员不日亦须迁住厂内等语。查该项日军武装尚未解除,并据一再声称系属军奉命护路,借住商民房屋业经邀得钧部许可,且栖霞山车站一带民房,近由日军借住者颇多,商厂自亦未便拒绝。惟不悉该日军所述各节是否确实,理合具呈陈明。

9月23日,在工厂的罗仲平秘书在函中提供了更多信息①:

宗淮、柏轩先生赐鉴:

……

一、日军陆续迁住厂内者颇多,连居住工房者共计三百五十余名,日内仍当继续迁来,高桥师团顾问明日亦当来厂。田中大尉以原约住兵人数五百名,兹因他处无法容纳,向昆先生一再恳商,拟住七百名。昆先生被其纠缠不过,勉强应允。原在露天堆置食粮、物品地点,已搭盖芦席房屋,另建席棚数处,作为厨房、无线电报室、小仓库及便所等等之用。地点不适当者已随时令其拆移,并责令嗣后建棚时应先行商洽。

二、北门铁道门两处,日军均已设岗,日军已于北门内搭盖铅铁板棚一处为岗兵居住之用。

三、地上种植之禾稼被损坏者,日军拟以物资赔偿。曾表示收受物资恐与总部布告抵触,据称彼等携来之物资,系总部许可彼等自用者,并无妨碍等语。昆先生仍颇顾虑,拟请裁夺示遵为荷。

四、德侨如有须入集中营消息,务祈两公来厂一位,俾便秉承办理,至为盼荷。

五、两临时俄警本月廿七日期满,拟令彼等于廿八日回沪。

弟 罗仲平敬启 卅四,九,廿三

① 罗仲平复庾宗淮、孙柏轩函,1945年9月23日。陈克潜:《爱国实业家陈范有与江南水泥厂》,苏州大学出版社,2013年,第99页。

为什么战败的日本军队并不像人们所想或某些报道描写的那样，被解除武装成为战俘，江南水泥厂成为关押日军的战俘营，相反日军可自由携带武器，要求借宿并活跃于江南一带？其中缘故可由美国总统杜鲁门的回忆录中找到答案：日本宣布投降之时，"蒋介石的权力只及于西南一隅，华中和华东仍被日本占领着……由于共产党人占领了铁路线中间的地方，假如我们让日本人立即放下他们的武器……那末整个中国就将会被共产党人拿过去。因此我们就必须采取异乎寻常的步骤，利用敌人来做守备队，直到我们能将国民党的军队空运到华南，并将海军调去保卫海港为止。因此，我们便命令日本人守着他们的岗位和维持秩序，等到蒋介石的军队一到，日本军队便向他们投降"。"这种利用日本军队阻止共产党人的办法是国防部和国务院的联合决定而经我批准的。"[①]栖霞地区日军的行动是当时美国对华政策的最好注解。而9月22日国民党军方也有给庾宗溎的批文："栖霞、龙潭指定为日本部队集中地区，房屋可暂予借用。"[②]

由于美国对日本侵略者的纵容和利用，亚洲战场与欧洲战场在二战后呈现出不同的局势。在亚洲，由于对日本法西斯罪行没有彻底清算，德国和日本战后对法西斯罪行的认识有天壤之别，日本右翼分子并没有对侵略战争进行深刻反省，相反频频上演篡改教科书、否定侵略事实、参拜供有甲级战犯的靖国神社、否认南京大屠杀等丑恶行径。对于日本右翼分子复辟军国主义的梦想，中国人民必须时刻警惕。

二、 昆德免于遣返　继续留厂任职

全面抗战爆发后，昆德一直以江南水泥厂代理厂长身份与日方进行交涉，如与日方华中铁道株式会社签订《使用江南水泥厂部分铁路岔路协议》等。1947年，昆德与伊迪丝结婚，1950年其子克劳斯·昆德出生于南京鼓楼医院。昆德一家长期在栖霞山江南水泥厂工作，完全融入了中国民众的生活。

二战结束后，国民政府公布战败国侨民需遣返回国。昆德求助于江南水泥公司天津常务董事，陈范有通知栖霞江南水泥厂领导，对护厂有功的昆德一家申请免予遣返。江南水泥厂庾宗溎经理、孙柏轩副经理遂呈南京市政府《江南水泥

---

① 转引自张宪文：《中华民国史》（第三卷），南京大学出版社，2005年，第609页。

② 中华民国驻印军新编第六军司令部廖耀湘批令，1945年9月22日。南京市档案馆藏（见后附档案29）。

厂申请留用昆德不遣返的报告》①,内称:

卡尔·昆德夫妇

窃商公司于民国二十四年开始筹备,设总店于南京,厂设栖霞山东面之摄山渡。机器购自丹、德两国,安装尚未完竣,抗战军兴,迨战事迫近厂址,遂告停顿。同时幸延有德籍工程师昆德博士由津南下,冒险迂道苏北驰抵商厂,佯以出售机器之禅臣(德商)洋行代表名义驻厂掩护,故栖霞山沦陷,商厂未被敌日占领。该昆德博士现年四十三岁,生于我国河北省之唐山,毕业于德国柏林工业大学,居吾国卅余年,对我国素表同情。廿六年冬设难民区于商厂,办临时诊所,免费施诊……敌日纵火焚摄山镇,预架机枪,禁人灌救。昆德博士闻讯,手持德旗,率商厂员工驰往救熄,全镇房屋免付一炬。其见义勇为,不辞艰险,维护我国人生

卡尔·昆德及夫人与江南水泥厂职工家属在一起

① 陈克澄:《爱国实业家陈范有》,苏州大学出版社,2004年,第132-134页。

命财产，栖霞附近民众无不知之甚晰。商厂在抗战期间，本爱国天职，拒绝与敌日合作，从未开工生产。今幸抗战胜利，河山重光。水泥为一切建设所急需，商公司董事长颜惠庆博士督促负责人员筹备复工。水泥原料以青石为大宗，石质优劣关系水泥成色至巨，端赖专家如昆德博士者予以鉴别。前商厂以德侨应集中管理，曾呈请钧府俯准留用。业奉钧府府总秘字第二二七四号批，内开"呈悉姑予照准，并仰负责看管，此批"等因在案。兹谨按我政府三十四年十一月二十七日公布处理德侨办法第五条载明，德籍人民如系忠实可靠之技术人员，得由公私机关呈准内政外交两部予以雇用，免予遣送回国等语。该昆德博士乃忠实可靠之技术人员，在商厂未觅得华籍工程师替代以前，实有继续雇用必要。拟请钧府俯赐专呈，准予雇用，免于遣送回国。该昆德博士及其妻昆德柯娜(Edith Günther)年廿五岁，由商厂负责看管，勿使逾越商厂范围。将来该昆德博士夫妇我政府如需传讯，由商厂负责伴送到案。庶与政府法令及商厂复兴工作俱可兼顾，理合检同。……

报告并附有昆德履历及照片等资料。南京市市长马超俊于1945年12月3日批复称："呈悉，姑予照准，并仰负责看管。"

如此，昆德博士一家得以继续留在江南水泥厂工作，直到1950年全家才返回德国。

三、抗战期间江南水泥厂损失估算

有一份《江南水泥股份有限公司栖霞工厂抗战损失清单》①，制单时间是1946年12月初。现将该估算转录如下：

江南水泥股份有限公司栖霞工厂抗战损失清单

卅五年十二月初估算

1. 机件拆卸两次之损失(包括折旧、损毁及遗失)

每次折迁损伤25%计算，两次损伤折旧为50%，新机价据史密芝公司卅五年

① 《江南水泥股份有限公司栖霞工厂抗战损失清单》，卅五年十二月初估算。已捐赠给中国人民抗日战争纪念馆。

四月三日估价,“二窑四磨”及附属机件总价为 U. S. $ 963 331.00;

加运费、保险、关税等约 30%(约总重 1463 吨):

U. S. $ 963 331.00 ×50/100 ×130/100 = U. S. $ 626 165.15

@3 350 C. N. C. $ 2 097 653 252.50

2. 拆卸费

以六个月计算,每天普通小工 120 人,机工 80 人

共计普通工 21 600 工 @ $ 10 000/工

C. N. C. $ 216 000 000.00

机工 14 400 工 @ $ 15 000/工

C. N. C, $ 216 000 000.00

拆卸费总计 C. N. C. $ 432 000 000.00

3. 运送费(拆卸机器由山东运回栖霞山)

(A) 运费(按京沪路每公里每吨运费 $ 296.00 约计)

张店——济南——浦口——栖霞山

110 + 657 + 23 =790 公里

净重 1 463 吨加容积 100% 计毛重 2 926 吨

2 926 ×790 ×296 =684 215 840.00

C. N. C. $ 684 215 840.00

(B) 装箱材料(木、铁、钉、螺丝等,每吨约 $ 300 000.00)

2 926 ×300 000.00 =877 800 000.00

C. N. C. $ 877 800 000.00

(C) 装箱工资(每吨约十个人工@ $ 10 000.00)

2 926 ×10 ×10 000 =292 600 000.00

C. N. C. $ 292 600 000.00

(D) 装车费(每吨约五个人工@ $ 10 000.00)

2 926 ×5 ×10 000 =146 300 000.00

C. N. C. $ 146 300 000.00

(E) 卸车费(每吨约五个人工@ $ 10 000.00)

2 926 ×5 ×10 000 =146 300 000.00

C. N. C. $ 146 300 000. 00

运送费总计　　　　　　　C. N. C. $ 2 147 215 840. 00

4. 安装费

(A) 工资(以八个月计算,每天用小工 150 人,机工 50 人)

共计　小工 36 000 工@ $ 10 000. 00

C. N. C. $ 360 000 000. 00

机工　12 000 工@ $ 15 000. 00

C. N. C. $ 180 000 000. 00

总计　　　　　　　　C. N. C. $ 540 000 000. 00

(B) 脚手材料工具等费

约为工资总数之 50%　C. N. C. $ 270 000 000. 00

安装费总计　　　　　C. N. C. $ 810 000 000. 00

5. 营业损失(停工的损失)

(A) 因抗战停止生产所受之损失(每天产四千桶,以每桶盈余 $ 1 000. 00 计算约合抗战前币两角)

自廿六年十二月至卅四年八月止,共 93 个月,当月损失

C. N. C. $ 120 000 000. 00

93 × 120 000 000. 00 = C. N. C. $ 11 160 000 000. 00

(B) 因机件被劫去胜利后不能即事生产之损失

(廿七年二月间被敌劫掠之机件可望运回装竣出货)

(每天产四千桶,以每桶盈余 $ 2 000. 00 计算)

自三十四年九月至三十七年二月,共 30 个月,每月损失

C. N. C. $ 240 000 000. 00

30 × 240 000 000. 00 = C. N. C. $ 7 200 000 000. 00

营业损失总计　　　　C. N. C. $ 18 360 000 000. 00

6. 日军人劫夺石山,在仙人洞强开山石之损失

山高约 100 尺,开入深度约 90 尺,宽约 1 500 尺

1 500 × 100 × 2/3 × 90 × 2/3 = 6 000 000 立方尺

每立方尺以 $ 400 计算

6 000 000 × 400 = C. N. C. \$ 2 400 000 000. 00

7. 因抗战延请丹、德工程师及职工保护栖霞工厂所受之损失

自民国二十七年至三十四年共八年

C. N. C. \$ 2 417 551 993. 47

总计以上七项 C. N. C. \$ 28 664 421 085. 97

@ C. N. C. \$ 3 350 = U. S. \$ 1. 00

折合美金总计 U. S. \$ 8 556 543. 61[①]

这份损失800多万美元的估算，是按照把被日军拆迁到张店的机器运回而估算的损失。实际上，机器未能运回，而是另在美国购置了新机器。但上述估算仍可作为重要参考。

江南水泥厂的实际损失，只要将上述估算略行修改即可。估算步骤如下：其中第1、2、3、4项因机器未拆运回厂，拆卸费、运输费等项目应略去，改为江南水泥厂旧机器的损失，加上重行购买新机器的费用即可。按此计算，抗日战争中江南水泥厂的实际损失可估算如下：

1. 被拆迁机器无法运回而丢失之损失：

机价：据史密芝公司1946年4月3日估价，二窑四磨及附属机件总价为：U. S. \$ 963 331. 00

2. 营业损失[采用原估算中第5(A)和(B)项]：

(A) 因抗战停止生产所受之损失：C. N. C. \$ 11 160 000 000. 00

按当时 U. S. \$ 1. 00 = C. N. C. \$ 3 350. 00

折合 U. S. \$ 3 331 343. 28

(B) 因机件被劫去抗战胜利后不能即事生产之损失：C. N. C. \$ 7 200 000 000. 00

折合 U. S. \$ 2 149 253. 73

3. 日军劫夺石山，在仙人洞强开山石之损失(采用原估算中第6项)：C. N. C. \$ 2 400 000 000. 00

折合 U. S. \$ 716 417. 91

① 本估算仅计算第一批拆迁的机器。对日方第二、第三批拆迁的机器，因曾有不到位的补偿，故未计算在内。

4. 因抗战延请丹、德工程师及职工保护栖霞工厂所受之损失(采用原估算中第7项):C. N. C. $ 2 417 551 993.47

折合 U. S. $ 721 657.31

5. 购买新机器之费用:

(A) 1946年12月3日向史密芝公司购买新机器,另加各行总费用三成,共计:U. S. $ 1 720 524.00

(B) 1947年5月在美国购买电器设备:U. S. $ 352 790.00

总计以上五项:U. S. $ 9 955 317.23

根据以上估计,江南水泥厂损失近1 000万美元。损失中由于不生产造成营业损失占一半,其次为二次购买新机器费用,尚不包括新机器的运输、安装等费用,以及在战争中被破坏的由南京到栖霞山工厂的高压铁塔、电路的重建费用等。为了保持民族气节,反对侵略者,江南水泥厂付出了巨大的代价。这是一场不见硝烟的战争。

第九章
申请发还机器设备　争取“联总”支持

一、 致信翁文灏　要求返还被劫机器

抗战期间,江南水泥公司曾与重庆国民政府有过秘密联系。这是因为在重庆有陈范有北洋大学好友陈立夫、曾养甫等人,又有活跃在大后方水泥界的王涛和启新洋灰公司驻重庆专员陈汉清律师。关于江南水泥公司与重庆国民政府之间的关系,虽然没有完整的档案记载,但也有蛛丝马迹可寻。例如,1945 年9 月8 日江南水泥公司天津常务董事的有关信函中记有“拨交启新驻重庆专员陈汉清律师贰仟伍佰万元”[①],证明陈汉清律师为启新、江南两水泥公司驻重庆代表。又,在档案《江南水泥公司创建经过简明节略》中有“……二十八年(1939 年),在天津旧法租界召开股东临时会,议决增加资本总额为国币八百万元。……为避免向伪组织登记起见……潜托陪都重庆陈汉清律师代向经济部……申请备案。经奉经济部商字第五一二五五号批准备案”[②]。在陈范有亲草《江南水泥公司之历史与内容及拟为政府部分加工之建议》(甲)之(六)中更有明确的表述:“……托陪都重庆陈汉清律师,于 1939 年 12 月 28 日代向前经济部递呈为撤销公司债之登记。并为资本总额改为八百万元之登记。”[③]1939 年年底,江南水泥公司仍向重庆国民政府办理登记,不承认华北伪政权,爱国抗日的立场十分鲜明。陈克潜在天津读中学时,看到孙柏轩曾由上海到天津家中,与陈范有商议由上海经安徽屯溪绕道至重庆的事情。

① 天津常董致庾宗溎函(津南字第一号函),1945 年 9 月 8 日。南京市档案馆藏。

② 陈克潜:《爱国实业家陈范有与江南水泥厂》,苏州大学出版社,2013 年,第 151 页。

③ 陈范有:《江南水泥公司之历史与内容及拟为政府部分加工之建议》(甲)之(六)(见后附档案 1)。

抗战胜利后，江南水泥公司天津常务董事立即致函国民政府经济部翁文灏[①]部长，阐述抗战中在敌占区所持有的方针和策略，以及急于要回被日方掠夺机器之心情。该函由孙多钰[②]、袁心武、陈范有具名发出。函文如下[③]：

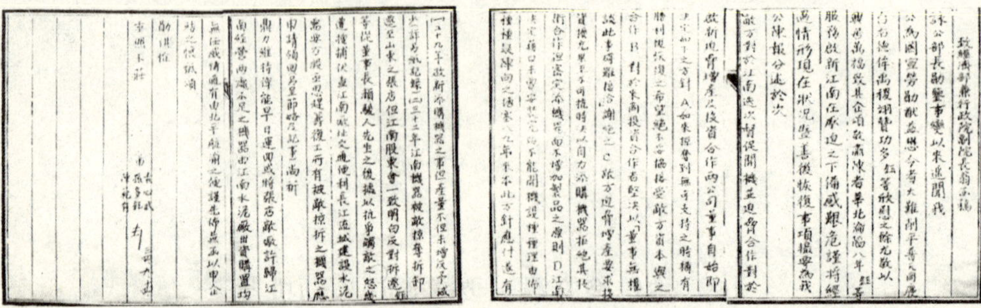

陈范有等就申请发还被日方劫掠机器事致翁文灏函（1945 年 9 月 14 日）

咏公部长勋鉴：

事变以来，遥闻我公为国宣劳，勋猷益懋……敬肃陈者，华北沦陷八年，钰等服务启新、江南，在压迫之下，备感艰危。谨将经过情形、现在状况暨善后恢复事项，撮要为我公陈报分述于次：

敌方对于江南迭次督促开机并迫胁合作，对于启新迫胁增产及投资合作，两公司董事自始即决定如下之方针：A. 如来掠夺，到无可支持之时，犹有胜利后恢复之希望，绝不妥协接受敌方资本与之合作；B. 对于来商投资合作者，坚决以“董事无权谈此事，碍难接洽”谢绝之；C. 敌方迫胁增产、要求投资扩充，果至不可抗时，决以自力添购机器，拒绝其技术合作，但密定添机器而不增加制品之原则；D. 江南决定藉口未曾安装完竣，不能开机，设种种理由，布种种疑阵，向之搪

① 翁文灏（1889—1971），字咏霓，浙江鄞县人。1908 年留学比利时，专攻地质学，获理学博士学位。1912 年回国，从事地质研究和教育工作。曾任北京大学、清华大学教授，是著名学者。1935 年任国民政府行政院秘书长，1937 年任经济部部长。抗战期间主管中国战时工业生产及经济建设。1945 年至 1947 年任国民政府行政院副院长。1948 年任行政院院长。1949 年春脱离蒋介石统治集团，初居香港，后移居法国。1951 年回国，是新中国成立后第一个从海外回大陆的国民党高级人士。后任中国人民政治协商会议第二、第三届全国委员会委员，中国国民党革命委员会中央委员等。晚年仍关注祖国的地质事业，著有《中国矿产志略》等著作。

② 孙多钰，字章甫，1899 年赴美留学，毕业于康乃尔大学。1909 年回国任长吉铁路副总工程师。1911 年升为该铁路局长。1923—1924 年任交通次长。1929—1948 年为启新洋灰公司董事，曾任副董事长，为江南水泥公司董事，是该公司发起人之一。

③ 袁心武、陈范有、孙多钰致经济部兼行政院副院长翁文灏函，1945 年 9 月 14 日。已捐赠给中国人民抗日战争纪念馆。

塞。八九年来，本此方针应付，遂有（一）二十九年启新添购机器之事，但产量不但未增，反予减少（详另纸记录）；（二）三十二年江南机器被敌掠夺拆卸迁至山东之张店，但江南股东会一致明白反对拆迁。钰等从董事长颜骏人先生之后，据以抗争，触敌之怒，几遭搜捕。伏查江南厂址交通便利，长江流域建设，水泥需要方殷，亟思赶筹复工，所有被敌掠拆之机器，应申请领回（另呈节略及记事）。尚祈鼎力维持，俾能早日运回，或将张店敌厂许归江南经营，两处不足之机器，由江南水泥厂出资购置。均无任感祷，适有由北平航渝之便，谨先布芜函，以申企结之怀。

祗颂

勋祺　　　　　　　　　　弟　袁心武　孙多钰　陈范有　同启

民国三四，九，十四

该函发出后第二天，天津常务董事袁心武、陈范有、俞君飞、周志俊集体函告上海颜惠庆："（心）武等昨致翁部长一函，兹录稿连同启新、江南记事各一份，均祈钧阅为叩。（心）武等并函嘱王（涛）松波、陈汉清两君就近在重庆筹划接洽……"①函中谈及致翁部长函一事，日期、内容完全吻合。

致翁文灏函中讲述了在日军统治下的沦陷区，董事们不畏威胁进行种种抗争。信中分别讲述了启新、江南两厂情况，并在启新部分附有"详另纸记录"，江南部分附有"另呈节略及记事"的材料注明。

关于江南水泥厂要回被拆机器事，信中述及"另呈节略和记事"。在南京市档案馆所藏档案中就有《拆移栖店机件简明大事记》②和江南水泥公司董事长颜惠庆呈经济部部长翁文灏文③。后者函文如下：

呈为商公司因拒绝与敌方合作，栖霞山工厂制造水泥机件被其强迫拆往山东张店，仰祈鉴核迅赐发还事。

窃商公司栖霞工厂自廿四年开始筹备建造厂房，安装机器。迨八一三抗战

① 天津常董致颜惠庆函，1945 年 9 月 15 日。南京市档案馆藏（见后附档案 39）。
② 《拆移栖店机件简略大事记》，南京档案馆藏（见后附档案 30）。
③ 颜惠庆呈经济部部长翁文灏文，南京档案馆藏（见后附档案 31）。

军兴，仍进行不懈，预定廿六年年底可以出货，不幸战争迫近厂址，遂告停顿。当将一部(分)轻巧机械秘密收藏，一面商请丹麦国等售机器洋行佯以债权人立场派员驻厂掩护，故栖霞山沦陷后未被日军占领。但日军仍将商公司工厂列为军管理工厂，委三井洋行及小野田水泥厂代为管理。自是敌日希望商公司与其合作制造水泥，以供军用，威胁利诱无所不用其极。商公司当局深明大义，虽于沦陷期间失却政府保护，犹艰苦奋斗，宁为玉碎，藉词机械不全，坚决抗拒，始终未为所屈。然其间艰险迭经，几非笔墨所能尽述。迨卅二年七月中旬，敌日军部痛恨商公司不与合作，变本加厉，为增产飞机原料并毁灭吾国重工业起见，乃于七月十四日，指使其北平外交官宍向商公司袁心武常董提出，拟强迫拆迁栖霞工厂全部机件至山东张店，供华北轻金属公司炼制铝灰块之用。商公司屡开董事会、股东会，一致反对拆迁，旋由商公司在沪当局及工厂负责人员一再向日外交官及轻金属公司技术人员据理力争，反对拆迁。而敌日以急于生产飞机原料，并毁灭商公司工厂不可理喻。是时，商公司虽明知抗拒无效，然仍本抗战精神从事折冲，以拖延时日。敌方竟公然声称，此事稽延一分钟，即耽误军事一分钟，其狂妄暴戾不难想见。如是者拖延五阅月又半，竟使日军部在鲁炼制铝灰块之计划不克成功。此商公司在抗战期间对我政府暨国家民族可告无愧。日方既知商公司无妥协可能，终于嗾使伪南京政府以伪国防最高会议决，依照日方意见办理。于是，伪实业部于卅二年十二月十三日竟发来工字第三〇一号训令，内饬商公司工厂迅将指定制铝所必需之机件交出。又于十二月十七日送来工字第二五号通知，附来应行拆移之机件名称、件数清单一份，计磨四部、旋窑二部及附属机件。日方根据此项训令及通知，于十二月廿六日派武装日兵及技术人员入栖霞工厂，以武力强拆主要机件。同时用军事方式，陆续以黑田部队名义，运往山东张店(沿胶济铁路距博山约一百六十公里)，为华北轻金属公司炼铝灰块之用。至卅三年四月中旬，六大主要机件拆迁殆尽。日方又提议，增拆第二及第三批附属机件，经商公司南北两地当局及庚宗淮经理等力加反对，并申明拟增拆之第二及第三批机件，沪上机器厂均可制造，无需向栖霞工厂拆迁，理由至为正大。无如敌方对我重工业必欲根本毁灭，不允稍留恢复余地，决定先行拆迁，日后再在上海造还。虽商公司以其增拆之件为欧西名厂出品，质料之佳，远非沪上制造者所可比拟，坚决反对，而日方仍复嗾使伪实业部于七月三日送来工字第九二一号训令，饬商公司栖霞工厂迅将日方单列各件（即第二、三批增折之机件）供出，并叙明日方申明单列各机件供出后，凡在上海能制造之机械，将由华北轻金属公司代为供给云云。日方依据此项训令，于七月四日开始强行拆迁第二、三批附属机件，至八月十七日全部机件被拆移完竣。事后，伪实业部及日外交官调查第二、三批机械在沪造价，向轻金属公司交涉，履行造还之诺言。历时半载，轻金属公司始允照办，但变更原定计划，不愿直接向上海机器厂造还第二、三批机件，而允价付该项机件之造价，交由商公司自行委托机器制造还。商公司以环境恶劣，该第二、三批机件既被日方强拆于先，此项造价如再拒收于后，徒予敌方以经济上之便宜，故暂为收受。一面委请沪机器厂分别制造，但因原料缺乏、电力限制，迄未如愿。上述造价只得待至抗战胜利之后，作为机件拆迁、运输、安装等之费用，并以补偿机件拆装两次所遭巨大损失，以及迁还装置耗费时间对于营业上所受损失之赔偿。如尚有余，则退还于我政府，亦可以抵偿日本赔偿我国赔款之一部。综上所述，可知商公司处于敌日淫威之下，为拒绝与其合作停顿八年，已损失不赀，而主要机械复被其强迫拆迁，受有甚大损害，且未能于抗战胜利之后迅即复工，对国家建设早日有所贡献，痛苦殆难言状。所幸抗战胜利重见天日，所有被拆机件，理合备文连同机件清单及伪实业部训令通知抄件，呈请鉴核，仰祈钧长垂念商公司爱国奋斗之经过，将被拆机件迅赐发还，以恤商艰。不胜迫切待命之至。谨呈

经济部长翁

附呈被拆机件清单一份、伪实业部训令及通知抄件共三件

江南水泥股份有限公司董事长颜

二、 申请发还被劫机器未果　幸获“联总”支援

日本投降前后，陈范有等即开始积极打探被劫持机器情况，通过沙泳沧向山东的华北轻金属公司日本技师绫部了解被劫持机器情况，8 月底得到沙泳沧反馈[1]：

---

① 沙泳沧处长函，1945 年 8 月 30 日。南京市档案馆藏（见后附档案 32）。

今晨奉手示嘱向绫(部)君探问关于江南机件各节敬悉,当即约绫君到处面谈。兹将要点奉陈如左:

(一) 由江南拆除之机件移设于张店工厂者,仅约全部之百分之五十,留半数未装。

(二) 除极少数零件外均保持原样,概未截断或改形。

(三) 张店工厂机件系从各方面借赁而来,安装时亦非保持原套。例如,用广东水泥厂之磨而架设于江南之 Roller 上,成错综复杂状态。在(北)平总公司于机件来源及安装情形无案可稽。欲知详细情形,请江南派员到鲁实地察看,并与当地轻金技术人员接洽,可知底细。

(四) 本人相信由张店拆运往江南,若技术优良,运搬得法,得以恢复原状,但须以派员实地察看后再作判断。

(五) 运回复装及破损赔偿,须依当局决定为定,不愿表示私人意见。绫部于上周曾两次到舍,表示愿将全部机件从早归还江南之意,但轻金属之构成为华北政务委员会、开发会社、华北矾土及日本轻金属统制总会四分子联合,而在华北政委会立案,取得中国法人之资格,在日方面应听命于使馆(即大东亚省)。目下,该公司于事变结束之后,应持何项方针处理,尚未接使馆命令,故觉无从下手拆还。但所有由江南借得机件必照原约奉还江南,此节当无疑义。最近得报张店左近匪类充斥,尚留社员约五百余人,当尽全力以保护工厂之安全,勿使遭受损失实为要义,俟时而大定,再行谈到交还机件问题。

绫部原为日本北平大使馆技术员,劫持沦陷区工厂机器的积极推行者,轻金属公司成立后,他成为该公司的一员。从上述信函中可以看出,昔日日军疯狂掠夺沦陷区机器,如今造成混乱一片的局面。江南水泥厂急于要回机器,除向行政院翁副院长报告外,听说山东时由十一战区管辖,又向十一战区前线指挥所打了报告。

国民政府的接收工作也十分混乱。江南水泥公司分别向经济部鲁豫晋特派员办公处和行政院山东青岛区敌伪产业处理局提出发还申请,最后联系到行政院专员委员会山东铝业公司筹备处负责人阮鸿仪(字伯威)。为此陈范有亲自赴青岛拜会面谈,向阮介绍了机器被劫经过和汪伪相关文件等。在阮鸿仪的帮助下,1946 年 12 月,江南水泥厂总技师赵庆杰前往山东张店,对被劫机器的安放地点、件数、完好情况做了详细记录,并反馈给阮鸿仪。

1947 年 2 月,阮鸿仪函告陈范有,山东青岛区敌伪产业处理局已开会讨论,形成处理意见,即 36 元字第九六六九号通知。该通知根据山东铝业公司筹备处鲁铝筹 36 秘字第〇〇〇七号公函而发出:"根据行政院申号京任电令,被敌伪强买之工厂发还原主时,其原收价亦应以黄金市价合现价缴还。……华北轻金属公司强买该(江南水泥)公司之全部机器、附件多有散失,应照实点结果予以发还。惟该公司所收华北轻金属公司之价款,应照上项折合之国币金额,如数缴还本处,以符规定。……按黄金升值折合国币 658 104 172.70 元。惟此项价款应照章缴付国库,并准分六个月限期缴清。……经提交本区处理敌伪产业审议委员会第四十九次会议议决通过。"①

敌伪产业处理当局该项通知,对抱有极大希望的江南水泥公司无疑是当头一棒。江南水泥厂机器是遭日方武力劫持,而非买卖关系,鲁铝筹 36 秘字第〇〇〇七号文并不适用。

其一,江南水泥厂机器已安装完毕,由日方技工强行拆卸,运至山东,机器运回费用、重新安装费用,以及机器折旧、破损赔偿,均应由日方承担,而文中只字未提。

其二,第一批劫持机器为"四磨二窑",日方并出具了借条。上述机械价值占全部机器价值的 75%,其中长达 131 米的回转窑已被肢解成小段,日方应全部归还并复原。

其三,第二、第三批劫走之机器,上海均可制造。日方坚持拆走,声明在上海购得还与厂方。这完全是侵略者的强盗逻辑。失去政府保护的工厂只能屈服于侵略者的压力。不料机件拆走后,日方毁约,自食其言,要工厂到上海估价,再付现款。日方收到估价单后,迟迟不付款,任价格上涨,拖延 5 个月,其实是半抢半买,而非正常的买卖关系。并且根据赵庆杰到山东张店了解的情况,第二、第三批机器生锈损坏者十之八九。

① 36 元字第九六六九号通知,南京市档案馆藏(见后附档案 33)。

江南水泥公司收回被劫机器的热情一落千丈,加上国内战争爆发,津浦、胶济铁路被破坏,机器运回无望,要回机器方案只得放弃。但陈范有等并未灰心,积极另筹别法,以求复兴。

第二次世界大战结束后,联合国救济总署在各地展开救济工作。陈范有得知该总署有配售水泥机器项目,于是在向国民政府经济部呈请被拆机件迅予发还报告的同时,即向善后救济总署要求配售日产水泥两千桶机器的报告。由于战争中基础设施遭到严重破坏,急需建设,外汇紧张,故向国外订购机器几不可能。但陈范有抓住这一难得的机会,将日本破坏和掠夺的情况,于1946年2月如实向国民政府行政院善后救济总署(简称"行总")和联合国救济总署(简称"联总")报告,请求准予配售遭日军拆毁之机器。"联总"遂派加拿大籍工程师 Baird 和"行总"苏宁分署陈耀奎到厂实地考察,认为符合"联总"条件,准予配售补充。[①] "行总"苏宁分署1946年3月30日电复江南水泥公司称:"案查,前据该公司前后来呈历叙筹设经过、被拆情形及此后复兴计划,呈请配发每日可产水泥二千桶之机器两部,并愿遵缴价款各等情,附呈工厂平面图及机器英文说明书等到署,当经电复。并检具该公司呈件连同由本署派员,会同联总工程师 Mr. Baird 前往该公司实地查勘,报告备文呈请善后救济总署鉴核配发各在案。兹奉总署本年三月六日浦工字第六四五号指令开呈件均悉,查该厂所需机器已予登记,俟与有关部会审查后,酌予配售……"[②]

后来,"行总"曾派专员赴美各制造厂洽谈。1946年11月,大部分制造水泥补充机器在美订妥,约美金132.348万元,另加运费三成。尚有一小部分机器和全部电器设备,由于时间所限,暂未订妥。[③]

新机器虽有着落,购买新机器的资金问题又摆到了陈范有面前。

---

①③ 陈范有:《江南水泥公司之历史与内容及拟为政府部分加工之建议》(甲)之(八)(见后附档案1)。

② 善后救济总署苏宁分署电,1946年3月30日。南京市档案馆藏。

第十章
引进南方资本　几经磨难　终塑辉煌

一、 引进南方资本　奋力重建江南水泥厂

抗战期间,江南水泥厂不但机器被劫毁,而且由于长期不能开工,经济上十分拮据。值此万分困难之际,陈范有全力投入江南水泥厂的重建工作。国民政府行政院院长翁文灏有意聘请他为资源委员会委员,亦被他婉言谢绝。1946 年,江南水泥公司董事会正式任命陈范有为公司总经理,他遂辞去了启新洋灰公司协理职务。1947 年,陈范有携全家迁居上海,全力负责江南水泥厂的重建工作。

陈范有担负起重建工厂的重任,在向联合国救济总署积极申请到配售机器之后,由于战争破坏,北方股东资金已枯竭,资金问题成了困扰重建的关键。陈范有经过多方奔走游说,增加了周学熙的二子周志俊①为公司常务董事,并得到江南一带纺织企业负责人刘靖基②、唐星海③、江子砺④等人的支持,找到了一批南方股东。

---

① 周志俊(1898—1990),名明焯,周学熙次子。周学熙在启新、滦矿等企业取得成功之后,又转而发展纺织工业。周志俊经营青岛华新纱厂 20 多年,抵制日货,是爱国实业家。抗日战争期间,在上海开办了信和纱厂、信孚印染厂、久安银行、久安保险公司等,成为上海久安系代表人物。新中国成立后,先后任青岛市政协副主席,山东省第三、第四届政协副主席,第五、第六届全国政协委员,山东省第五、第六届人大代表及人大常委会副主任等职。

② 刘靖基(1902—1997),江苏常州人。曾任常州大成纱厂经理及副董事长、上海安达纱厂总经理、上海大隆机器厂董事长、全国纺织联合会常务理事、上海纺织工业公司经理。1945 年江南水泥公司扩股增资时,作为南方股东加入,成为江南水泥公司董事,1948 年任常务董事,1954 年任董事长。曾任全国政协副主席、全国工商联名誉副主席、上海市工商联合会会长。

③ 唐星海(1900—1969),江苏无锡人。曾任无锡庆丰纺织厂纺织部工程师、厂长。1936 年任庆丰纺织公司总经理。1939 年在上海创办保丰纺织厂,曾投资多个公司。1948 年集资创办香港南海纱厂。

④ 江子砺(1918—2002),江苏常州人。清华大学毕业后,任其叔父江上达创办的民丰纱厂厂长。新中国成立后曾任常州市人大常委会副主任,中国民主建国会常州市委主委,第六、第七届全国政协委员。

为了吸引南方新股东增加投资，陈范有拟写了《营业概算书》[①]，以实际数字阐明公司前景，说服大家投资增资。

1946年11月27日，江南水泥公司召开董监事联席会议，为召开股东大会做准备。前一天，陈范有估算了建成新工厂所需资金，并拟订了《江南水泥公司购买新机筹措资金计划概要》。会议讨论了以下事项[②]：

1. 申请联合国救济总署代为订购新机器，拟与行政院救济总署商订承购合同。

"……本年十月底，始悉联总代本公司向美国史密芝公司成立定单，其价格为美金壹佰叁拾贰万叁千四佰捌拾元，于明年五月底以前在美交货。此项机器照行总目下配售办法，须加费用三成售给厂商，计共合美金壹佰柒拾贰万余元，在上海船上交货。若按目下官定汇率，约合国币伍拾捌亿元之谱。与行总签订合同时，应付三成，其余七成可分七个月付清，每月付一成。按外汇远期结汇办法付给法币……"

决议：与"行总"早日签订合同。

2. 向"四联总处"[③]借款。

购买新机器共需国币58亿元，加上运费、安装以及流动资金，共需80亿~90亿元。除另招股本60亿元，尚差20亿~30亿元，拟向"四联总处"请求借款。

决议：同意借款。

3. 提议本公司股本总额增至64亿元。

订购新机，连运、卸、安装等费60余亿元。此项固定资产，拟以股东投资为股本，方为合宜。故拟将股本总额800万元增至64亿元。

决议：提请临时股东会通过。

4. 提议邀请新投资人参加本公司股本预行签订契约。

"查本公司股本总额增为六十四亿元，如全数就原有股东分别摊认，其数目过巨，恐非短时期内可以募集。现经与合记银团一再磋商参加资本。经该银团派技术专家到栖霞工厂考察，认为公司前途希望甚大，愿参加现金资本四十亿。

① 陈范有拟《营业概算书》（见后附档案34）。
② 参见1946年11月27日江南水泥公司董监会记录，南京市档案馆藏（见后附档案35）。
③ "四联总处"由中央、中国、交通、中国农民四大银行组成。

其办法系将公司所订股本总额六十四亿元中，就原有资产增值升股为国币四十亿元。另募新股廿四亿元，此项新股按溢价一倍半缴付现金（即新股票面一百元，应交现金二百五十元），新投资人认募新股票面十六亿元，应交现金四十亿元；其余所差新股八亿元，计合现金廿亿元，由旧股东比例认缴。……为本公司与新投资人取信起见，拟与其预行签订契约。”

决议：原则通过。

依据董监会决定，公司与合记银团签订契约，并于1946年12月20日召开抗战胜利后第一次股东大会，决议将原股本800万元增至64亿元，除一小部分由天津股东认购外，大部分现金由南方新股东投资，南方股东约占总资产的25％。

这是一次非常重要的会议，是江南水泥厂被日军彻底破坏后，重新站起来的一个转折点。八年抗战，满目疮痍，外汇奇缺，而西方工业受战争重创亦尚未恢复，国外订货期限迟缓，重建工厂谈何容易！在运回被劫机器无望的情况下，陈范有抓住联合国救济总署代为订购机器这一有利时机，说服南方股东进行投资，使工厂重建工作得以顺利开展。

增资扩股后，“联总”代购机器货款得以如期缴清，但尚有被日本所劫走的电器设备和少量机件需要购置。1947年5月，又委托史密芝公司在美国由五家厂商代为订购①，共需资金35万美元。董监会于5月30日又召开抗战胜利后第二次股东大会，将资本由法币64亿元增至224亿元，在美国购买电气设备所需款项通过增资得以解决。

5月31日第五十一次董监会会议中，进行了董事改组选举，南方股东进入了董事会，常务董事中增加了刘靖基、唐星海，董事中增加了江子砺。选举结果如下②：

董 事 长　颜惠庆

副董事长　袁心武

常务董事　陈范有　俞君飞　周志俊　唐星海　孙裴忱　刘靖基

董　　事　江子砺　孙章甫　周实之　曾养甫　卢开媛　叶秀峰　庾宗溎　赵庆杰　吴少皋

① 陈范有：《江南水泥公司之历史与内容及拟为政府部分加工之建议》（甲）之（八）（见后附档案1）。

② 1947年5月31日江南水泥公司第五十一次董监会记录，南京市档案馆藏（见后附档案37）。

监 察 人：包培之　陈鸣一　李耀章

会上公议添聘庾宗溎为副总经理，到10月增加南方股东代表卢祖贻为副总经理。

1948年5月，订购机器设备大都运到上海。海轮只能停泊在吴淞口，要把设备驳运到上海张华浜码头上岸，装上火车转运到栖霞山。因回转窑筒是超大件物品，转运各环节遇到不少困难。庾宗溎各方奔走疏通，联系到美国救济总署有最大的70吨浮吊，才把筒段从吴淞口泊位运上岸。又说服上海铁路局用模拟装运车皮做试验，通过了镇江隧道，铁路局才同意承运这批超大件，并顺利运抵厂内。江南水泥厂的重建似已指日可待。

在抗战胜利后极为困难复杂的形势下，陈范有勇挑重担，肩负起再建工厂的

重购机器运抵上海码头

重购机器装上火车运往栖霞山

重任，不失时机地通过"联总"购得新机器，千方百计筹措资金，高效率地重建工厂，其敬业精神为工厂同仁所钦佩。

胡庆泉（左）、赵庆杰在运抵栖霞山的机器前合影

二、 重建过程几经磨难　再遭官僚资本掠夺

1948年，全国形势发生重大变化，刘邓大军突破黄河，挺进大别山区，人民解放军由战略防御转入战略进攻，直接威胁到国统区的中心。9月起，辽沈战役、平津战役、淮海战役相继打响。三大战役的胜利，使南京政府处于风雨飘摇之中。

与此同时，国统区经济形势日益恶化，南京政府滥发纸币，物价飞涨，经济处于崩溃状态。据统计，1948年1月至8月，米价上涨43倍。外汇牌价1月份17.8万元法币可兑换1美元，到8月份需1 108.8万元法币才能兑换1美元。即使身处如此动荡的时局，经陈范有等人的努力，江南水泥厂的重建工作仍有所进展。

据陈范有亲草《江南水泥公司之历史与内容及拟为政府部分加工之建议》记载："一九四八年五月，（订购）机器大部分运到，正在积极安装。预计一九四八年内，全部工程可以完竣开工。惟以物价骤涨，原预算复有不敷，且开工前，应行添补之器材及燃煤、石膏、铁石、纸袋等料，以及添建南京货栈与通江公路等工程，必须及时赶办，方不误年内之开工，因此不得不再作胜利后的第三次增资，遂于一九四八年五月三十一日召开第三次股东会，将股本由二百廿四亿增至一千零八亿。”陈范有在会上声称，此次为江南水泥厂开工前最后一次增资。“一九四八年六月，大部分增资股份收齐之时，正值法币贬值行将崩溃之际。现金不及购买材料，而价值日落。虽亦酌购（黄）金（美）钞，但究不能全部利用。”在增资金额迅速贬值的恶劣情况下，经过陈范有等人的努力，“除积极将机器安装工程设法赶于年底完成外，并在南京中央路购置基地，采买材料，准备建筑货栈。在厂添建工人住宅廿四幢及工人宿舍十余间。又另筑直达江边之公路路基，同时购买燃煤、石膏、铁矿石、纸袋等材料。所有年底开工前应备之器材，大部分均已齐备”。①

1948 年 8 月，国民党败局已定。8 月 19 日，国民政府强行在全国执行金圆券政策，把人们手中赖以保值的金、银、外汇强行兑换成金圆券，使广大人民，尤其是民族资产阶级大受劫难。

江南水泥厂同样难逃厄运。“增资未久，即遭八月十九日伪金圆券的施行。公司仅有之（黄）金（美）钞，均为国民政府以金圆券换收，致伪金圆券存入银行生息，不数月其价值几等于零。”②

江南水泥公司在抗战胜利后经过三次增资，工厂重建工作即将完成。但经济上屡遭重大打击，尤其是 1948 年法币大贬值，使增资款大为缩水；南京政府发行金圆券，使公司持有的金、银、外汇等化为乌有；再加上扬子公司敲诈贴杆费 5 万美金等，可谓劫难连连。陈范有在《江南水泥公司之历史与内容及拟为政府部分加工之建议》中写道：“受反动政府及其官僚资本之危害及压迫至为明显。”③

关于扬子公司无理敲诈贴杆费事实如下：江南水泥公司与南京首都电厂订有互惠合同，在与“行总”协商配售江南水泥厂机器之时，一再与电厂洽商供给电力问题，按合同供电设备由南京电厂负责建造，并应于 1948 年秋完成线路安装，开始供电。1948 年 6 月，管辖电厂的扬子公司突然以资金周转困难为由，要求江南方面支付贴杆费 5 万美金，否则中断工程。陈范有不得已付与扬子公司法币 1 279亿元贴杆费。扬子公司将接电线路之铁塔钢料制造工程包给上海慎昌洋行

---

①②③ 陈范有：《江南水泥公司之历史与内容及拟为政府部分加工之建议》（甲）之八、（乙）之（二）（见后附档案 1）。

承做。不料这年12月，因扬子公司拖欠安装工人工资，致使工程再度中断。江南方不得已代付安装工人工资、运费及安装工程等费用，1949年年底结欠电力63.898 8万度，折价约5亿元。以上均为计划之外的开支，工程因此拖延。直至南京解放，高压电路安装工程尚未完成。①

一九四九年四月初旬，解放军行将渡江。南京居民多恐战事发生，纷纷迁避江南厂。在沪宁沿线之栖霞山，虽似为军事必争之地，但厂中员工为爱护工厂，以及对解放军之信仰，均各守岗位，无一人迁移，即员工眷属亦未有移动。在国民党军撤退，而解放军尚未来临之际，地方情形稍形混乱。但全体员工坚强组织，日夜轮守，非但暴徒未敢侵犯，且附近村镇老弱来厂避难者数千人。是以在解放之际，厂中毫无损失。②

1949年，陈范有等完成了江南水泥厂的大部分重建工作，只缺与南京电厂高压线路的接通。在南京郊外的这座现代化水泥企业，以崭新的面貌迎接新中国的到来。

三、 迎来解放　江南水泥厂开工生产

江南水泥公司成立于1935年5月，股本为240万元，全部来自启新洋灰公司股东股息及职员应分之酬劳。原计划工厂年产10万吨水泥。购买机器时，将计划生产量提高至年产20万吨，为此于1936年3月召开临时股东大会，将股本总额增加至400万元。1937年工厂即将建成，由于工程浩大，资本略有不足，再次召开股东会决议，将资本增至450万元。不料抗日战争爆发，工厂所在地区沦陷。1939年6月，股东会议决定，将股本总额提高至800万元。故公司自成立至抗战前期共增资三次，并于1939年12月28日，由陈汉清律师在陪都重庆向国民政府经济部完成资本800万元的登记。③

抗战胜利后，工厂已被日方拆毁。工厂停顿已近十年，经济枯竭已达极点。为了重建该厂，1946年11月，陈范有在上海亲自拟定增资办法、原则及资金计

①②③ 陈范有:《江南水泥公司之历史与内容及拟为政府部分加工之建议》(甲)之(九)、(十)、(六)(见后附档案1)。

划。[1] 通过"联总"购得机器,需要60余亿元,原有股东无力负担。于是,1946年进行增资,吸收上海一些纱厂为新股东,新股东以溢价方式投资现金40亿元。此次增资后,上海新股东的投资约占股金总额的25%。1947年的增资,其溢价放弃部分由上海新股东认缴。1948年,抗战后第三次增资最为困难,因连续三年,每年增资一次,股东已精疲力尽,加上物价高昂,民生维艰,实无力量再行投资。在股东会上,陈范有等说明困难,工厂复兴已大部分完成,不能功亏一篑,并声明此乃最后一次之增资,此次增资后即能生产营业,以后决不再向股东增资。如此费尽唇舌,将股东说服,增资议案得以通过。但所有应行缴款最多之溢价部分,一般股东悉行放弃不缴,幸由启新及上海新股东分别认足,增资得以完成。[2]

地处天津的江南水泥公司董事会自创立起即办理股据印发、股册编造以及股份过户等事宜,十多年来,股票在市场上交易,又历经多次增资,其成分变动颇多。除启新洋灰公司及上海方面为较大之股东外,其余多系小股东。1949年1月天津解放后,股份暂停过户,听候调查,清查有问题应冻结的股东。南京解放后,由南京市工商局及军管会公安部门审查股东名册。8月30日,江南水泥公司股东名册经天津市军事管制委员会金融接管处审查完毕。按照1949年1月股东簿所载,共计股东3 955户;其冻结之股共计15户,其股额之和占全部股额的0.439%。江南水泥公司并获准在天津市证券交易所上市交易。[3]

新中国成立后,江南水泥公司积极响应政府增加生产之号召,但开工生产面临两大问题:一是要恢复抗战初期被完全破坏的高压输电线路,使工厂得到生产所需的能源;二是要有足够的流动资金,使工厂能够维持稳定生产。为了解决第一个问题,陈范有曾致函周恩来总理,请求解决供电问题。[4] 在华东军政委员会的支持下,南京市建设局召集电厂及江南水泥厂于1949年6月7日达成共建高压电线路协议。为了解决第二个问题,在上海解放不久的1949年12月31日,陈范有赶写完成长达54页的《江南水泥公司之历史与内容及拟为政府部分加工之建议》,此报告的目的是向政府详细叙述工厂历史、现状以及缺乏流动资金难以生产的情况,并用详细数据建议采用为政府部分加工的办法来解决流动资金问

① 陈范有拟定增资办法原则及资金计划,南京市档案馆藏(见后附档案36)。

②③ 陈范有:《江南水泥公司之历史与内容及拟为政府部分加工之建议》(乙)之(一)、(丙)(见后附档案1)。

④ 《江南水泥厂志》编委会:《江南水泥厂志》,1995年,第376页。

题,反映了陈范有为新中国建设竭尽全力开工生产的殷切之情。

陈范有的这一动议获得了政府的认可,为江南水泥厂开机出货打下了坚实的基础。他在报告中指出目前公司的困境:“公司自本年八月以来,全恃出售厂存燃煤以资维持。至明年二三月间开工前,应续备之材料及流动资金毫无着落……此为目前如即进行开工,筹措流动资金之困难情形也。”为改变这一窘境,加快江南厂开机出货的速度,陈范有提出为政府部分加工建议,理由是如自行借贷流动资金开工则生产难以维持。江南厂有两个单位的生产机器,每单位正常产量为月产 1 万吨,开慢车至少可出货 8 000 吨。如开一个单元的机器,月产 8 000吨,所需流动资金如下:

在开工前必需筹措的最少资金:

品名	单位	数量	单价(元)	金额(万元)
淮南煤	吨	3 000	230 000	69 000
电费(一个月)	度	74 500	8 000	59 600
纸袋进口税	个	500 000	450	22 500
其它必须材料				28 900
合计				180 000

开工后所需的最低周转资金:

品名	单位	数量	单价(万元)	金额(万元)
厂存半成品	吨	10 000	14.5	145 000
厂存散仓水泥	吨	3 000	21	63 000
厂存装成水泥	吨	1 000	27	27 000
各销售地存	吨	1 000	35	35 000
合计				270 000

以上两项总计,则需流动资金 450 000 万元。根据陈范有的计算,当时如向银行借贷,正常利息每月约合 40 亿元,每月生产水泥 8 000 吨,仅利息一项即为每吨 50 万元,已超过最高水泥市价;如果能获得最低利息贷款,每月利息的负担约减 18.5 亿元,每吨水泥约摊 23 万余元。以目前市价每吨水泥仅售价 40 余万

元,公司也无法生存。更何况这种低息贷款既难以获得,又不能长期使用。[①]

据此分析,陈范有进而提出:江南厂所出的产品除少部分为公司自售外,大部分均归政府建设之用。这一主张,应该说是从江南厂的实际情况出发的,大胆而且独到。他认为,如政府能够为江南厂提供煤、纸袋、电三项资源的供给,则江南厂的流动资金可以大部分得到解决。更何况这三项资源掌握在政府的手中,国家无须现金筹措。如果方案可行,产品可以按照政府供给三项的时价比例分配。陈范有提出的方案终于在1950年得到了华东军政委员会的认可,政府对江南厂的产品实行统购包销,这样基本上解决了江南厂开工后流动资金相对不足的问题。

供电和流动资金两大问题,在陈范有的积极努力和政府各部门的支持下,均顺利解决。关于电力问题,在江南厂和南京电厂的努力下,1950年5月,一条66 000伏高压输电线路建成,江南厂获得充分的能源。在流动资金问题上,据1950年12月1日董监会会议记载,7—8月,华东军政委员会工业部陆续向厂方订购水泥7 700吨,并预付货款,以解决公司资金的不足[②];国家石油管理局订购1 000吨油井水泥,并预付货款的70%;煤建公司先交燃煤3 000吨,以煤换水泥1 700吨。如此,江南厂开工条件已经成熟。

1950年9月17日,陈范有亲自到厂指挥,江南水泥厂单窑点火顺利成功。9月19日,《新华日报》以《人民政府积极扶助下栖霞山江南水泥厂开工》为题加以报道。报道最后说:“开工日,江南水泥公司创始人、总经理陈范有和该厂厂长赵庆杰先生亲自举行点火,巨型旋窑渐渐转动,栖霞山上冒起缕缕青烟,十六年的筹备工作于此结束。”[③]陈范有为产品商标起名“金轮牌”[④],希望江南厂水泥生产线像金轮一样滚动起来,为国家建设添砖加瓦。当看到第一窑水泥出窑的刹那,多少人的眼睛都湿润了。

9月17日点火后,至30日调整化学成分,10月1日正式烧出熟料,6日磨制水泥,经重工业部上海材料试验所测试合格。18日装包,22日发货。第一批生产的水泥发往甘肃玉门油矿固井施工,效果良好。该产品不仅填补了中国特种

---

① 陈范有:《江南水泥公司之历史与内容及拟为政府部分加工之建议》(丙)(见后附档案1)。

② 《江南水泥厂志》编委会:《江南水泥厂志》,1995年,第422-423页。

③ 《人民政府积极扶助下栖霞山江南水泥厂开工》,《新华日报》1950年9月19日。

④ “金轮牌”商标审定书,南京市档案馆藏(见后附档案38)。

水泥的空白，而且对粉碎帝国主义的经济封锁具有重要意义。当年生产了1.5万余吨水泥，1951年产水泥15万余吨，1953年产量达22.6万吨，超过了原设计年产20万吨的生产能力。后来经过技术改造，最高年产量曾达到60万吨。通过专家治厂和强化管理，江南水泥厂生产的“五羊牌”“钟山牌”水泥因其优质、高标号、低成本而闻名于世，供不应求，被来华的苏联专家誉为“东方水泥之冠”。

江南水泥厂前后历经了16年(1935—1950)的磨难，在陈范有等人的不懈努力下，克服种种困难，终于正式投产，为新中国的建设贡献了一份力量。而陈范有也由于在水泥工业领域的建树和威望，被推选为全国水泥工业同行业联合会主任委员。[①]

人民政府積極扶助下

棲霞山江南水泥廠開工

但因市場關係，現暫開璜窰一部

1950年9月19日《新华日报》关于江南水泥厂开工的报道

① 《江南水泥厂志》编委会:《江南水泥厂志》,1995年,第376页。

第十一章
江南水泥厂入选“中国工业遗产保护名录”

一、江南水泥厂为新中国建设贡献半个多世纪

江南水泥厂在新中国成立以后的半个世纪中，为我国水泥工业的发展做出了重要贡献。在20世纪60年代，全国31家大中型水泥厂26项技术经济可比指标竞赛中，江南水泥厂占14项，名列第一。为此，国家建材部为江南水泥厂写下了10万字的调查报告，向全国建材系统推广江南水泥厂的成功经验。

对我国特种水泥产品研制，江南水泥厂也屡有建树。1950年，江南水泥厂在国内首次研制成功油井水泥后，又研制了冷井、热井水泥以及用于海上油井的API标准G、H级油井水泥等拳头产品，还研制了200号、300号、400号特快硬水泥和700号、800号、900号等高级水泥。

张旸谷

江南水泥厂生产专供出口的“五羊牌”波特兰水泥（“波特兰”为国际通用水泥之称号），质量优于其他厂家产品，在国际市场上获得好评，在我国港澳地区被誉为“泥霸”，曾荣获国家金质奖章。60年代，张旸谷①副厂长以副组长、组长身份援助柬埔寨、阿尔巴尼亚建设

---

① 张旸谷（1923—2014），字东昌，江苏镇江人。1944年毕业于上海大同大学，到启新洋灰公司化验室工作。1947年与陈一甫小女儿陈善成结婚。后调到江南水泥厂工作，任化验室主任、副厂长兼南京水泥专科学校副校长、副总工程师。1982—1983年任厂长、总工程师。1981年江苏省人民政府授予他享受教授待遇的高级工程师职称。1984年主持研究API油井水泥，填补了我国这一领域的空白。1959年被评为南京市及江苏省先进工作者。1960年被国务院授予先进工作者称号（全国劳动模范）。1980年、1983年当选为南京市第六、第七届政协委员。1989年退休。享受国务院特殊津贴。

水泥厂。自1956年至1994年间，江南水泥厂先后派遣技术人员、技工48人次支援朝鲜、阿尔巴尼亚、柬埔寨、毛里塔尼亚、越南、苏丹、卢旺达等国水泥工业的建设。

由于水泥产业属于高能耗、高污染行业，基于国家产业结构的调整以及环境保护国策的进一步实施，南京地区的水泥生产企业逐步向外迁移。在新的形势下，江南水泥厂也逐步调整经营结构，转行他业。

二、 江南水泥厂厂址被列为南京市文物保护单位

伴随南京市城市整体规划和栖霞山风景区的有序开发，南京市将江南水泥厂旧址按计划修缮，尽量复原，规划建设成南京重要近现代建筑组团风貌区，与栖霞山、栖霞寺悠久的佛教文化景观相得益彰。这块近百年来的工业生产基地展现出另一种风貌，永远留予子孙后代，让曾经承载过我国民族工业发展经历、见证过抗战烽火硝烟的这块土地，再次焕发出勃勃生机。

工业建筑是人类文明的结晶，工业遗产是城市社会发展的忠实记录。而且，工业遗产体现着人文关怀，绵延着文化传承，保存工业遗产是对人类文明的延续和观照；失去它，就割断了城市的历史。这些年来，随着工业旅游的发展、文化创意产业的勃兴、休闲消费文化的成熟，工业遗产的保护迎来了契机。

现阶段，我国正在进行老工业城区的第二轮集中改造，一大批钢厂、水泥厂、化工厂等将随着城市的发展而消失。在一座城市中，炼钢的锤声渐渐远去，熔炉的烈焰慢慢熄灭，一座座巨大的烟囱消失在人们的视野中。如何面对江南水泥厂这样具有历史价值的工业遗存，让子孙后代在明天、后天依然看到祖辈劳作的身影，也是一个城市发展、文明延续必须着力解决的课题。

南京市将江南水泥厂旧址列为市级文物保护单位，把在中国近现代工业发展史上有着重要地位的江南水泥厂作为历史文化遗产妥为保护起来。江南水泥厂作为民族工业发展众像中的一帧缩影，以及与此相关联的一系列历史事件记录的载体，将永久留存在南京乃至中国近现代民族工业发展的史册之中。

新中国成立以来，各级人民政府对历史文物、近代历史遗产的保护十分重视，尤其是把大中城市留下来的近现代工业遗产的利用和保护，放在与城市规划建设有机结合的重要地位。

南京市是民国时期国民政府的首都，历史建筑，尤其是近现代建筑留存不少。为此，南京市人民政府成立了以著名学者、东南大学教授刘先觉为主任委员的南京市重要近现代建筑保护专家委员会，2007 年通过了南京市应保护的现代建筑名录。江南水泥厂旧址以及昆德故居名列其中。

南京市文物保护单位

江南水泥厂旧址

南京市人民政府
二〇一二年三月二十八公布
南京市人民政府立

“南京市文物保护单位”标志牌（陈克俭提供）

“南京重要近现代建筑风貌区”标志牌（陈克俭提供）

2012 年，江南水泥厂厂区成为“南京市文物保护单位”“南京重要近现代建筑风貌区”，由南京市人民政府命名挂牌。江南水泥厂风貌区成为南京市首批受保护的 10 片近现代建筑风貌区之一。根据南京市规划局公示的《江南水泥厂民国住宅区历史风貌区保护规划》，厂区内的 16 幢民国建筑将得到原汁原味的保护，昔日工厂住宅区将变身为文博展览、创意产业和民国体验游基地。规划将这一风貌区定位为抗战文化旅游的创新区、民国文化展示的集聚区、创意文化产业的示范区,要求保护其独特的联排住宅与独栋建筑、办公建筑与居住建筑相互交融的历史格局。规划要求风貌区内所有历史建筑的现有高度不得改变,严格控制新建建筑檐口高度,保证风貌区与栖霞山、江南水泥厂重要节点的视线通廊相联系。江南水泥厂将建“抗战展览馆”和昆德故居陈列馆,展现国际友人在南京保卫战至南京大屠杀期间保护中国难民、伤兵的史实。

2013 年陈克潜夫妇与江南水泥厂谢开富书记(左)、徐宁生厂长(右)在小黄楼前合影

三、江南水泥厂入选“中国工业遗产保护名录”

2018 年 1 月 27 日,中国科协传新战略研究院和中国城市学会公布了首批“中国工业遗产保护名录”,首批有 100 个项目入选,江南水泥厂位列其中。该保护名录中记有入选工业遗产的所在地、始建年代、入选理由和主要遗存,内容十分丰富。例如,同批入选名录的启新洋灰公司(江南水泥厂的母公司),注明始建年代为 1889 年,说明该厂的历史是从唐山细绵土厂算起。又如华新水泥厂,注明是 1907 年建厂,其前身是大冶水泥厂。“中国工业遗产保护名录”记录了我国水泥工业的主流企业启新、华新、中国、江南四大水泥厂的厂史,也反映了在国家动荡、山河破碎、外敌入侵的背景下,我国近代民族工业艰难抗争和曲折发展的过程。这四家企业之间的人和事相互交织,有着千丝万缕的联系。

“中国工业遗产保护名录”翻开了尘封的历史,它的公布可以告慰先人、昭示未来,同时告诫我们勿忘过去。我们有责任挖掘、研究工业遗产的相关历史,让社会各方面更多地关注工业遗产的保护与开发,探索工业遗存的档案资源开发与利用。

我国最早的水泥厂是1889年李鸿章命唐廷枢创办的唐山细绵土厂。1900年八国联军入侵时被英商骗占。1906年周学熙收回该厂,改名为启新洋灰公司,后又改官办为民办,扩大生产。1907年,清政府因为修筑粤汉铁路需要大量的水泥,进行招商,程祖涵应招筹集股本,在石灰窑投资建水泥厂,当时命名为大冶湖北水泥厂,它是中国近代最早开办的三家水泥厂之一。该厂因经营不善,欠下日方大量资金,唐山启新洋灰公司为防止该厂被日本企业收购,出资将其兼并,更名为“华记湖北水泥厂”,后来成为华新水泥厂。在第一次世界大战期间,启新得到快速发展,成为当时中国最大的水泥厂。

王涛1926年毕业于天津北洋大学矿业系,供职于南京龙潭姚锡舟开办的中国水泥公司,1929年赴德国留学,后应唐山启新洋灰公司邀请回国,取代德国总技师担任了启新洋灰公司总技师,王涛也因此成为中国水泥工业史上担任总工程师的第一位中国人。1931年,日本发动“九一八”事变,侵占东北三省。为避开日军威胁,陈范有与王涛建议启新应南下建新厂,最终选定在南京栖霞山麓开始筹建江南水泥厂。当时江南水泥厂汇集了毕业于北洋大学的精英陈范有、王涛、赵庆杰、庾宗溎等人,他们加速了工厂的建设。

1937年7月7日,日本帝国主义发动芦沟桥事变,抗日战争全面爆发。不久,南京沦陷,江南水泥厂成为南京郊外最大的难民营,拯救了无数难胞。抗战期间未生产过一吨水泥,堪称奇迹。1943年工厂最终被日方拆毁。抗战胜利后,陈范有等人又募集资本、购买设备,重建工厂。

抗战全面爆发后,王涛不满日伪统治,辞职南下。1938年7月,王涛接受国民政府经济部长翁文灏的命令,组织湖北大冶华记水泥厂转移到后方的湖南辰溪,厂名更改为“华中水泥厂”。1939年,为了保证抗战后方的水泥供应,又联合各方力量在昆明建起了昆明水泥厂。

1943年5月,昆明水泥厂和华中水泥厂召开股东大会,成立了华新水泥股份有限公司，总部设在昆明，1945年10月迁往汉口。王涛派总工程师张宝华赴美国考察水泥工业，订购最先进的水泥制造设备。抗战胜利后，1946年9月，华新水泥股份有限公司筹资引进美国设备，在湖北建设“远东第一”的华新水泥厂。

自清末到新中国成立的60年间，我国水泥工业从无到有，艰难发展，最终为新中国留下了江南水泥厂和华新水泥厂等一批现代化的工业企业。江南、华新两家水泥厂后来也成为新中国发展水泥工业的骨干企业，在社会主义建设时期发挥着极其重要的作用。

四、江南水泥厂与国际友人的深远情谊

江南水泥厂入选“中国工业遗产保护名录”，保护内容之一是侵华日军南京大屠杀期间的江南水泥厂难民营。在南京大屠杀那些腥风血雨的日子里，卡尔·昆德和辛德贝格等冒着风险，以各种方式保护难民营的苦难民众，并记录下日本侵略者的残暴行径。他们的正义之举、仁爱之心，中国人民不能忘怀，自此建立的国际友情一直延续至今。

昆德故居是卡尔·昆德抗战时期在江南水泥厂的住所，它见证了昆德父子百年来与中国人民结下的情谊。从昆德父亲（汉斯·昆德）1900年来到中国任启新洋灰公司技师算起，他帮助中国人收回唐山细绵土厂所有权，为中国水泥事业的发展做出了贡献。20年代，被唐山启新洋灰公司委以重任，研究磁业生产和试制，并让他的次子欧特·昆德（Otto Günther）回德国学习磁业。1936年，汉斯·昆德去世，欧特·昆德继承父业，为唐山磁厂发展做出了贡献。1937年，长子卡尔·昆德应江南水泥公司邀约至栖霞进行护厂工作。在江南水泥厂难民营，卡尔·昆德本着人类良知，主持正义，庇护和救助了无数南京东郊逃避侵华日军大屠杀的中国平民和军队伤兵，深得中国人民的感激和怀念。

卡尔·昆德在栖霞结婚生子，直到1950年全家才返回德国。2002年，81岁的卡尔·昆德夫人伊迪丝·昆德应邀重访南京，受到南京人民的热烈欢迎。伊迪丝·昆德向南京市赠送了41张江南水泥厂和栖霞寺难民营照片，为侵华日军南京大屠杀再添铁证。从1900年汉斯·昆德到中国算起，到2002年伊迪丝·昆德再访南京，百年间昆德家族为中国人民做了不少好事，昆德故居成为中德两国人民友谊的象征。

昆德夫人母子与江南水泥厂厂长徐宁生(右一)、工会主席林志标在昆德故居前合影

2015 年 9 月 3 日,北京天安门广场举行盛大的阅兵式,纪念中国人民抗日战争胜利 70 周年。卡尔·昆德的侄女安妮塔·昆德(Anita Günther)应中国政府的邀请,作为在抗日战争中为中国人民做出贡献的德国民间人士后代的代表之一,到北京参加阅兵观礼。阅兵观礼结束后,9 月 7 日,在有关部门的安排下,安妮塔·昆德来到了她的出生地——唐山。安妮塔·昆德 1940 年出生于唐山,是汉斯·昆德次子欧特·昆德的女儿,1948 年回到德国。70 多年的时光过去了,现在安妮塔·昆德仍会说很多唐山话,并清楚地记得很多唐山的老地名。1989 年,她曾来唐山,瞻仰过位于唐山陶瓷厂的汉斯·昆德故居。这次来唐山,看到汉斯·昆德故居依然得以保留,听到昆德一家的传奇故事在中国依然在流传,安妮塔·昆德十分感动。德国友人昆德一家为中国人民做出的贡献,中国人民不会忘记!

江南水泥厂难民营小医院由辛德贝格极力促成。因救护中国平民和中国军队伤兵无数,辛德贝格在难民营时的经历为历史所记载,小医院成为纪念辛德贝格的最好场所。1937 年,辛德贝格被聘为丹麦史密芝公司驻江南水泥厂代表,尽心履行护厂职责,积极参与建立难民营,庇护和救助中国难民。他冒着生命危险

徐宁生厂长向昆德夫人赠送纪念品

往来于南京市区与栖霞之间，多次向南京安全区国际委员会揭露日军暴行。他还同国际红十字会南京委员会主席约翰·马吉牧师一起，拍摄江南水泥厂和栖霞寺一带的日军暴行。他回欧洲后，曾在日内瓦放映有关侵华日军暴行的纪录片，将日军暴行公之于国际社会。

在很长一段时间里，辛德贝格的事迹被岁月尘封、湮没。直到"拉贝日记"中频频出现辛德贝格的名字之后，辛德贝格的事迹才引起了南京大学高兴祖教授的高度关注。高兴祖教授专程赴丹麦寻找辛德贝格，丹麦记者得知此事后，把辛德贝格的生平和在中国的经历刊登在报纸上，被辛德贝格的妹妹比藤看到。但高兴祖教授回国后不幸逝世，寻找辛德贝格的工作，遂由《中国青年报》南京记者站站长戴袁支继续进行。2002 年 1 月，戴袁支与报道过中国人寻找辛德贝格消息的丹麦记者取得联系。2003 年 5 月，终于找到比藤一家。

2006 年，80 岁的比藤老太太来到南京，并将她的女儿玛丽安娜培育的黄色玫瑰种植在和平广场的苗圃里。黄色在丹麦象征着勇敢。辛德贝格外甥女玛丽安娜培育的黄色玫瑰象征着中、丹两国人民的友谊，被命名为"永远的南京·辛德贝格玫瑰”。

2014 年丹麦女王访华，辛德贝格的外甥女玛丽安娜被通知作为随从，同往侵华日军南京大屠杀遇难同胞纪念馆。4 月 27 日，玛丽安娜随丹麦女王访问侵华日军南京大屠杀遇难同胞纪念馆后，前往她舅舅工作过的江南水泥厂参观。南京市栖霞区领导将此消息告知陈克潜，并希望他能够到工厂与她们见面。4 月 28 日，陈克潜携妻子陆忠娥赶到栖霞，与玛丽安娜夫妇见面，并在小黄楼前合影。玛丽安娜夫妇见到辛德贝格曾经工作过的工厂领导的儿子、89 岁高龄的陈克潜非常高兴。陈克潜赠送他们一柄折扇，上书“厚德载物”四字，以感谢辛德贝格当年救助中国难民的无畏义举和所具有的人类良知。玛丽安娜也回赠了“永远的南京·辛德贝格玫瑰”照片。玛丽安娜还告诉大家，在丹麦设立了“辛德贝格基金会”，由她们家属、史密芝公司和其他丹麦公司合作建立，并“以她舅舅辛德贝格的名义提供人道主义救助，包括中国人”。江南水泥厂成了中、丹两国友谊的纽带。

江南水泥厂自筹建至今已有 80 多年的历史。在半封建半殖民地的社会背景下，中国的民族工业之起步和发展历史不长，且历尽磨难、步履维艰。尤其像江

2014 年陈克潜夫妇与玛丽安娜夫妇在江南水泥厂小黄楼前合影

南水泥厂这样的大型企业,经历重重困苦劫难,直到新中国成立后才焕发出迟到的青春。江南水泥厂建厂时间长达16年,其筹创历程中蕴含了太多的筚路蓝缕的创业艰辛、顽强不屈的抗争精神、中华民族的强国梦想以及国际友人的正义良知,留下了民族工业艰难跋涉和顽强坚韧的历史印记。往日的历史不能忘记,作者祈愿这本书能帮助大家共同回顾往事,了解在半殖民地半封建的中国民族工业生存与发展的艰难。为了实业救国的抱负,以陈范有为代表的筹建江南水泥厂的知识分子、实业家的身影和国际友人的友谊,都记载在江南水泥厂的档案之中,同时也永久地留在这块土地上。

第十二章
陈范有献身中国水泥事业的一生

陈范有

陈范有(1898—1952),名汝良,字范有。安徽石埭县人。陈一甫长子。光绪二十四年(1898)三月十四日生于天津。1912 年入南开中学,1917 年入北洋大学土木工程系。1925 年任启新洋灰公司工程部土木工程师。1933 年至 1945 年任公司协理。1935 年创建江南水泥公司,任常务董事,筹划建厂工作。1945 年抗战胜利后任江南水泥公司总经理。1950 年9 月,江南水泥厂正式点火生产,所制水泥被苏联专家誉为“东方水泥之冠”。还曾任滦州矿务公司董事、副主任董事,开滦矿务局议董等职。新中国成立后,被推选为全国水泥工业同行业联合会主任委员。1952 年 3 月 31 日逝世于上海。

陈范有之父陈一甫践行实业救国,爱国爱乡、勤俭治家、乐善好施,对陈范有有较大的影响。陈一甫 73 岁分割遗产时,半数以上捐赠慈善事业,并立家训:

一切财产皆身外之物,毫不足恃。更应勤苦俭约,各自奋勉,各求自立。各人之盛衰,全恃各人之努力与各人之命运,不得互相怨尤,亦不得互相借贷,杜绝倚赖恶习。有余仍当作公益,庶可绵长久远。切遵切遵。

一、 陈范有早年经历

陈范有 1912 年考入南开中学,是南开中学第七届学生。较周恩来早一年入学,其堂弟陈汝闳则为周恩来的同班同学。由于陈范有学习刻苦,在学校里是一名公认的品学兼优的学生。南开中学是张伯苓先生创办的一所著名学校,他办教育的目的就是育才救国、改造社会,并建立了系统、具体、经常性的生动活泼的爱国主义教育机制,使学生树立自尊、自信、自强、自立的民族意识。陈范有在学校里耳濡目染,产生了强烈的爱国思想。

1917 年,陈范有考入天津北洋大学土木工程系。北洋大学办学起点很高,创办伊始就与当时的世界一流大学接轨,与哈佛、耶鲁相伯仲,毕业生可免试进入美国一流大学攻读研究生,因而被誉为“东方的康奈尔”。其创办人是中国近代洋务运动中叱咤风云的盛宣怀。北洋大学堂创建后,以盛宣怀提出的“科教救国,实业兴邦”为宗旨,以培养工科高级人才为办学目标,以美国哈佛大学、耶鲁大学的教育模式为蓝本,进行专业设置、课程安排和学制规划。北洋大学一直以教学质量严格要求著称,其学生在校期间考试之多、之严,淘汰率之高,几近“严酷”。据 1923 年毕业的陈立夫回忆:“我们那一届班次,原本有四十五名新生,到毕业时只剩下土木十六人,矿冶十五人,一共三十一人,中途不是因病辍学,就是成绩不够标准而退学,几乎占了三分之一的人不能终学。”在这所“严酷”的大学里,陈范有成绩一直都是名列前茅,享受奖学金。当时陈立夫与他同寝室,其他好友有曾任国民政府铁道部长的曾养甫等人。

1919 年五四运动爆发,北洋大学学生罢课,组织演讲团赴各地,包括天津附近如杨柳青、北仓、塘沽等地演讲。据天津《益世报》1919 年 6 月 2 日报道:“昨晨北洋大学演讲第二团林汝植、陈汝良(范有)、李则昂、张曾让[①]四君赴塘沽等地小学演讲后,由该校校役指导乘舟往东大沽,适狂风陡起,怒涛汹涌,舟几覆。团员等衣裳尽湿,然未尝以旅途艰险稍萌退志也。既抵大沽,入戏楼轮流演讲,一次听者二百余人,旋于东大沽大街及洋货街演讲三次,每次听者六百余人或数十人……后赴西大沽演讲二次,听者三百余人……午后三时返塘沽,复在车站左边与众演讲,听者塞途。旋汽笛呜呜,车已开至,团员等匆促上车,听者犹相聚不散,引领遥望。”《益世报》这则报道,反映了陈范有参加五四爱国运动的事实。

① 即张太雷(1898—1927),原名曾让。江苏常州人。1916 年考入天津北洋大学法科,1920 年毕业。五四运动期间是天津地区爱国运动骨干。后结识周恩来、李大钊等人,成为中国共产党早期活动家之一。1927 年领导广州起义,不幸牺牲,年仅 29 岁。

陈范有在安徽石埭县永济桥建造现场(1923 年)

1921 年,陈范有大学毕业。他原想赴美留学,但父亲要他回家乡安徽石埭造桥,用他所学到的知识为家乡人民造福。石埭县城南的舒溪河是南北交通要道,夏秋水涨,船翻人亡的事时有发生,乡人盼望修建大桥已久。1922 年,陈一甫等人集资 13 万银元,由陈范有实地勘察,参加施工设计,建成钢筋水泥结构的永济桥。桥长 180 米,11 孔,四车道。《石埭县志》在题为"石埭舒溪永济桥记"的条目下记载了陈范有造桥之事,并说他三年里食宿自理,不取分文。该桥建成打通了皖南徽州到芜湖的道路,受到家乡人民和来往过客的一致赞扬。陈范有初出校门,即能担此重任,体现出他学以致用、理论与实践相结合的非凡能力。在造桥期间,他还担任崇实学校[①]英语教师,并与校长孙梅轩联合倡议开办初中部。

① 1918 年由孙梅轩、桂承之创立的新式学堂。1919 年定名为崇实学校,在天津成立校董会,筹集办学基金。陈劭吾(陈一甫二哥)、陈一甫、陈范有相继任董事长。1924 年建立初中部。抗战时期建高中部,成为私立崇实中学。校长孙梅轩锐意教育改革,主张教学与社会潮流相结合。学生曾进行反对腐朽官吏、破除封建迷信等活动。抗战期间,校友苏帅仁返校任教师,发展中共地下党,成为石埭县党组织的摇篮。新中国成立后,1955 年兴建水库,形成著名风景区太平湖,学校被淹没,几经迁移,最后落户在七都,改名七都中学。1984 年,高中部并入石台中学。1993 年,为继承与发扬"崇实"优良教学传统,七都中学恢复崇实中学(初中部)校名;而石台中学由于崇实中学高中部的并入,从校史渊源来看,也是崇实中学的延续。如今七都崇实中学建有陈德之捐建的"范有图书馆",石台中学建有香港善源基金朱恩馀先生捐建的"范有教学楼"。崇实中学至今已有近百年历史,培养了大批人才,是皖南地区有一定影响和声誉的名校。

建成后的永济桥(1925 年)

陈范有遵守传统道德，抱着负责任的态度，接受了父亲为他安排的封建婚姻。夫人魏训彤虽自幼读过私塾，但两人在文化方面存在着很大差异。他却能够妥善处理，家庭和睦，育有三女(德之、翼之、培之)四男(克潜、克宽、克俭、克澄)。魏训彤虽然没有进过洋学堂，但她发愤读书，攻习书法，练得一手好字，曾举办过个人书展。陈范有鼓励子女刻苦学习，早日成才。他比父辈有更多的民主思想。陈克潜在上海交通大学读书时，正值进步学生运动高潮，随师生一起开展罢课，参加“反饥饿、反内战”大游行等，他从不阻拦干涉。

陈范有、魏训彤夫妇

陈范有继承了其父乐善好施、济人救难的遗风。抗战期间，日军轰炸以抗日著称的天津南开大学，并扬言要逮捕当时在南开大学任秘书长的黄钰生[①]。陈范有得知后，先请黄暂住在家中躲避，后又为黄买了船票，使之得以离开天津，平安到达昆明至西南联大任教。1938 年 6 月 27 日，天津耀华中学校长赵天麟[②]因带

① 黄钰生(1898—1990)，字子坚，湖北沔阳人。与陈范有是南开中学同学。1919 年留学美国，获芝加哥大学教育学硕士。回国后任南开大学教授。1927 年任该校秘书长。“七七”事变后，离开天津到昆明。1938 年任西南联合大学学校建设委员会会长。新中国成立后任天津图书馆馆长、天津市政协副主席。

② 赵天麟(1886—1938)，字君达，天津人。1904 年考入北洋大学，1906 年官费赴美国哈佛大学留学，获法学博士学位。1912 年回国后在北洋大学任教。1934 年任天津耀华中学校长。1938 年 6 月 27 日晨，赵天麟从家出门步行上班，遭两名日本特务枪击身亡，时年 52 岁。

领师生开展抗日救亡运动，被日本特务暗杀。陈范有得知后，不顾个人安危，暗地派人送钱款接济赵天麟家属。

陈克潜高三同学于敏，思路敏捷、智力超群。其父因病而失业，于敏面临无力进入大学深造的困境。陈范有得知后，资助他考大学，帮他渡过经济难关。后来于敏成为核物理专家，成功地主持设计我国氢弹，被称为“氢弹之父”，获得“二弹一星”功勋奖章。于敏院士谈及他的成长过程时，总忘不了陈范有资助他度过困难岁月的这段往事，有关记述也频频出现在他的自述、文章及有关书籍中。①

“中国氢弹之父”于敏院士

1939 年，天津水灾，马路上可以行船，溺毙人畜尸体随处可见。陈范有组织慈善团体“甲戌社”同人救济。在李兆方 10 月 3 日给上海庾宗淮和孙柏轩的信中有如下叙述：“此次津沽猝罹水患，灾情惨重，殊非预料所及，四乡及大沽等处，溺亡人畜甚多。租界马路上，深处达七尺余，不论商店住户，无不蒙受损失……陈公（范有）则联合友好，组织临时急赈会，集款赈济，分现款、洋面、食物（馒头及大饼）、棉衣、酱菜五部分。赈济现仍在施赈中，全活甚多。仁心义举，良堪钦佩。”

① 钱伟长等：“中国当代著名科学家”丛书《于敏》，贵州人民出版社，2005 年，第 12 页；《于敏院士八十华诞文集》，原子能出版社，2006 年，第 6 页。

二、 与江南水泥厂共命运

1925年，陈范有27岁时进入启新洋灰公司，从此步入我国水泥行业，并为此奋斗一生。他从工程师做起，很快就熟悉了水泥生产的各个环节，并承担了在天津塘沽于家堡修建水泥海运专用码头的任务。1933年，他进入公司领导层，任协理。他在领导层中学历最高，受过现代教育，懂得工程技术，故他进入决策层为启新洋灰公司注入了新鲜活力。他重视科学技术，特别重用技术人才，如聘用德国留学归来的王涛任启新总技师，美国留学归来曾任大学教授的赵庆杰任启新化验室主任，留美归来的庾宗溎负责土建工程等。正是由于王涛对启新水泥配方的改革，以及率先在国内采用纸袋包装水泥，降低了成本，为启新赢得了巨额利润。江南水泥公司建立后，陈范有与丹麦签订了购机协定，又派赵庆杰去丹麦工厂进行为期一年的考察、学习。可以说，江南水泥公司借鉴现代企业管理的理念，起用知识精英治理工厂，是同一时期中国企业界所无法相比的，甚至对今天的企业管理也不无借鉴作用。陈范有本人曾到美国和欧洲考察水泥工业，不断吸取先进技术。他主持的唐山启新洋灰厂8号窑的扩建改造工程，不墨守成规，敢于创新，按科学规律办事，他亲自复核查验数据，亲自设计图纸。1976年唐山大地震时，8号窑依然屹立，正常运转，堪称奇迹。陈范有是既有实际经验和创新意识，又充分了解世界水泥工业先进水平的实业家。

陈范有进入启新洋灰公司领导层后，未雨绸缪，深谋远虑，把资金转向相对安全的江南一带建厂。用陈范有的话来说，是“以避敌日之锋”。1935年江南水泥公司正式成立，时年37岁的陈范有雄心勃勃，亲自进行规划设计，希冀把江南水泥厂建成远东一流的水泥企业。在江南建厂的过程中，他参与筹划与决策，勘探地质、收买土地、订购设备，以及工厂的总体布局、工程设计和土建工程等诸多事宜，都包含了他的智慧。他自己设计的在工厂周围开凿的人工河道，既解决了工厂的水源，又解决了施工中大量回填土的土源问题，还为工厂提供了一道人工屏障，这道屏障为沦陷时期江南水泥厂的护厂提供了很大的方便。1937年“七七”事变发生，接着淞沪抗战开始，陈范有等想出聘请外国人护厂的策略，阻止了日军进厂，为后来江南水泥厂难民营的形成创造了条件。

随着日方对护厂真相调查的深入，为了巩固护厂成果，1938年5月，陈范有不顾战时危险，秘密来到上海，与丹麦史密芝公司人员相约密谈，以求在与日方抗争时取得主动。这段历史是由戴袁支在查阅丹麦史密芝公司的档案中发现的，档案记录了当时陈范有陈述利害，说服史密芝公司与江南水泥厂采取同样的立场，使护厂计划得以实现的史实。

陈范有坚持“不资敌，不合作”的底线，拒绝与日方签订协议，拒绝开工生产。从1938—1943年前后六年时间，江南水泥厂以民族大义为重，顶住日方巨大压力，坚持不开工生产，承受了由此造成的巨大经济损失，而日本侵略者也始终没有得到他们急需的战略物资——水泥。

1943年7月，日方悍然决定拆移江南水泥厂机器至山东张店造铝。陈范有等抱着“宁为玉碎，不为瓦全”的精神，在特殊条件下与日方展开“合法”斗争，召开临时股东大会，反对日方拆机。虽然最终日方还是强用武力野蛮拆走机器，但由于坚持抗争，使拆机过程拖延了半年之久。直到抗战结束，日本侵略者企图为侵华战争服务的铝厂也没有建成。这也是抗战后期江南水泥厂对全国抗战的另一种形式的特殊贡献。

在与日本侵略者的抗争中，陈范有依靠庾宗溎、赵庆杰、孙柏轩等骨干，团结上层人物如颜惠庆、龚仙舟、袁心武等旧北京政府政要及相关人士；审时度势，利用国际友人卡尔·昆德、辛德贝格等人的独特作用；通过王涛、陈汉清律师与重庆国民政府暗中联络，交织成庞大的统一战线网络；和工厂员工一起机智应对，竭力抗争，在失去国民政府保护的情形下，苦苦支撑了八年，直到抗战最终胜利。这是一场不见硝烟的战争，是全民抗战中沦陷区人民以不同形式反抗侵略者的又一帧缩影。

抗战胜利后，陈范有不图高官厚禄，婉言谢绝了国民政府行政院副院长翁文灏聘请他为资源委员会委员的邀请，而是坚守实业救国的理想。江南水泥公司董事会第四十七次会议决定，聘陈范有常董为公司总经理。江南水泥公司的这一举措，是对陈范有多年工作的充分认可。为此，陈范有辞去启新洋灰公司协理一职，专门负责江南水泥公司事务。在处理山东机器南运、向“行总”和“联总”订购新机器等事宜上，他都做出了卓越的贡献。特别是在战后江南水泥公司的三次增资问题上，他花费了很多心血。早期的江南股东投资江南水泥公司，从1935年始到抗战胜利为止，十年未得分文股息，更谈不上有任何分红。陈范有担任江南水泥公司总经理后，各处筹集资金，在物价不断上涨、货币不断贬值的不利情况下，向上海新股东和启新公司游说,使得增资问题得以解决。正是由于他不懈的努力,一座崭新的现代化水泥工厂从被日本侵略者破坏的废墟中又重新建立起来。

三、 实业救国 风范长存

陈范有的敬业精神得到同事和职工的赞许。1986 年,陈范有子女为其撰写回忆文章和书稿,走访了不少陈范有的昔日同事,他们都已年逾古稀,当谈起陈范有时,其怀念之情令人感动。有人还禁不住流下了泪水,为陈范有过早谢世而倍感惋惜。当陈范有子女陈克宽、陈克俭等寻访江南水泥厂时,曾经为陈范有烧过饭的老职工贾有永(又称贾老三)得知后,自告奋勇亲自掌勺炒菜。贾有永还与陈范有子女合影,留作永久的纪念。① 凡此种种,反映了老职工对陈范有建厂贡献的肯定和深厚的感情。

新中国建立后,陈范有写信给周恩来总理,请求政府帮助解决高压电路的问题。还亲笔书写了长达 54 页的《江南水泥公司之历史与内容及拟为政府部分加工之建议》,向政府提出合理化建议。在政府的支持下,1950 年江南水泥厂终于结束了长达 16 年的筹建过程,竣工投产。

江南水泥厂的诞生离不开陈范有,而陈范有也离不开江南水泥厂。为此,他付出了毕生的精力和智慧,历经磨难,创建了江南水泥厂,并使之成为新中国水泥工业的骨干企业。江南水泥厂为新中国的建设事业服务了半个世纪之久。

除了水泥事业上的成就以外,陈范有毕业于北洋大学土木工程系,也是一名优秀的建筑设计师。他一生亲自动手设计的有五大建筑工程。最早的是家乡安徽石埭县的永济桥,再有是天津成都道居住的老宅、天津里弄式成片住房三益里(如今已成为庆王府附属的旅游观光区)、唐山启新洋灰厂的 8 号窑和地处南京栖霞山东麓的江南水泥厂。这些不同风格、不同用途、各具特色的建筑,都倾注了陈范有的才能和智慧,体现出他的创造性的设计理念。

陈范有于 1952 年 3 月 31 日不幸去世②。他过早地离开人间,全公司领导和员工无不为之惋惜。在日后召开的董监会上,全体与会者起立默哀,深切缅怀陈

① 陈克宽、陈克俭:《“洋灰陈”传略》(修订版),上海三联书店,2002 年,第 100 页。巧合的是贾有永的照片出现在 2002 年昆德夫人重返工厂的欢迎行列中,还出现在 2007 年侵华日军南京大屠杀遇难同胞纪念馆江南水泥厂难民营展览中。

② 《江南水泥厂志》编委会:《江南水泥厂志》,1995 年,第 423 页。

范有十余年来的苦心擘划和卓著勋劳。

陈范有在遗嘱中,鼓励子女要努力学习与工作,为国家的建设事业多做贡献。遗嘱除留给夫人魏训彤生活费和未成年子女教育费外,将全部家产献给人民政府。

魏训彤按遗嘱整理了丈夫陈范有的遗产,造出清册,并经子女同意签名后上交国家。这段事实在《江南水泥厂志》和《天津工商史料丛刊》第五期中也有记述。①

魏训彤不仅努力实现陈范有的遗愿,还积极参加社会活动和公益事业,开办托儿所、幼儿园、小学等。1956 年参加民主建国会,同年 3 月,作为上海市工商业者代表赴北京参加全国工商业者家属和女工商业者代表会议,受到毛泽东、刘少奇、周恩来、邓小平等党和国家领导人的接见,并合影留念。回来后,继续参加社会公益活动,街坊里弄的人们亲切地称她"魏大姐"。1975 年病故于上海。

魏训彤参加全国工商业者家属代表会议在天安门前留影(1956 年)

陈范有把短暂的一生奉献给了我国水泥工业。他用长达 16 年的时间,义无反顾地顽强奋斗,包括在抗战时期与日本侵略者机智与不屈地竭力抗争,为新中国建成并留下一座远东一流的水泥生产企业——江南水泥厂。他的一生虽然短暂,但获得了众多的赞扬和怀念。

陈范有的南开中学同班挚友,时任天津市政协副主席的黄钰生(子坚)老先

---

① 《江南水泥厂志》编委会:《江南水泥厂志》,1995 年,第 376 页。

生,88 岁时写了《怀旧》一诗纪念陈范有①:

廿五年来怨君痴,昨非今是我自知。
念旧心绪难排遣,桃花满岸携手时。

1986 年陈范有女儿等看望黄钰生(中坐者)时留影

懷舊

廿五年來怨君痴
昨非今是我自知。
念舊心緒難排遣
桃花滿岸攜手時

懷舊懷舊念範有也 綰之女姪來津錄之持贈
以資紀念　子堅黃鈺生 一九八六年四月十三日
時年八十有八

黄钰生为陈范有赋诗

① 程蔚:《爱国的实业家陈范有》,载《天津工商史料丛刊》(第五辑),1986 年 11 月。

1986 年陈克俭（左一）、陈德之（右二）看望孙越崎夫妇（左二、右一）

我国著名爱国人士、实业家和社会活动家、中国国民党革命委员会中央委员会名誉副主席、全国政协常委孙越崎老先生，在 1986 年 10 月给陈范有次子陈克宽的信中写道：“……我和他是北洋大学的同学，过去在天津、南京时相知较深。他对我国水泥事业的建设，厥功甚伟。新中国成立后，他把各地大批房地产无偿地献给人民。他无愧为一爱国的实业家。”并为陈范有题字：“北洋老同学，爱国实业家。”①

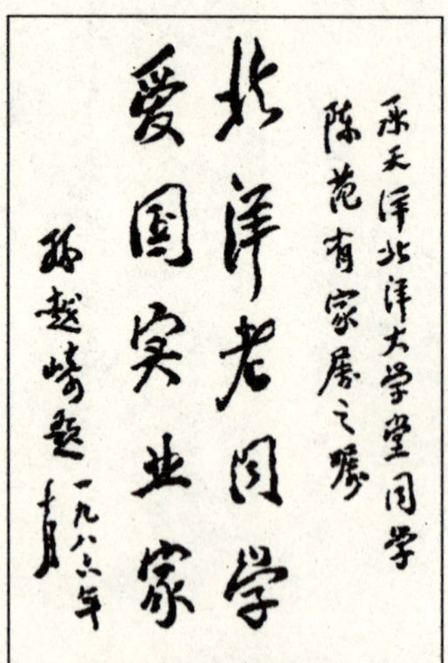

孙越崎为陈范有题词

① 陈克宽、陈克俭：《“洋灰陈”传略》（修订版），上海三联书店，2002 年，第 133 页。

全国政协副主席、全国工商联名誉副主席、上海市工商业联合会会长刘靖基，是抗战胜利后江南水泥厂重建时南方主要股东，1956 年曾任江南水泥公司董事长，1990 年他为陈范有题字：“振兴实业，风范长存。”①

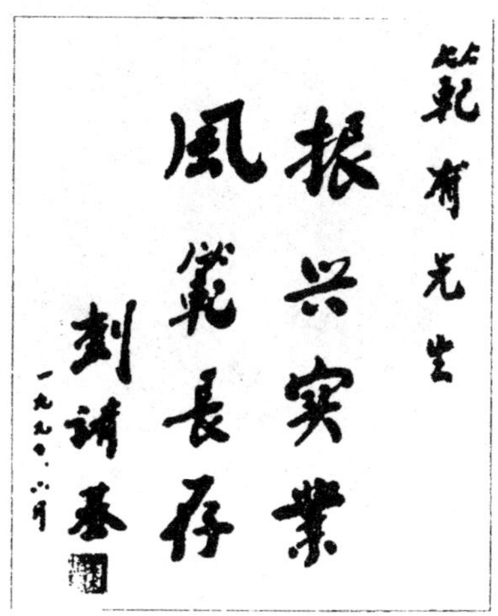

刘靖基为陈范有题词

陈克宽、刘靖基、陈克俭、胡和严(左起)合影(1990 年)

2004 年 12 月，旅居美国的陈克澄夫妇来到南京，将新出版的《爱国实业家陈范有》一书，赠给侵华日军南京大屠杀遇难同胞纪念馆朱成山馆长。2007 年 8 月

① 陈克宽、陈克俭:《“洋灰陈”传略》(修订版)，上海三联书店，2002 年，第 134 页。

陈克澄夫妇与朱成山馆长(左)在侵华日军南京大屠杀遇难同胞纪念馆合影(2004年)

22日,陈克澄致函朱成山馆长告知赴台湾与大姐陈德之谈话情况。朱成山馆长于9月9日复函,信中谈及对陈范有的评价时这样说:“令尊陈范有先生是著名的爱国实业家,他所创办的江南水泥厂历经坎坷,其际遇也是中国近代民族工业的缩影。陈老先生坚韧不拔、忠贞爱国的风范,是国人的楷模,令世人敬仰。”

2004年,于敏院士在中学毕业60周年之际,约作者到天津母校耀华中学聚会,并在校门前合影。照片中的同学周棨良是周学熙之孙。

2013年《爱国实业家陈范有与江南水泥厂》一书出版时,作者请于敏院士题词。他欣然应允,写下“救护难胞　奖掖后学”。

陈先生大鉴:

来函收悉,非常感谢您和您的家人对本馆的关怀。令尊陈范有先生是著名的爱国实业家,他所创办的江南水泥厂历经坎坷,其际遇也是中国近代民族工业的缩影。陈老先生坚韧不拔、忠贞爱国的风范,是国人的楷模,令世人景仰。

目前,本馆的新馆展览陈列正紧锣密鼓地进行着。江南水泥厂难民营是基本陈列的内容之一,我们准备将令尊的照片和生平简介放在陈列大纲中,其中也提到令尊陈老先生“组织安排德国人卡尔·京特、丹麦人辛德贝格护厂。南京大屠杀期间,江南水泥厂收容了大量难民,厂内储存的1400吨生产用煤和木材被用于为难民搭棚房、煮饭烧水。厂方还出资购粮煮粥施舍,设临时诊所免费施诊”等。你们去年9月所提供的资料,涉及到1937年底至1938年初厂方出资护厂,以及厂方与江南水泥厂留守人员在同一时期的往来信函,可选择一些,以丰富展示内容。至于四十年代,江南水泥厂被日军强行拆毁的资料,可在本馆的专题陈列《胜利在1945》中展出一部份。需要说明的是,本馆展览内容丰富,只能展览你们提供的与展览大纲内容吻合或相近的一部份资料。当然,就馆藏和研究而言,江南水泥厂的资料越多越好。

再次感谢您对本馆的厚爱,欢迎您与家人在本馆扩建竣工完毕后莅临指导。

敬颂

秋安!

侵华日军南京大屠杀遇难同胞纪念馆

馆　长　朱成山

2007.9.9.

朱成山馆长复陈克澄函

周棨良、于敏、陈克潜在天津耀华中学
44 届毕业 60 周年校友会时留影(2004 年)

救护难胞
奖掖后学
向陈范有先生致敬
于敏
二〇一三年三月

于敏院士题词

1959 年,周恩来总理到唐山启新洋灰公司视察,当时陈范有胞弟陈达有①任公司副经理。在接待过程中谈及南开中学同学陈范有时,陈达有告知周总理,陈范有已于 1952 年去世,周总理连声说:“可惜!可惜!”②

1985 年,时任全国政协副主席的邓颖超提出为爱国实业家撰写百人名录,陈范有荣列其中。

陈达有

---

① 陈达有(1911—1987),名汝邕,1937 年毕业于唐山交通大学土木系。曾长期任天津久安信托公司副经理、经理。1945 年任启新水泥厂副经理、副厂长。新中国成立后曾任全国政协委员、全国工商联执委、河北省工商联副主委、唐山市人大常委会副主任、唐山市工商联主委等职。1959 年受到周总理接见时,正值壮年,并把接见情况告诉大家。

② 程蔚:《爱国的实业家陈范有》,载《天津工商史料丛刊》(第五辑),1986 年 11 月。

后 记

2001 年,《中国青年报》发表了《跨洲寻找南京栖霞的两位“辛德勒”》一文。2002 年,卡尔·昆德夫人应邀访问南京,并重访了江南水泥厂旧址,这引起了我们的关注。那时,我们已进入晚年,有时间收集和整理这方面的资料。“九一八”事变促使启新洋灰公司决定在南京栖霞山创建江南水泥厂。“七七”事变爆发后南京沦陷,江南水泥厂难民营出现。这些事件彼此之间均有着千丝万缕的内在联系。把这座工厂的历史充分挖掘出来,可帮助我们从一个侧面了解那个年代国家的灾难、命运和希望,了解我国民族工业所遭遇的困境。我们用了十多年时间梳理了江南水泥厂 16 年的创业史,不是着眼于其中的一时一事,而是要勾勒出它跨越不同历史时期的艰难曲折的整体脉络。这也是将该厂 16 年创业史作为本书主要内容的重要原因。

由于这段历史已经过去了几十年,当事人均已作古,还原事实真相并非一件易事。从报纸、杂志、书籍和口述历史获得的大量资料需要核实,写人物传记也要比研究自然科学复杂,易受作者本人主观意识的影响。本书作者实事求是,科学考证各种历史资料,力求反映历史原貌。

2004 年,陈克澄获得一批江南水泥厂原始档案,对该厂历史轮廓有了基本的了解。我们非常幸运地与南京市档案馆进行合作,从而获得更多的原始档案和众多专家的指点,使本书内容更加贴近历史史实。

南京市档案馆藏有众多的企业档案,其中江南水泥厂的档案极其珍贵。如 1936 年江南水泥厂的王涛、陈范有、庾宗溎等提出要在国防工业区株洲、湘潭建立江南水泥厂分厂,并提出用炼铁废渣为原料生产廉价水泥的技术方案,最终获得批准。王涛与国民政府钱昌照谈判细节,反映在王涛与陈范有等往来信件中。这一情节在本书中首次披露,反映了他们爱国、强国的情怀。

太平洋战争爆发后,日军强拆江南水泥厂机器运至山东造铝。面对日军的无理要求,公司董事会抱着宁为玉碎的决心,进行巧妙周旋和斗争。依据当时公司法规定:重大事项必须由股东大会表决,常务董事无权擅自处理。公司遂在天津、上海召开股东谈话会,全体反对拆迁机器。在日军占领区敢于用这种方式与侵略者对抗,需要极大的勇气和承受极大的风险。当时会谈的全部会议记录现保存在南京市档案馆。

2016 年以来,南京市档案馆以江南水泥厂史料开发研究申报了"十三五"国家重点档案保护与开发项目,取得了出版一部专著《风雨如磐忆江南》、摄制两集文献纪录片《一座工厂的抗日传奇》、举办三个相关展览和编撰五本档案汇编的成果,在社会上产生了较大的反响。

《风雨如磐忆江南》2016 年 11 月第一次出版,2017 年 11 月进行了修订,2019 年再次修订。两次修订主要内容无变化。这次修订主要是增加了江南水泥厂旧址入选国家工业遗产保护名录和南京市档案馆对江南水泥厂档案进行开发利用的情况。

本书的出版和修订再版,离不开诸多单位、领导、专家学者、工作人员以及夫人和弟妹们的关心与支持。感谢南京市档案馆、南京电影制片厂、南京师范大学、苏州大学等单位的有关同志对江南水泥厂厂史资料开发利用付出的辛勤汗水,祝贺他们取得的丰硕成果;感谢苏州大学出版社 2004 年出版《爱国实业家陈范有》一书,从而公布了江南水泥厂的一批档案,并一以贯之地配合作者整理修订陈范有与江南水泥厂的有关资料;感谢苏州大学段文文同志在陈克潜因身体原因难以顺利工作时伸出援手,使本书的修订工作得以完成。

人的生命是短暂的,历史却可以流传久远。我们都已进入耄耋之年,携手梳理并客观记录了这段被挖掘出来的历史,尽了自己的社会责任。凝聚着中国现代工业苦难和辉煌的江南水泥厂,虽饱经沧桑,充满着岁月磨洗的痕迹,但拂去历史的尘埃,仍以其传奇的经历展现了我们民族的可贵精神。它所承载的强国梦想,将激励着今天的人们为实现伟大的民族复兴而自强不息,努力向前。

陈克潜　陈克澄

2019 年 10 月 14 日

本书涉及的部分档案资料

（标有“*”者由南京市档案馆提供）

1. 陈范有亲草《江南水泥公司之历史与内容及拟为政府部分加工之建议》全文
2. 江南水泥公司就申请建厂事呈国民政府军事委员会文 *
3. 陈立夫致陈范有函 *
4. 陈范有致陈立夫函 *
5. 陈立夫复陈范有函 *
6. 国民政府军事委员会第 4951 号批文 *
7. 江南水泥公司发起人会议记录 *
8. 王涛致启新洋灰公司总理、协理函 *
9. 国民政府军事委员会资源委员会第 4635 号批文 *
10. 陈范有致庾宗溎等函
11. 《江南水泥公司总店及工厂职员避难时通信录》全文
12. 陈范有致赵庆杰等函
13. 江南水泥公司上海办事处会计月报
14. 《事变后江南水泥公司大事记》全文 *
15. 庾宗溎、赵庆杰给天津董事会的报告
16. 日本三井洋行要求与江南水泥厂签订的协定书
17. 在上海日本大使馆讨论拆迁江南水泥长机器问题的记录（部分）
18. 在南京日本大使馆讨论拆迁江南水泥长机器问题的记录（部分）
19. 日、汪派员到江南水泥厂宣布“奥田六条”*
20. 日本特命全权公使田尻爱义向颜惠庆发出“上大经第二二三三号”文
21. 在天津召开江南水泥公司华北部分股东谈话会记录 *
22. 在上海召开江南水泥公司华中部分股东谈话会记录 *
23. 日本特命全权公使田尻爱义向颜惠庆发出“上大经第二五二四号”文
24. 汪伪实业部业工字〇〇〇二号通知 *
25. 陈范有等与日方越智总经理、绫部小太郎等在北京六国饭店会谈记录
26. 汪伪实业部业工字第〇三〇一号文
27. 汪伪实业部业工字第〇〇二五号训令
28. 汪伪实业部业工字第 921 号训令 *
29. 驻印军新编第六军司令部廖耀湘批令 *
30. 《拆移栖店机件简略大事记》*
31. 颜惠庆就请求返还被日军拆卸机器事呈国民政府经济部长翁文灏文 *

32. 沙(泳沧)处长致江南水泥公司函抄件 *
33. 36 元字第九六六九号通知 *
34. 江南水泥厂《营业概算书》
35. 江南水泥公司董监事联席会议记录 *
36.《江南水泥公司购置新机筹措资金计划概要》
37. 江南水泥公司董监事联席会议记录 *
38. “金轮”商标审定书 *
39. 江南水泥公司常董致颜惠庆函 *

1. 陈范有亲草《江南水泥公司之历史与内容及拟为政府部分加工之建议》全文

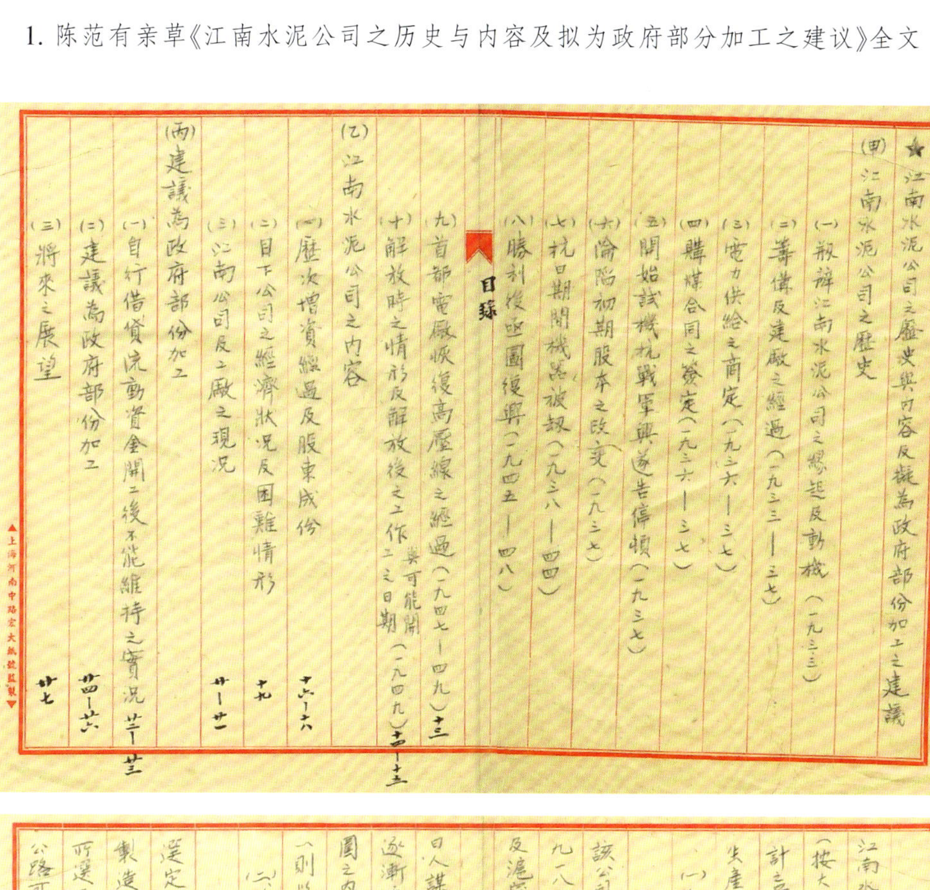

江南水泥公司之歷史與內容及擬為政府部份加工之建議

目錄

(甲)江南水泥公司之歷史

江南水泥公司之廠設在江寧縣棲霞山,為國內兩最大最新水泥廠之一。(按大冶華新水泥廠為美國設計之最新機器,江南水泥廠為歐洲設計之最新機器。)自一九三五年公司成立,迄今十四年,從未能正式開工生產。其間歷盡堅苦困難。茲將其經過陳述於後:

(一)籌辦江南水泥公司之緣起及動機:(一九三三)

我國最老水泥廠為啟新洋灰公司。廠設唐山。一九三三—五年,該公司年產廿萬噸左右,遍銷全國,營業尚稱發達。惟自一九三一年九一八後,東北市場為日本侵入,銷數漸減。故其主要銷場為上海及滬寧沿線與華南海岸一帶。自偽冀東政府(一九三三年)成立後,日人謀我益亟。啟新當局以唐山工廠機器陳舊,原擬以營業所餘,逐漸添置新機。但鑒於冀東(即唐山一帶)已淪為敵日勢力範圍之內,遂改變方向,擬在江南一帶另設新廠。(一)則以避敵日之鋒,(一)則以就近市場也。

(二)籌備及建廠之經過(一九三三—一九三七)

一九三三年派技術專家趙慶杰君在滬寧一帶察勘地質。選定南京以東棲霞山之東麓為廠址。該處既蘊藏大量適於製造水泥之原料—石灰石及沙土,又鄰近銷售市場,交通便利。蓋所選廠址,沿滬寧鐵路,西距南京四十八華里。又臨近京杭國道,有公路可通。北距長江僅二公里半,有便民河可以聯繫。是以水運

鉄路及公路交通，均称便利。一九三四年，即着手購置土石山地以及所需
厰基約共二什餘畝。一九三五年，由啟新股東全体决議，將上年及本
年度應分之股利以及職員應得之紅利酬劳，全部撥作江南水泥

三月三十一日開發起人大會四月三十日收足股款
五月十五日開第一次股東會五月一日籌備
處開始辦公

員當即分向德、丹、美、英諸國製造水泥機器名厰，徵集最新
機器分別報價。原意以資本所限，擬先辦置新型機器一單位，年

二

產水泥十萬噸。惟預留逐步擴充地位，預計最後擴充為四單位，
總共年產水泥四十萬噸。時各國名厰知江南將為中國最新之模範水
泥厰，無不悉心研試，刻意競爭。均遣派代表或專家齊集天津，面為
商討。報價者凡七家，以德國之波利西斯 Polysius 厰所報之價最
廉，機器亦頗精緻。首先與其洽商，行將訂約，而丹麥國之史密芝厰
F. L. Smidth & Co. 為奪得此項交易，極力慫恿將原計劃先置一
單位者，一次設置兩單位，使產量加倍，而機價所增無多。且用種種
方法，保證機器之效率，及付款條件之優惠。當時國內水泥需要量
日見增大，江南當局為減低成本，並利用各外商同業競爭之心
理，改變計劃，乃於一九三五年五月廿三日與丹國之史密芝厰訂立購買

上海河南中路宏大紙號監製

兩單位年產二十萬噸水泥機器之合同。並保證日產水泥七百噸，約定
製造期間為十個月。在製造期間由公司派技師趙慶杰君至該厰
監造水泥機器。訂妥後，續向德商禅臣洋行訂妥電氣設備（大小
馬達卅餘座，共五什餘匹馬力）及三百七十五匹馬力柴油發電機一座。
及向英商怡和洋行訂開山機、大吊車及修機間機器。又向法國波
力士厰 Polys 訂空中架線路，為由厰以空中線路運至江邊上下長
江大輪之用。（嗣以江邊坍陷，又限於財力，此掛線路迄未安裝）。機器
訂妥後，即同時建築工程。先行開山墊築厰基，同時自行建築鉄路
分道，銜接滬寧線之棲霞山車站。修築石子公路，接京杭國道。開
挖運河，與便民河相接，以通長江。自一九三五年七月興工，至一九三六年

三

以工程浩大，又以原擬年產十萬噸一單位之機器，刻改為年產二十萬
噸二單位之設備，原來之股本二百四十萬元，不敷甚鉅。爰於一九三六
年三月，招開臨時股東會，將資本總額改為四百萬元。除一部份
由原股東認繳外，不足之數另行募集。
一九三六年二月，史密芝訂造之機器完成，共計三什餘噸，於是年四月廿
日以專輪由歐洲直接運抵浦口卸儎，經輪渡轉運抵厰。向其他厰所
訂之機器，亦陸續運到。時工厰建築厰房、安裝機器之工作，全部展開。
安裝方面，由在丹監造之技師趙慶杰君主持。建築方面，由土木工程
師庾宗溎君主持。分工合作，積極進行。除厰房外，同時并闢地建築
職工住宅四十餘幢，職工宿舍十餘間，並職工俱樂部、膳堂、小學校、裝

上海河南中路宏大紙號監製

場，以及自來水下水道等工程。原拟一九三七年春间完工生產，嗣以间山工程艱鉅，而工具不應手，以致延至是年秋間，始能完成。

與史密芝訂立購置水泥機器合同後，復因提高水泥成色，加訂原料對济合機，以控制原料之化學成分。並續訂各種機器之配件。蓋以各項建築工程之浩大，資本復有不足。旋於一九三七年四月，招開股東會，議決將資本從額增為四百五十萬元。並發行公司債二百萬元。公司債除一部分由股東儘先認購外，其餘由天津之新華与中孚兩銀行承銷。

（三）電力供給之商定　一九三六—一九三七

查江南所訂製造水泥機器之單位，如全部同時開動，共需電力四千五百基羅瓦特（KW）。江南當時配合建設委員會集中發電之計劃，及大電氣事業國營之政策，除自備三百七十五匹馬力之小柴油發電機，作為備件外（此發電機主要之目的，為防首都供電中斷時，可以自轉旋窯，不致遭受重大損失），一切電源均事前商定由建設委員會之首都電廠供給。按該電廠主要電量為供給南京市電燈之用。故每於晚上点燈之時（每晚五時至十時）其電廠之負荷，高於其他時間一倍以上。此種負荷忽高忽低之現象，在電廠自不经济。普通水泥廠，原係廿四小時继續開動，不能停止。其中磨子及碾石機部分用電較多，约占全部百分之八十。此項磨子等因無高热度燃燒關係，每日停開五六小時，並無關係。不過因每日之停開，產量減少，必須將磨子能力比例加大，方能配合日夜不停大窯之產量。江南廠為避免電廠晚間最

四

高負荷之時間，特允電廠於每日下午五時至十時期間，將磨子及其碾石機等全部停開。故江南在訂購機件時，即將磨子等能力增加百分之廿五。因此江南在機器設備方面，投資較多。而一日之間笨重機器時開時停，经常之損失，亦復不少。電廠方面，因江南此項之設施，在電廠發電部份，既無須增加設備費用，并可使發電負荷日夜平均，增加發電之效能。故電度價格，亦特别低廉。爰於一九三六年十一月十五日，與首都電廠（即現在之南京電廠）訂立互惠合同，其主要條件為：

用電量　在電廠非高負荷時，為四千瓩（即K.W.）

在電廠高負荷時（每日下午五時至十時）為七百瓩

電價　基本電費每月三千八百五十元。最高需電量不及規定之一半時，得照半數收取基本電費。

流動電費，第一級（每瓩用電在一百五十度以內）每度一分五厘，第二級（即一百五十度以外）每度一分五厘。

保證金　江南於簽合同時，繳付電費保證金一萬六千元。

路線設備費　自電廠起至江南之配電所間之一切供電設備，由電廠於簽合同十個月內，辦理完竣。

其餘細节，详見所订合同十八条及附則三条。

在订上項供電用電合同之同時，電廠為敷設高架線路，向江南借款二十萬元。年息一分。由江南於正式用電時，以電費按月扣抵。又電廠因江南借款協助之關係，將平均電費每度一月減低一厘六毫一絲。另定

五

上海河南中路宏大紙號監製
上海河南中路宏大紙號監製

立借款合同六条。上項兩合同簽訂後，江南當將應付之保證金一萬六仟元付讫。應付之借款廿萬元於簽合同後一星期內付讫。电厰亦即開始訂購路线所需之材料及变壓器等。放线工作，於一九三七年夏间開始，同年十月完成。（以前线路係用木桿）

四、購煤合同之簽訂　（一九三六—一九三七）

水泥工厰之主要材料為燃煤。查江南所訂製造水泥機器旋窑二具，如全部同時開動，每天共需燃煤弍百廿餘吨。該項煤斤以大量存储，势必有碍生產之继續。爰於一九三六年十二月四日与淮南煤礦局訂立合同。其主要条件為：

購煤数量　購用淮南屑煤五萬弍仟吨。

六

價格　每英吨按法幣伍元八角計，称在裕溪口江南所僱民船艙內交貨。

付款　簽訂合同時江南預付全部貨款百分之五十，计法幣壹拾伍萬另捌百元。

煤質　照所附化驗单供給，並保證水份為百分之七·五三，灰份百分之廿二，热力一〇七〇〇 B.T.U.，含硫不超過百分之一·二。

并規定此項合同任何一方如改组或轉讓，其承继人應承認有效。其餘细節详見所訂合同九条及合同附件三条。

江南於簽訂合同時，即將五萬二仟吨煤斤之半数，计拾伍萬零八百元

上海河南中路宝大纸號監製

付讫。次年（一九三七年）方開始交煤，至同年十一月十日共计实收煤斤七千一百十六吨。此後因戰事發生，即未能續交。祇有俟江南開工時再行洽商如何按照原合同精神继續供給煤斤之辦法。

雖淞滬戰事吃緊，而江南職工仍希望早日完成
俾生產水泥以備死守首都，鞏固國防之用

四日，開始试機。惟未及旬日，淞沪撤守，敌人迫近棲霞，遂告停頓。除將重要水泥機件拆下及一部主要工具設法藏匿以免機器被敌人利用外，所有厰中重要機器圖樣帳册等文件，分装七箱，其一部

七

分職工西遷漢口，寄存於啟新漢口辦事處。一九三八年七月，啟新將大冶厰拆遷至湘西之辰谿，同時將江南所存之七箱圖册一併遷往辰谿。不幸一九三九年九月廿一日敌機初來襲炸，即被命中燃燒彈。所存物件全被焚毁（详見一九四六年王濤呈函及附件），此亦公司一大損失也。

在國軍撤守之際，地方紊乱。所有自南京至棲霞之輸電桿線摧毁無遺。公司當局為適宜應變，商請丹德兩國售機器洋行各派代表，冒險馳赴工厰，協同留厰員工盡力保護厰內所有財產。是以淪陷之初，工厰內部未遭破壞。且就厰收設難民區，拯救難胞三萬餘人。惟工厰自此時起即陷於停頓

（六）淪陷初期股本之改更　一九三九

上海河南中路宝大纸號監製

一九三七年十月底工厰淪陷後，一切陷於停頓，僅留一部員工保護厰產，並進行未完之工程。先是江南之股票在津甚為活躍。自工厰停頓後，一落千丈。同時公司以經濟來源無着，所發行公司債之本息亦無法償付。遂於一九三九年六月股東會議決將股本総額改為八百萬元。先收足七百廿萬元，除原有股本四百五十萬元外，其餘二百七十萬元，商妥公司債執有人以全部公司債之本息作為入股之金額。一面託語都董慶、陳漢清律師，於一九三九年十二月廿八日代向前經濟部遞呈，為撤消公司債之登記，並為資本総額改為八百萬元之登記。股本総額所餘之八十萬元，由啟新洋灰公司陸續以現金認繳，於一九四一年一月十八日繳足。

八

（七）抗日期間機器被劫　一九三八—一九四四

敵日軍事佔領華北華中後，即進行其經濟侵略政策。屢次請致江南開工生產，均告以機器未全，電源不繼設辭推託。一九四一年春，敵商三井洋行，以受其軍部委託，曾以合作名義擬合作契約，一再迫令簽訂，均予拒絕。嗣後該洋行又催促開工，統制銷售。公司當局仍抱不資敵不合作素志，未為所屈。敵商三井洋行四次威脅利誘，江南均不屈而止。致遭敵部日嚴視。以前被東之記。一九四三年七月，敵軍部突通知江南董事會以山東張店製鋁需用江南製造水泥之主要機器，擬即着手拆卸。囑江南迅商訂合作或租借契約。江南當局聞之無不憤慨。由董事長顏惠慶先生領導之下嚴詞拒絕。而日方壓力與日俱增，我方忍辱折衝，藉以拖延時日。旋召開股東會於天津，投票表決一致反对拆遷，寧為玉碎在所不計。延宕半年至是（一九四三）年十二月中旬敵日以江南始終抗拒，唆使偽實業部於十二月十七日下令拆遷，附應拆機器清單。（為製造水泥主要機器，是為第一批）一九四四年一月敵日軍部派兵進厰，由三井洋行率領大批日本技工開始拆卸。此為在不妥協下武力強行拆遷之開始。是年六月第一批機器之大半拆移，日人猶以為未足，續開列第二三批應拆机件清單，再囑偽實業部於六月廿日以偽令通知江南，繼續拆遷。計自一九四四年一月起至同年十月止，凡十閱月。江南之製造水泥主要機器及其附件被劫一空。十年來苦心經營之工厰至此為敵人全部破壞。所幸厰房住宅、交通設備、機器底座及其他與製造水泥無关之機器如開山機、碾石機、大平車、修機間機器、摻和機及柴油引擎等，未被運走，得以保全。一九四五年夏敵人亦擬利用厰址及所留設備開辦酒精厰，未及實施即行投降，得以保全，此亦不幸之幸也

九

（八）勝利後亟圖復興　一九四五—一九四八

一九四五年秋敵日投降，江南即着手籌備復興。首先申請將日寇強行劫奪拆遷至山東張店之機器予以發還。當分向偽經濟部魯豫晉特派員辦公處及偽行政院山東青島區敵偽產業處理局，呈請發還。同時並與張店鋁業公司接收人員接洽。復於一九四六年十二月派該厰總技師趙慶杰前往調查，機器置放地點及件數，均有詳細報告。嗣於一九四七年二月中旬接偽處理局通知，准予發還。

上海河南中路宏大紙號監製

上海河南中路宏大紙號監製

並附發機器現存情形表。乃查附表所列現存機件數與趙總技師嘗地查員之報告單比对，名称既同，有歧異，数量亦短少甚多。已待文涉重予會同美查核對，乃以交通梗阻，迄未能实行。

在山東之機器尚未批准發還之前，江南環顧當時情形，膠濟及津浦兩鐵路之交通在國民黨统治之下恢復無望，機器運回一時殊少希望，為使生產之能早日实現，乃一面籌劃另行訂購被拆之補充機器，其時民營工業向外國订購機器極為困難。不但請購外滙層層阻滞，且歐美各國在第二次大戰後工業復員尚未就緒，對於國外訂購機器交貨期限異常遲緩。惟有由前偽行政院善後救濟總署轉託聯合國救濟總署訂購機器較為迅速。江南遂於一九四六年二月

十

請善後救濟總署蘇寧分署轉請總署准予配售補充機器。比由聯總派加籍工程師白氏（Mr. Baird）及蘇寧分署陳耀奎君到廠实地查勘後認為有配售機件之必要。本公司遂將被日寇強行拆遷而需應行補充之機件清单開交行總詢價。一九四六年秋間，行總為订購一般之機器及器材曾派專员赴美与各製造廠家洽商，十一月內大致洽妥。惟本公司所申請部份除水泥機器一小部份及電氣設備之全部因時間所限製造不及未能商妥外，其餘大部份水泥補充機器均已在美代為訂妥，旋於一九四六年十二月三日与行總订立購買契约，計原價美金一百三十二萬三千四百八十元，另加行總費用三成，共計美金一百七十二萬〇五百廿四元。订约時即須付給三成，餘七成貨到即付。時江南以江廠停頓將及十載，金融枯竭，已達

上海河南中路宏大紙號監製

極矣。一時無法籌付此項鉅款。當於一九四六年十二月廿日在天津召開股東會，決議將股本八百萬元增至六十四億元，全收現金。（當時約合美金一百九十万元）除一小部由天津原有股東認繳外，大部現金係由上海新股東以溢價方式參加投資。是以行總代订之價款均能如期繳付。惟除行總代订之機器外，尚有被拆製造水泥機器之一小部及電氣設備全部與行總磋議再三未能代订，但無此項機件仍不能恢復生產。隨由江南自行订造，於一九四七年五月初向美記史密芝公司在美分五廠家代為订購，共計美金廿五萬二仟七百九十元。外滙所需之資金，又須自行籌措。彼時法幣貶值日甚，非但美金價格日高，而安裝機器之工料以及運輸費與原預計不敷甚鉅。乃於一九四七年五月廿日召開勝利後第二次股東會，將資

十一

本總額由法幣六十四億元增為二百廿四億元。除原有股本六十四億元及按照當時法令固定資產重估升值六十四億元之外，其餘所增現金股本，案面九十六億元，按照溢價增收現金，計实收法幣三百廿億元。是年夏間行總代订之機件即陸續運到，是年秋自订之電氣設備亦開始自美裝運。一九四八年五月，機器大部運到，已在積極安裝，預計一九四八年內全部工程可以完竣開工。惟以物價驟漲，原預計復有不敷，且開工前應行添補之器材及燃煤、石膏、鉄爪、紙袋等料，以及添建南京貨棧與通江公路等工程，必須及時趕辦，方不誤本年內之開工。因此不得不再作勝利後第三次增資，遂於一九四八年五月廿一日召開第三次股東會，將股本由二百廿四億增至一仟〇〇八億。連溢價部份实收現金法幣伍仟

上海河南中路宏大紙號監製

〇四十億元。增資後，除積極將機器安装工程設法趕於年底完成外，並在南京中央路購置基地，採買材料，準備建築貨棧。在廠添建工人住宅廿四幢，及工人宿舍十餘間。又另築直達江邊之公路路基。同時購辦煙煤、石膏、鉄礦石、及布袋等材料。所有年底開工前應備之器材，大部均已齊備。

上海河南中路宏大紙號監製

九 首都電廠收購高壓線路之經過（一九四七—四九）

按在訂購既售江南機器之時，曾一再與南京首都電廠洽商供給電力問題，首都電廠以以往與江南有訂立互惠合同之關係，並爲推廣營業，承認供電，設備由其負責收復，所有線路需用之鉄塔、銅線、瓷瓶，即向慎昌洋行定購，並允於一九四八年秋線路可以完成供電。詎管轄京電廠之揚子電氣公司於一九四八年夏忽以資金難以周轉，要求江南付貼桿費美金伍萬元，江南當以收復線路按照原約乃電廠之責任，且江南前爲敷設線路所借與電廠二十萬元之本息迄未歸還，揆之情理實無再付貼費之理由，據理力爭。揚子公司以事實上之困難，謂江南如不貼費，線路工程勢將中輟，且購器材亦難保全備，能付給貼費則線路工程即可趕速進行，一九四八年年底決可通電。江南急欲開工，迫不得已，在財力萬分窘乏之時，祇得於第三次增資股款內撥付揚子公司貼桿費美滙伍萬元。接電線路之鉄塔、鋁料、製造工程即由揚子已與上海慎昌洋行承作，至一九四八年十二月間江南廠所有訂購之機器均已安裝完竣，材料亦大致備齊，專候電線接通即可試機。不料揚子電氣公司復以款絀積欠慎昌製造路線之鉄塔工資，以致工程陷於停頓。江南因籌措五萬美滙，對董事會原以開工爲先決條件未能坐視，乃與電廠相商，從速繼續鉄塔工程，所有製鉄塔工資及由滬運棲運費，暫由江南墊付，照付款時電度電價折合作爲預繳電費

上海河南中路宏大紙號監製

自一九四九年二月起慎昌復工四月鉄塔製造工程業已完竣且正陸續運至工廠適值南京解放京滬車運中断以致最後一批鉄塔材料未能運廠則線路工程至此又暫告停頓

（十）解放時之情形及解放後工作與可能生產之日期（一九四九）

一九四九年四月初司解放軍行將渡江南京居民多數恐惶紛紛逃避江南廠在滬寧沿線之棲霞山為軍事必爭之地廠中員工為愛護工廠以及對解放軍之信仰均各守崗位無一人逃移即員工眷屬亦未有移動在國民黨軍撤退而解放軍尚未來臨之際地方情形稍形混亂但全體員工堅強組織日夜輪守非但暴徒未敢侵犯且附近村鎮老弱來廠避難者數十人足以解放之前廠中毫無損失。

解放後為響應政府增加生產之號召首先與南京軍管會接洽如何進行高壓路線工程俾工廠能以開動當由南京建設局約集電廠及江南雙方開會商定線路工程仍應賡續進行所需費用估計約需食米四仟七百餘石由雙方各半担負江南担負之部份仍作為該電廠預收電費時揚子電氣公司及首都電廠均為軍管會接收首都電廠易名為南京電廠江南當與南京電廠兩商如何分工合作將此線路工程早日完成當商定由江南担任者為(一)將滬存鉄塔待運之鉄料運至江南廠(二)製造鉄塔上之螺絲(三)建築鉄塔底脚所需石子及鋼條之供給(四)全路鉄塔底

上海河南中路宏大紙號監製

脚之建築及鉄塔拼装與樹立工程之一半（江南担任全路之東半段）其餘之工作由南京電廠担任當於一九四九年六月七日商妥訖有業餘八月初對路線建築及鉄路安装工程由電廠公開招標江南所担任之東半段由江南得標承包十二月中旬江南所包之東段業已完竣西段因有一小部份底基遇流沙工程尚未完竣南京電廠擬一九五〇年一月初開始放線預計一九五〇年二月底或三月初全部路線工程可完竣開始供電江南廠内其餘工程早已完成一俟電源接通即可開始試机各項機器試驗及校準約須一個月預計正式生產約在本年三四月間

上海河南中路宏大紙號監製

（乙）江南水泥公司之內容

（一）歷次增資經過及股東成份

江南於抗戰前增資二次，抗戰初股本改變一次，勝利後增資三次，業於（甲）（六）（八）各節有所叙述，茲將各項增資日期、股本總額及實收現金列表於后：

創立及增資日期	股本總額及增至	實收現金	附註
一九三五年五月	國幣貳百肆拾萬元	國幣貳百肆拾萬元	創立時資本 七月廿日實業部設字783號執照
一九三六年三月	〃 肆百萬元	〃 壹百陸拾萬元	五月九日實業部新字第44號增資執照
一九三七年四月	〃 肆百伍拾萬元	〃 伍拾萬元	另於本年度發行公司債國幣貳百萬元
一九三九年六月	〃 捌百萬元	〃 叁百伍拾萬元	增募資本三百五十萬元 以三百七十萬元償付公司債
一九四六年十二月廿日	法幣陸拾肆億元	法幣陸拾叁億玖仟玖百萬元	實收現金因有溢價股款在內故數額為多
一九四七年五月廿日	〃 貳百貳拾肆億元	〃 叁百貳拾億元	
一九四八年五月廿日	〃 壹仟另另捌億元	〃 伍仟另肆拾億元	〃

廿四年初次所收股本全部係啟新洋灰公司股息及職員應分之酬勞撥作股本，故當時江南股東即係啟新股東及啟新之職員。啟新股東約二仟餘戶，職員二百餘名，故江南股東為多數小股東集合而成。一九三六、一九三七年兩次增資大部份為原股東比例分攤，有一部份外加之新股東。當時江南為新設之廠，股本比啟新為小，而産量能大，效率高，故北方投資於股票者多願購買江南股票。一九三六——七年間江南之股票在津市之買賣頗為活躍，以前首屈一指之啟新股票竟為後起之江南所替代，因過户之增加，江南之股東成份即逐漸改變，不完全為啟新之股東，而股東人數亦年有增加。一九三八年工廠停頓，江南之前途暗淡，股票在市場上之周轉大為減少，但仍僅次於啟新。至一九三九年（公司債改為股本又參加銀行方面反）公司債持票人之股本。一九四一年啟新公司以現金八十萬元認足八百萬元增資之餘額，彼時啟新公司以法人地位占十分之一之股本，為當時最大之股東。勝利後，於一九四六年訂購補充新機需款六十餘億之鉅，原來股東無力担負，遂在上海紗廠方面接洽新股東，以溢價方式投資現金四十億元，其餘二十餘億元由原股東儘先認繳，不足之數再另行募足。此次增資後，上海方面之新股東約占全額百分之廿五。一九四七年之增資，其溢價放棄部份由上海之股東認繳。一九四八年之增資最為困難，蓋最近三年每年增資一次，股東已感精疲力盡，又值物價高昂，生活維艱，實無餘力再行投資。在股東會上由董事會説明困難，且復興已大部完成，未能功虧一簣，並聲明此乃最後一次之增資，此次增資後即能生産營業，以後決不再向股東增股，費盡唇舌，將股東説服，增資議案得以通過。但所有應行繳款最多之溢價部份一般股東悉行放棄不繳，幸由啟新公司及上海新股東分别認足，增資得以完成。

江南公司最初原為啟新股東及同人所投資。十餘年來股票在市場上交易，以及歷次增資，其成份變動頗多，除啟

上海河南中路宏大紙號監製
上海河南中路宏大紙號監製

新位及公司及上海方面為較大之股東外其餘多係小股東尚有中孚金城等銀行及久安信託公司股權較多但大部係受顧客之委託寄存或因抵押過户其銀行本身仍佔少數按照一九四九年一月股東簿所載共計股東三仟九百五十五户足以代表小資產階級之民族工業股東約有九成以上（按户名計）在天津故董事部自創立起迄今均係設在天津所有股據印發股冊編造以及股份過户等事宜均歸天津董事部辦理自本年一月天津解放後董事部遵照民營公司一般之辦法對於股份暫停過户聽候調查南京解放後由南京市工商局及軍管會公安部審查股東名冊指出董秀峰吳佩秋曾養甫等股份應予凍結同時天津

十八

（關於年終奉到通知將曾與平等九户股份一併凍結）

公產清管局通知吳朱洪孫之股份亦應凍結聽候處分復由津董事部自行查明邸玉堂鴻記二户係屬漢奸股份均經呈報凍結各在案至八月廿日本公司股東名冊經天津市軍事管制委員會金融接管處審查完畢除以上凍結之股（共計十五户其股額之合占全部股額千分之四·三九）指令准予在天津市証券交易所上場交易迄至現在尚在正常交易中

（二）目下公司之經濟狀況及困難情形

自一九三八年增資後其預祘係估計至是年九月即可開工在開工前一切應備之器材及部份流動資金原應足用乃以電廠接電之稽延至本年八月全部流動資金俱已耗盡不得不仰賴

上海河南中路宏大紙號監製

出售存料以維持高壓電線路工程之進行及全部職工之開支資金缺少一切不能如原來預算進行其主要原因如后：

（一）一九四八年十月大部增資股份收齊之時正值法幣貶值行將崩潰之際現金不及購買材料而價值日落雖亦酌購金鈔但究不能全部利用

（二）增資款收集未久揚子公司突提出貼補高壓線路費美滙五萬元之要求當經付法幣一仟二百七十九億餘元此係預算以外之額外支出

（三）增資未久即遭八月十九日偽金圓券之施行公司僅有之金鈔均為國民黨政府以金元券換收致偽金圓券存於銀行生息不數月其價值幾等於零

十九

（四）揚子公司製造鐵塔工程雖經貼費五萬美滙乃又由途停工由公司代付工資運費以及建造鐵塔安裝工程等費截至一九四九年底結欠電力六十三萬八仟九百八十八度按目下時值約五億元此亦額外支出

（五）增資原預算為去年九月完竣開工現拖延一年之久以目下每月開支六仟萬元約合八億餘元原預算未列入

綜觀以上五項原因均係受反動政府及其官僚資本之危害及壓迫至為明顯

公司自本年八月以來全恃出售廠存燃煤以資維持至明年二三

上海河南中路宏大紙號監製

月間開工前應續備之材料及流動資金毫無着落若再增資則上次股東會上已有聲明不再增加股東担負且事實上大多數股東亦實無力再行投資即較大之股東如啟新與上海投資之紗廠自顧尚且不暇更無餘力資助江南此為目前如即進行開工籌措流動資金之困難情形也

(三)江南公司及工廠之現狀

江南公司自一九四六年十二月增資後組織上略有變更迄至目下止董事長仍為顏惠慶副董事長為袁心武常務董事為劉靖基周志俊唐星海俞君飛徐華忱陳範有董事部仍設在天津有職員十八人自一九四七年設總事務所於上海（江西路四〇六號三二〇室）總經理陳範有副總經理庾宗溎盧祖詒此外尚有職員十人工友四人工廠設棲霞山廠長兼總工程師趙慶杰副總工程師張百鋼副廠長徐柏軒此外尚有職員廿六人工友一百五十八人解放後成立職工學習委員會十二月中旬棲霞山工廠管轄問題始決定為南京市一九四九年十二月廿日職工籌委會成立選舉胡慶泉姜玉龍為籌委會正副主席南京方面暫由工廠派職員二人接洽事務

員工福利方面廠內建有職工住宅六十餘所單身職工宿舍公共食堂浴室理髮室設有診療所為職工及眷屬免費治療組織福利社配給職工日用必需品并有職工子女小學校舍未

上海河南中路宏大紙號監製

開工前限於財力尚未開辦職工子女由工廠備車送往棲霞街小學校就讀闢有籃球場供職工工餘運動之用本年二月間添辦工友識字班

工廠設置情形已詳見(甲)之項勝利後在美訂購之機器因係補充機器且由在美原來之工廠照原圖設計大致與原來相同所改者以前大窑用鉚釘接連現均改用電銲磨子以前用減速齒輪中心直接動轉現改為用大齒輪由旁邊轉動

全部資產按照目下時值約在人民幣九百億至一仟億元之間（約合美金四百五十萬元）公司迄目下止除欠啟新公司水泥約四百噸及銀行臨時小額透支外並無其他鉅額負債

上海河南中路宏大紙號監製

(丙)建議為政府部份加工

(一)自行借貸流動資金開工後不能維持之實況

查產量減低所需流動資金亦可隨之比例減低惟江南廠機器單位較大現有之機器為兩單位每一單位正常之產量應為月產一萬噸如開慢車可能減至月產八仟噸若比此再低則每月大窑須停止一個時期非但損失熱量且大窑停火火磚必有相當損壞修補之工料所需甚鉅成本必至驟增不能與同業競爭故江南開半機（即一單位）月產八仟噸為最低之生產量茲按月產八仟噸所需之流動資金列後

開工前必須籌措之最低資金：

淮南煤三仟噸	每噸二三〇.〇〇〇	六九〇〇〇萬
電費準備（一個月）	七四五〇〇来八〇〇〇	五九六〇〇〃
50萬個紙袋進口稅	每個四五〇元	二二五〇〇〃
斗車補充及其他必需材料		二八九〇〇〃
共		一八〇、〇〇〇萬

開工後最低之週轉資金：

廠存半成品（灰塊）	一〇〇〇〇噸	每噸一四.五萬	一四五〇〇〇萬
〃 散倉水泥	三〇〇〇〃	〃二一.〇〃	六三〇〇〇〃
〃 裝成水泥	一〇〇〇〃	〃二七.〇〃	二七〇〇〇〃
各銷售地存	一〇〇〇〃	〃三五.〇〃	三五〇〇〇〃
共			二七〇、〇〇〇萬

上海河南中路宏大紙號監製

以上總共 四五〇.〇〇〇萬

以上係假定銷路通暢製成水泥大部隨時銷售絕少存貨且銷出之貨隨即均收現款故周轉資金內並無待收之款或貨款之期票在內也

若在商業正常時期45億之流動資金已為極低之數額蓋固定資金照目下約略估計為（四五〇萬来二一〇〇〇）九四五億元四十五億元僅占固定資產百分之五弱

假定上項流動資金均向銀行借貸以最近三個月（十一十二三個月）平均之銀行放款利息每千元日息二一.五元七日複息一次計算則每月利息約合四十億元每月產水泥八〇〇〇噸每噸僅利息一項即合每噸五十萬元已逾最高之水泥市價矣

假如江南能獲得低利優惠之借款日息十二元十天複息一次則每月利息之担負約減為十八億伍仟萬元每噸約攤二十三萬餘元以目下市價僅售每噸四十餘萬元是亦無法生存况此種低利借款既難獲得而又未能長期使用故特借款開工以為流動資金殊未能維持也

(二)建議為政府部份加工

江南機器之新穎設備之優越以及富有經驗之優秀技術員工（江南技術員工多由啟新選調或由江南指考後在啟新或華新各廠服務多年並在江南有兩次按裝新機器之經驗）

上海河南中路宏大紙號監製

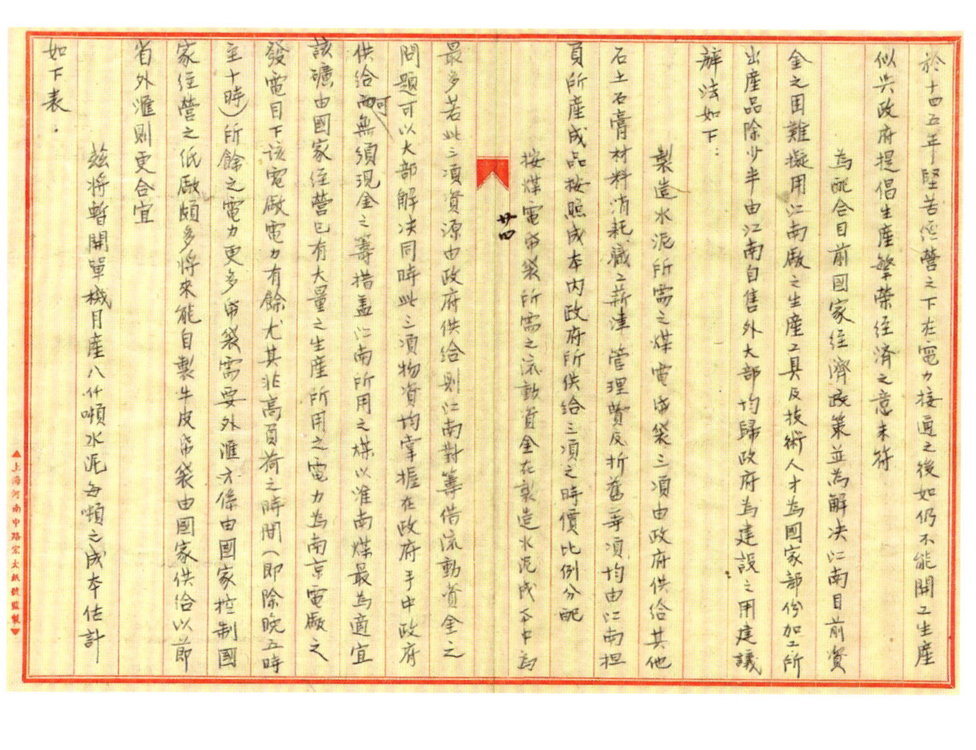

於十四五年堅苦經營之下在電力接通之後如仍不能開工生產似與政府提倡生產繁榮經濟之意未符

為配合目前國家經濟政策並為解決江南目前資金之困難擬用江南廠之生產工具及技術人才為國家部份加工所出產品除少半由江南自售外大部均歸政府為建設之用建議辦法如下：

製造水泥所需之煤電紙袋三項由政府供給其他石土石膏材料消耗、職工薪津、管理費及折舊等項均由江南担負所產成品按照成本內政府所供給三項之時價比例分配

按煤電紙袋所需之流動資金在製造水泥成本中約

廿四

最多若此三項資源由政府供給則江南對籌借流動資金之問題可以大部解決同時此三項物資均掌握在政府手中政府供給而(可)無須現金之籌措至江南所用之煤以淮南煤最為適宜該礦由國家經營已有大量之生產所用之電力為南京電廠之發電目下該電廠電力有餘尤其非高負荷之時間（即除晚五時至十時）所餘之電力更多紙袋需要外滙亦係由國家控制國家經營之紙廠頗多將來能自製牛皮紙袋由國家供給以節省外滙則更合宜

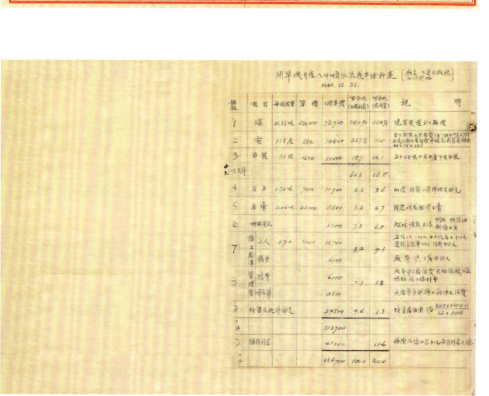

茲將暫開單機月產八仟噸水泥每噸之成本估計如下表：

上海河南中路宏大紙號監製

開單機月產八仟噸水泥成本估計表（[illegible]）

1944. 12. 31.

號數	項目		每噸需量	單價	噸共價	百分比(不連利息)	百分比(連利息)	說明
1	煤		0.33吨	230,000	75,900	24.2%	21.4%	燒窯用，運到工廠價
2	電		135度	552	74,500	23.7%	21.0	[illegible]
3	紙袋		20個	2500	50000	15.9	14.1	五十公斤裝四層牛皮紙袋
1-3共計						63.8	56.5	
4	石土		1.70吨	7000	11900	3.8	3.4	山價、採運、工具修理及補充
5	石膏		0.04吨	42000	16800	5.4	4.7	用應城或湘潭石膏
6	材料消耗				23000	7.3	6.5	[illegible]
7	職工薪津	工人	1.72	11000	18700	8.2	7.1	[illegible]
		職員			6900			[illegible]
8	管理費	經費			6000	2.1	1.8	[illegible]
		總部			2500			[illegible]
9	折舊及零件補充				29500	9.4	8.3	[illegible]
小計					313700			
10	借款利息				41000		11.6	[illegible]
合計					354700	100.0	100.0	

按上表煤電紙袋三項占全部成本之百分比為：

a. 不連利息計算　六三·八〇%

b. 連利息計算　五六·五〇%

利息一項係按照前三項之資源由政府供給平均借用流動資金減低至八億元按最低利息之核計茲為易於計算起見以a. b. 平均計算約合60%即政府供給製造一萬噸水泥所需之煤電紙袋換取製成水泥六仟噸每噸平均價約為三十三萬元此項約價約合市價八折之譜又南京之煤及電力係於最近（十二月十五日）始公佈漲價計煤加百分之廿電力加百分之八十七·五政府如按煤電之成本及紙袋之直接購買價（目下連百分之五十之關稅每個約為美金七分至八分）計

算其換取水泥之成本每噸可能僅在念萬元左右約市價之半數製造水泥一萬噸所需三項之數量為：

煤　三，三〇〇噸

電　一，三五〇，〇〇〇度

紙袋　二〇〇，〇〇〇只

又上項成本估計表內未將江南之投資人利潤或股息計算在內在此全國經濟困難之時江南不計利潤想股東亦能諒解惟俟銷路較好江南生產每月至一萬噸或一萬噸以上其成本當可逐漸減低屆時再協商酌定適當之利潤

又成本估計表中所列折舊及配件補充一項係按全部資產所值

上海河南中路宏大紙號監製

百分之三計算此為維持機器效力最低之費用

（三）將來之展望

為簡化起見暫時先只以煤電紙袋三項由政府供給為初步之試驗以後政府掌握之物資較多時可將製造水泥所需之炸藥石膏鐵礦石鋼鐵料機器油耐火磚等統由政府供給由為政府部份加工作到為政府全部加工之成份以期成為共同綱領第廿一條所稱之國家資本主義性質之經濟

由江南先行試辦此項部份加工之辦法如有成效可逐見推行至其他較大之私營水泥廠以期全國水泥廠均與政府聯營合作如此則政府對全國水泥事業可以統籌生產分

配用途並入計劃經濟之階段此為將來之展望也

一九四九年十二月廿一日陳範有草於上海

上海河南中路宏大紙號監製

2. 江南水泥公司就申请建厂事呈国民政府军事委员会文 *

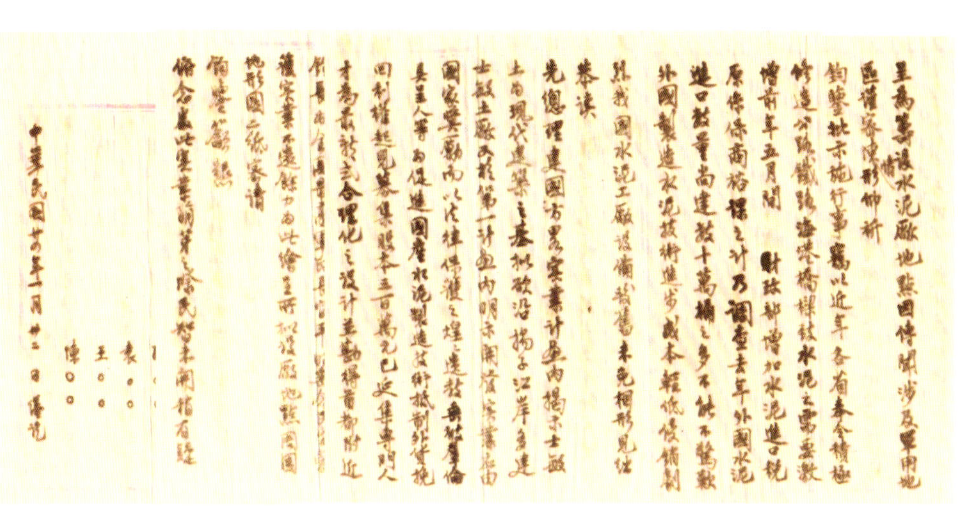

呈為籌設水泥廠地點因係關涉及軍用地
區謹將詳陳情形仰祈
鈞鑒批示施行事竊以近年各省奉令積極
修造公路鐵路海港橋樑致水泥之需要激
增前年五月間 財政部增加水泥進口稅
原係保商裕課之計乃調查去年外國水泥
進口數量尚達數十萬桶之多不能不驚歎
外國製造水泥技術進步成本輕低傾銷劇
烈我國水泥工廠設備簡舊未免相形見絀
恭讀
先總理建國方略實業計畫內揭示士敏
土為現代建築之基址欲沿揚子江岸多建
士敏土廠又於第一計畫內明示開發實業由
國家要務而以法律保護之煌煌遺教[illegible]
呈人等為促進國產水泥製造技術抵制外貨挽
回利權起見籌集股本三百萬元已足集專門人
才為最新式合理化之設計並勤擇首都附近
[illegible]
護實業不遺餘力而此繪呈所擬設廠地點因國
地形國之綠密請
鈞座鑒核
俯念為此實業[illegible]

袁○○
王○○
陳○○

中華民國廿六年一月廿二日[illegible]

3. 陈立夫致陈范有函 *

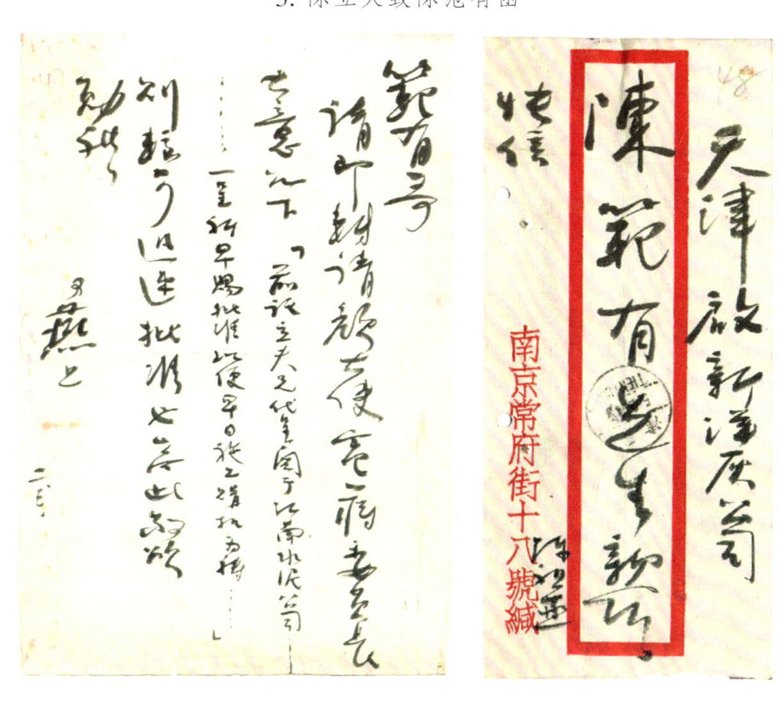

範有吾兄：
請即轉請顏大使[illegible]
台意如下：「前託立夫兄代呈關于江南水泥公司一呈，祈早賜批准，以便早日從事[illegible]為禱……」
刻接[illegible]批准[illegible]
勛祺
弟 燕 上
二七

4. 陈范有致陈立夫函 *

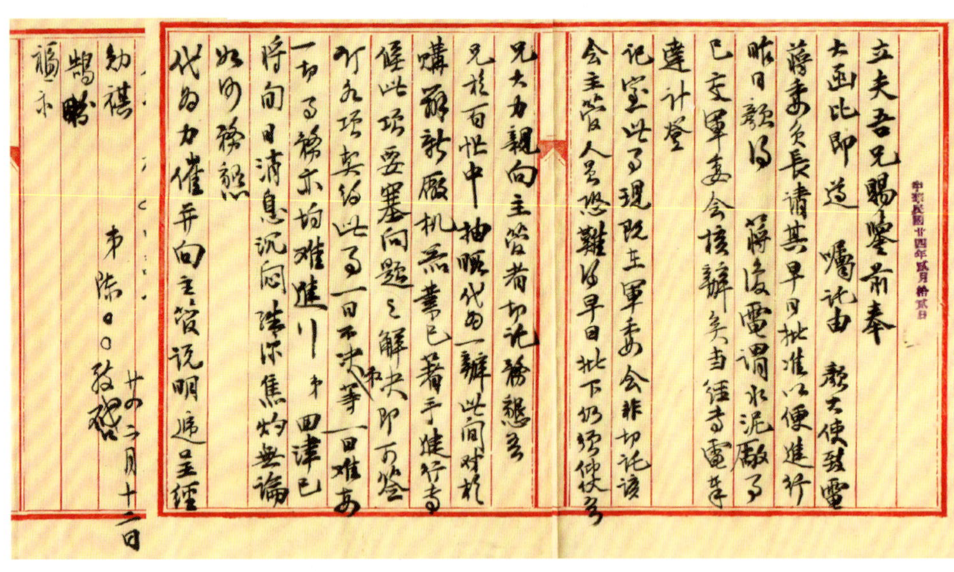

立夫吾兄賜鑒：前奉
大函，比即遵 囑託由 顏大使致電
蔣委員長，請其早日批准，以便進行。
昨日顏得 蔣復電，謂水泥廠已交軍委會核辦矣。舍弟徑電
達，計登
記室。此事現改由軍委會，非切託該會主管人員，恐難以早日批下，仍請俯允
兄大力親向主管者切託，務懇
兄於百忙中抽暇代為一辦。此間對於購辦新廠機器業已着手進行，當俟此項要塞問題之解決，即可簽訂此項契約。此事一日不決，和事一日難安，一切手續亦均難進行。弟回津已將向日消息說向諸深焦灼，無論如何務懇
代為力催，並向主管說明，迅速呈經
鈞裁。
勛祺
弟 陈〇〇 啟
廿四年二月十二日

中華民國廿四年貳月拾貳日

5. 陈立夫复陈范有函*

範有吾兄：
手書誦悉，柏軒兄函亦接到（杜所未晤為憾）。弟已將此事托軍委會秘書長及第一二兩廳查過，據覆業據到該項呈文，現當另行設法查詢，俟查明再當函達知。
注意此事，希隨時
示知。
弟 陳立夫 啟
二月十六日

6. 国民政府军事委员会第 4951 号批文 *

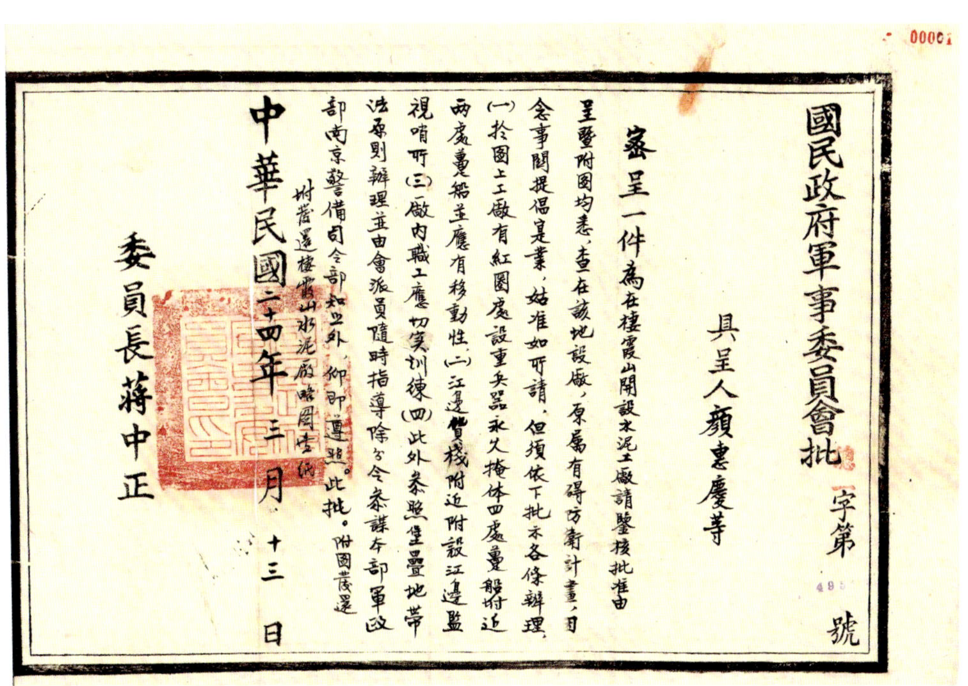

國民政府軍事委員會批　字第 4951 號

具呈人顏惠慶等

案呈一件為在棲霞山開設水泥工廠請鑒核批准由

呈暨附圖均悉，查在該地設廠，原屬有碍防衛計畫，目念事關提倡實業，姑准如所請，但須依下批示各條辦理，(一)於圖上工廠有紅圈處設重兵器永久掩体四處，躉船附近兩處，躉船並應有移動性，(二)江邊貨棧附近附設江邊監視哨所，(三)廠內職工應切實訓練，(四)此外參照堡壘地帶法原則辦理，並由會派員隨時指導，除分令參謀本部軍政部南京警備司令部知照外，仰即遵照。此批。附圖發還

附發還棲霞山水泥廠略圖壹紙

中華民國二十四年三月十三日

委員長蔣中正

7. 江南水泥公司发起人会议记录 *

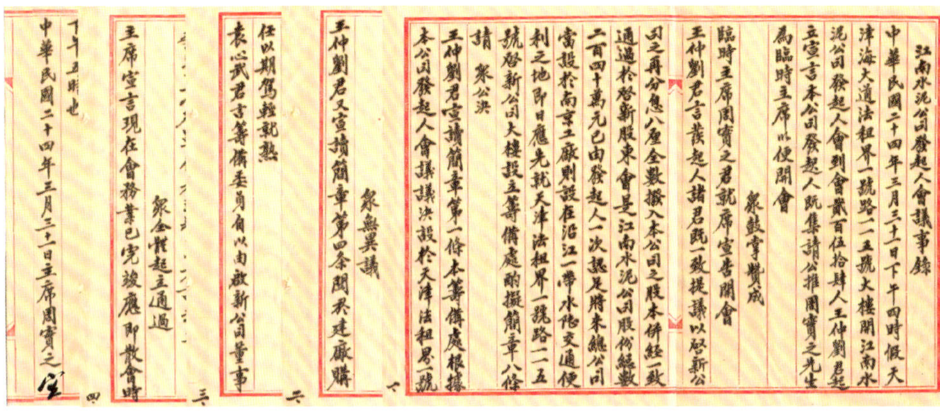

江南水泥公司發起人會議事錄

中華民國二十四年三月三十一日下午四時假天津海大道法租界一號路一一五號大樓開江南水泥公司發起人會到會貳百伍拾肆人王仲劉君起立宣言本公司發起人既集請公推周實之先生為臨時主席以便開會

衆鼓掌贊成

臨時主席周實之君就席宣告開會

王仲劉君言發起人諸君既一致提議以啓新公司之再分息八厘全數撥入本公司之股本併經一致通過於啓新股東會是江南水泥公司股份總數二百四十萬元已由發起人一次認足將來總公司當設於南京工廠則設在沿江一帶水陸交通便利之地即日應先就天津法租界一號路一一五號啓新公司大樓設立籌備處酌擬簡章八條請衆公決

王仲劉君宣讀簡章第一條本籌備處根據本公司發起人會議議決設於天津法租界一號

王仲劉君又宣讀簡章第四條關於建廠購

衆無異議

任以期駕輕就熟

袁心武君言籌備委員自以由啓新公司董事

衆全體起立通過

主席宣言現在會務業已完竣應即散會時

下午五時也

中華民國二十四年三月三十一日主席周實之

8. 王涛致启新洋灰公司总理、协理函 *

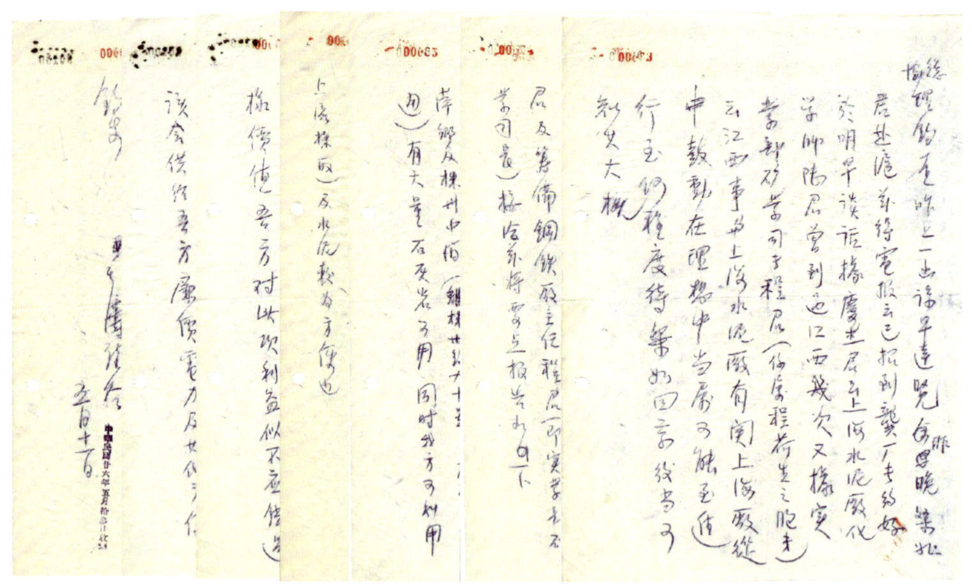

9. 国民政府军事委员会资源委员会第 4635 号批文 *

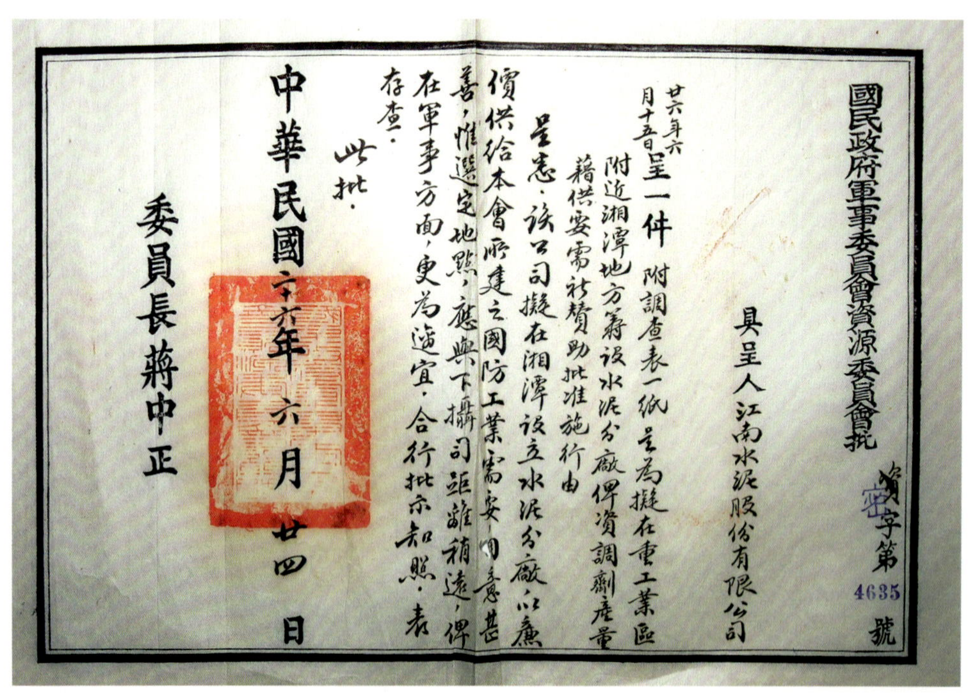

國民政府軍事委員會資源委員會批

資(密)字第 4635 號

具呈人江南水泥股份有限公司

廿六年六月十五日呈一件 附調查表一紙 呈為擬在重工業區附近湘潭地方籌設水泥分廠俾資調劑產量藉供要需祈賛助批准施行由

呈悉。該公司擬在湘潭設立水泥分廠，以廉價供給本會所建之國防工業需要，用意甚善，惟選定地點，應與下攝司距離稍遠，俾在軍事方面，更為適宜。合行批示知照，表存查。

此批。

委員長蔣中正

中華民國二十六年六月廿四日

10. 陈范有致庚宗淮等函（原件存中国人民抗日战争纪念馆）

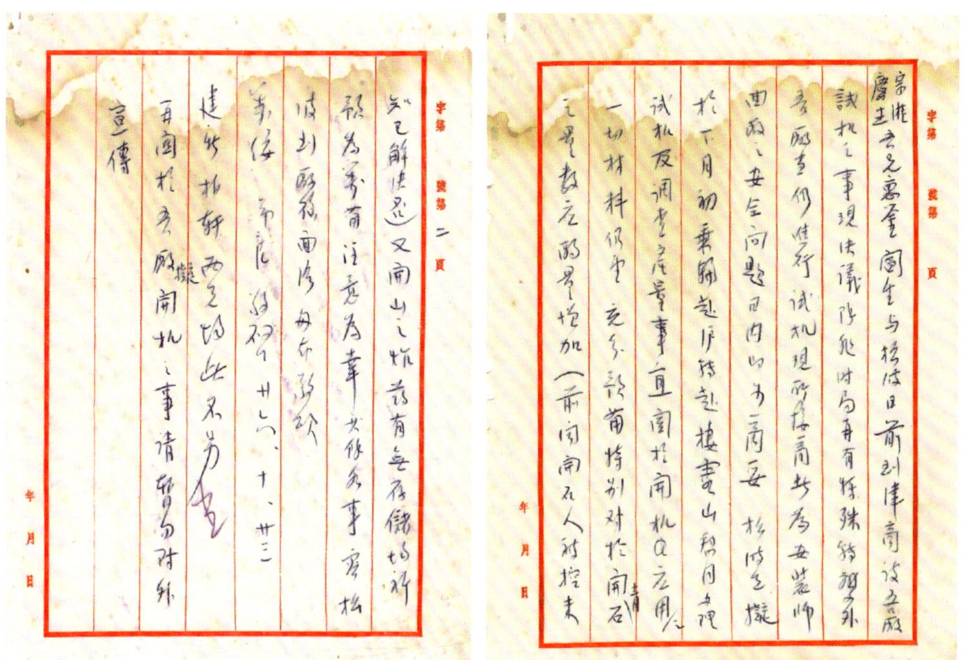

11.《江南水泥公司总店及工厂职员避难时通信录》全文

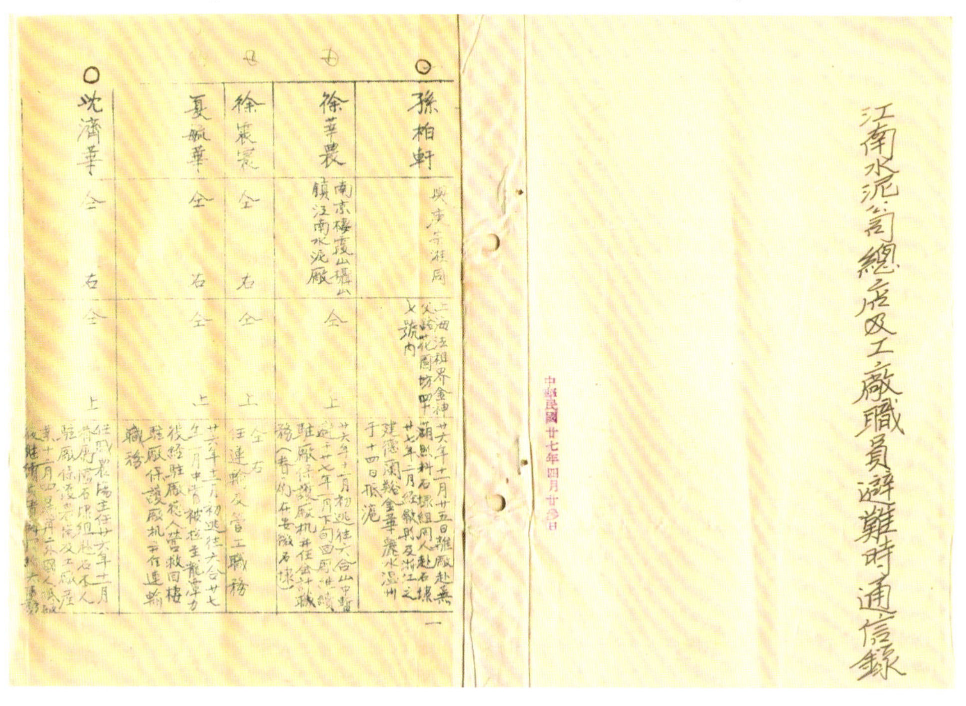

江南水泥公司總店及工廠職員避難時通信錄

中華民國廿七年四月廿二日

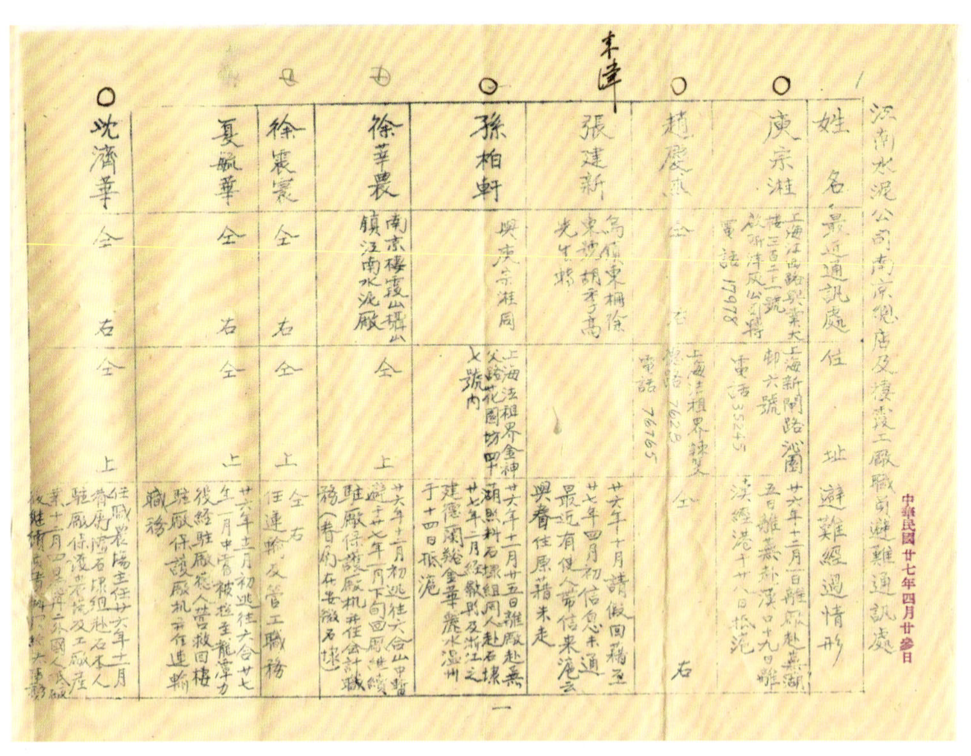

江南水泥公司南京總店及棲霞工廠職員避難通訊處

中華民國廿七年四月廿參日

姓名	最近通訊處	住址	避難經過情形
庾宗湘	上海江西路興業大樓三百三十一號啟新洋灰公司轉 電話17978	上海新閘路沁園邨六號 電話35245	廿六年十二月一日離廠赴蕪湖 五日離蕪赴漢口 十九日離漢經港 廿八日抵滬
趙慶燾	仝	上海法租界辣斐德路762[illegible] 電話76765	仝右
張建新	烏鎮東柵徐東號胡秀高先生轉		廿六年十月請假回籍 至廿七年四月初信息未通 最近有信來滬云與眷住原籍未走
孫柏軒	與庾宗湘同	上海法租界金神父路花園坊甲七號內	廿六年十一月廿五日離廠赴蕪湖照料石礦 組同人赴石礦 廿七年一月經歙縣及浙江之建德蘭谿金華麗水溫州 于十四日抵滬
徐莘農	南京棲霞山攝山鎮江南水泥廠	仝	廿六年十二月初避往六合山中 暫避至廿七年一月下旬回廠 繼續駐廠保護廠机並任會計職務（眷屬在安徽石埭）
徐宸寰	仝	右仝	仝右 任運輸及管工職務
夏颿華	仝	右仝	廿六年十二月初避往六合 廿七年一月中旬被盜至龍潭 后經駐廠德人營救回棲 駐廠保護廠机并任運輸職務
沈濟華	仝	右仝	任職農場主任 廿六年十二月 [illegible] 駐廠保護農場及工廠 [illegible]

作者注：徐莘农回厂日期，通信录中有误，应为民国廿六年十二月廿七日。

三

姓名	通訊處		備考
施復彭（加旅費）	漢口法租界福煦路九號啟新公司轉		廿六年十一月二十三日隨漢口組赴漢
張澤良	秦皇島海陽鎮孫莊	仝上	廿六年十一月二十三日隨漢口組赴漢，廿七年一月經廣州香港天津回秦
張繼曾（加旅費）	漢口郵政總局李維處符先生轉	漢口特一區元小路二十一号符宅	廿六年十一月二十三日隨漢口組赴漢
宋偉如	常州陸觀巷前墅巷		廿六年十一月二十三日隨漢口組赴漢，廿七年四月經廣州香港上海回常
陳同祜	上海麥根路三百三十弄鴻章紗廠殷維龍先生轉		廿六年十一月二十三日隨漢口組赴漢，廿七年一月經廣州香港來滬
岳書元	天津法租界二十七號路[illegible]綢公所岳仲嘉先生轉		廿六年十一月二十三日隨漢口組赴漢，廿七年一月經廣州香港回津
桂承之	安徽石埭西門崇實中學孫梅軒先生轉		廿六年十一月二十四日率領石埭避難組同人及眷屬經蕪湖赴石
朱劍南	上海法租界大馬路三三三弄義昌祥號轉	上海廣東路中祥安旅社對過清河坊言十八號樓上	廿六年十一月二十四日携眷隨石埭組赴石，廿七年三月經金華溫州來滬
陳伏波	安徽石埭西門崇實中學孫梅軒先生轉		廿六年十一月二十四日隨石埭組赴石
傅昌洪	上海愛多亞路110號華中公司轉 電話18049	仝上	廿六年十一月二十四日隨石埭組赴石，廿七年三月經金華溫州來滬
鄭邦煉	仝右	仝上	仝傅昌洪
吳智新	安徽貴池東街五十四號	仝上	廿六年十一月向石埭組請假回籍

三

樊吉甫	上海愚園路四明別墅十一號	仝	廿六年十一月下旬經蕪湖往舒城由舒城經漢口於廿七年二月由漢口經廣州香港于三日同眷來滬
陳仲文	仝右	仝上	廿六年十一月下旬經蕪湖往舒城再由舒城經漢口往重慶暫避廿七年[illegible]由重慶經漢口香港來滬
曹誠之	南京棲霞山鎮江南水泥廠	仝上	廿六年十一月初逃往大谷舒城六安至漢口于廿七年二月十二日到滬四月初攜眷冒險回棲現正在回棲途中！
江南水泥公司上海臨時辦事處	江西路浙江興業大樓三樓三二一号啟新洋灰公司內	電話17978 電報3500(又)號	
石埭避難組	安徽石埭西門崇實中學孫梅軒先生轉		
漢口避難組	漢口法租界福煦路九號啟新公司轉		
留廠組	Dr. K. Gunther, c/o German Ebassy, Yee H Rd, Nanking	南京新住宅區頤和路德國大使館轉昆德博士收交	
注			

12. 陈范有致赵庆杰等函

慶杰 拓新 字兄 惠鑒：閱悉仁南廠中情形，此間股東时有詢問，弟到沪已久，可否設法有一人赴廠在廠中住若干時，对於廠中情形以及環境詳為考查後，作一總詳之報告書，俾此間之股东均得明瞭。又昨阅報載[illegible]段中夫再到[illegible]廠，難民日增，似宜一面救濟，一面防範於未然[illegible]希並希安理為幸。并布此頌

著[illegible] 弟范有敬啟 廿七、三、十九

[illegible]

13. 江南水泥公司上海办事处会计月报(原件9页)

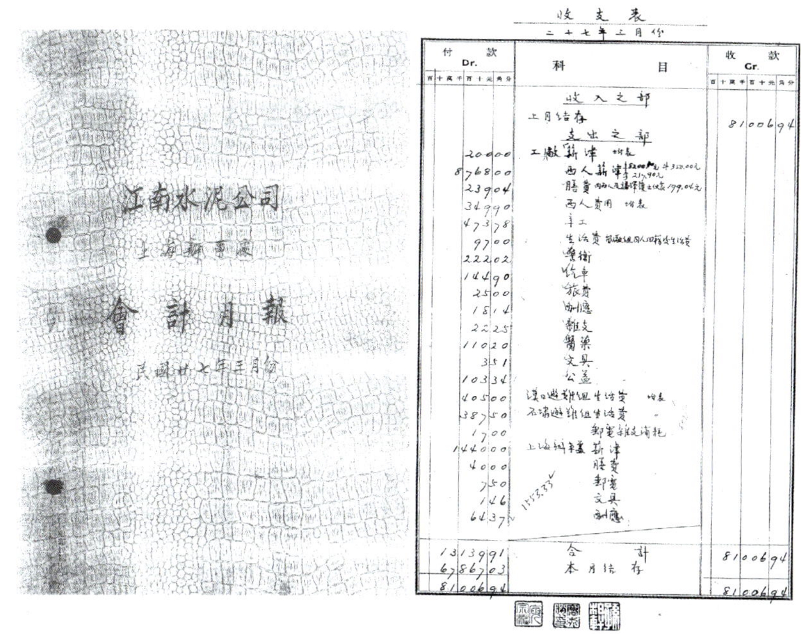

江南水泥公司
上海辦事處
會計月報
民國廿七年三月份

收支表
二十七年三月份

付款 Dr.	科目	收款 Cr.
	收入之部	
	上月結存	81006.94
	支出之部	
200.00	工廠 薪津 附表	
8768.00	西人薪津	
239.04	膳費	
349.90	西人費用 附表	
473.78	工	
97.00	生活費	
222.02	警衛	
144.90	汽車	
25.00	旅費	
18.14	酬應	
22.25	雜支	
110.20	醫藥	
3.51	文具	
103.34	公益	
405.00	漢口避難組生活費 附表	
387.50	不埔避難組生活費	
17.00	郵電雜支消耗	
1440.00	上海辦事處 薪津	
40.00	膳費	
7.50	郵電	
1.46	文具	
64.37	酬應	
13139.91	合計	81006.94
67867.03	本月結存	
81006.94		81006.94

14.《事变后江南江水泥公司大事记》全文*

事變後江南水泥公司大事記

一、二十六年十二月首都淪陷之同時全廠職工除留極少數人伴同德丹廠代表人看守廠物外其餘均向漢口撤退

二、二十六年十二月以後敵商三井上海支店屢次尋問江南廠關係人態度彼為敵後時常由電話預往究問公司工廠一切事項迫於情勢向法官最注意者為督促江南廠開工意通意緊關係人推諉向諸番數後答以江南董事會在天津事關重要工廠職員無權答復

三、二十七年三月間敵商三井洋行在天津向江南提出覺書要求與之簽立協定五項如下「(一)從速江南水泥公司迅速開工發實(二)蘇小野田洋灰株式會社與江南作技術上之提携(三)江南水泥銷售在華日本人方面者由其一手經銷(四)三井願居間效勞斡旋江南對於中國方面同業中之圓滿協調(五)江南工廠設置或變更其組織並營業時須先與三井商議之」會談之頃三井態度極硬倘強迫召集公司常董會答以籌備開工事項正在調查中目下尚無與協助之必要未便簽定任何協定等語以拒絕之

四、二十七年四月迄二十八年十月三井對所提要求簽立協定之事項頻來催促情辭激烈聲明日本軍部切望江南早日開繳出貨常此延宕必有一日不能支持大非所宜均經常董會婉詞延宕

五、二十八年十一月小野田常務董事朝枝及三井水泥部長西田來津要求

面談表示協力合作之必要謂日軍部方面對於江南並不願使其為不滿

謂江南注意董事會答以江南以中國人自營為原則至於江南開機與

實因還未妥安裝未裝電力材料供應均無辦法祗能俟明春再派員入手

調查實際情形再行商洽等語以資搪塞之

六、二十九年七月上海方面敵軍管理工廠委員會召集華管各廠定期

開會先期由三井洋行南京分店向江南廠及江南董事會函送參會通知

江南與會之兩份並由原信辦退切並復以江南廠未被軍管無資格出席

三井乃經軍部確實後為江南廠管理人但彼方若置江南與之發文協

定等於取得江南之管理權而未經敵管理並非江南不在軍管之列藉此

本廠並請當地主管機關向偽機關解釋並予以對江南廠於軍管理之

字樣該方纔妥會明白表示江南水泥廠已於廿七年三月廿日置於敵軍

管理之下（因此方指三井於廿七年三月提出發文協定之由來）經過

照甲請被查予報銷經過按照其所定予報甲請役還

七、自二十六年起至三十二年七月敵方屢次以利誘威脅促開工本公司

一再設辭拒絕未與辦到乃三十二年七月敵使館對江南表示江南廠既

一再拒絕不與進行開工該機器廠置有若干機器擬將江南廠機器拆來華北以

造船廠令江南務須協力並與董事長召集董事會以事關重大兩廠應密議後

股東商議董事無權擅允敵方一再詢催要求均予婉拒

八、三十二年九月十日由董事會在平津一帶招集股東在天津開談話會同

月廿一日請華中股東在滬開談話會均表決不贊成拆遷江南廠機器俾

遇敵使館催迫之時即答以股東不贊成之決議以資搪塞

九、三十二年十月偽實業部致江南水泥工字第〇〇〇二號通知文內開案准

日本大使館編內第三一六號函述駐上海日本大使館致該公司董事長

顏惠慶函開查江南水泥公司工廠施設移往華北一案云云查此案最高

國防會議意見以事關協助大東亞戰爭擬予協助對於機器山工事條件

日方既經商拆遷時同切應遵洽函請照合行通知仰即遵照（卅二年

十月廿二日發出）

十、偽實業部通知之同時敵方即派兵到江南廠並派員工赴廠察看計畫拆

卸並江南廠主管人員以未奉總公司命令拒其即行動手敵方遂向江南

公司加緊催迫董事會以未經正式股東會討論董事無權主持拒絕之

十一、三十二年十一月二十日在津招集股東臨時會對於敵使館所提拆遷江

南廠機器辦法全體一致不贊成暴即以決議通知敵方

十二、三十二年十一月廿五日敵使館方面派員到滬訪江南董事龔仙舟袁心

武值袁當董去唐山龔董事患病由陳範有代見敵方表示敵軍方對江南

股東堅持反對拆遷機器深有恐意似有抗日嫌疑已令敵憲兵擬捕老高

級該使館擔任從寬方面從省當江南在津董監另案從會議並且原

前三菱董事赴北平說明股東會之決議董事無權變更仍要求前途華董股
東宜見勿行拆遷前途不予考慮並云此事已由中國政府下令移遷鄰
遷新卒無結果只得再函電上海南京兩偽實業部抗爭並說明拆移困難
及損失

十三、三十二年十二月十二日偽實業部業工字第三〇一號致江南水泥公司
飭令案查日方擬拆卸該公司棲霞山工廠機件移往華北製鐵一案本
部前准日本駐京公使並外交部轉准日本谷大使先後來函業於本年十
月廿二日抄錄以業工字第二號通知該公司在案茲據該公司派員來部
申敘困難情形後經本部召集雙方一再磋商終未得圓滿解決以時間急迫
不容再緩仰該公司迅將指定製鋁所必需之機件交出至於拆卸後之
補償辦法日方所提之條件內已有詳列該公司有何希望盡可提出
本部自當力為設法俾獲圓滿並仰知照此令經江南董事會根據股東
會決議及對拆遷兩偽部抗爭偽部於十二月十七日又對江南發出業
工字第二五號飭令令江南照單交出機器附抄該單於下

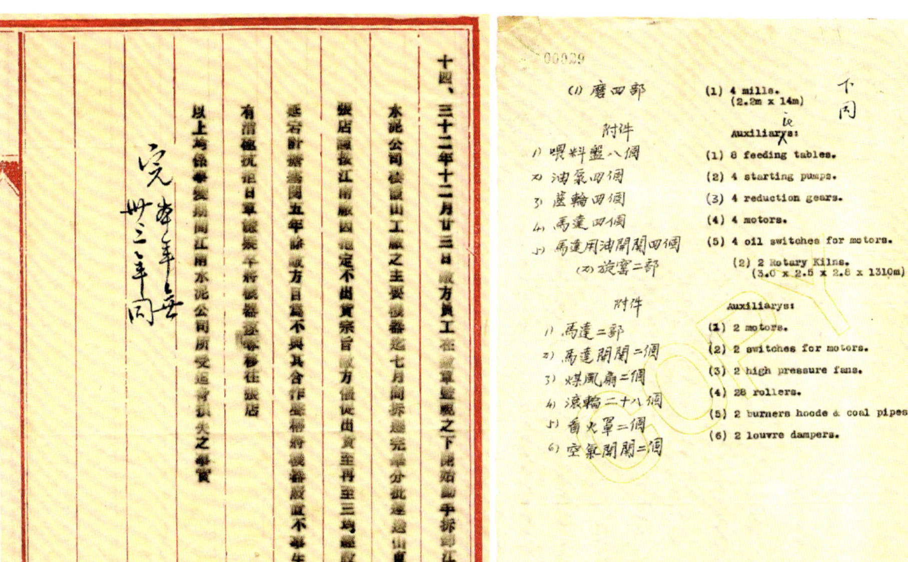

十四、三十二年十二月廿三日敵方員工在武裝監視之下開始動手拆卸江南
水泥公司棲霞山工廠之主要機器迄七月間拆遷完畢分批運往山東之
張店原按江南廠因抱定不出賣宗旨敵方僅從出賣至再至三均經設詞
延宕計拆遷閱五年餘敵方目的不與其合作並將將機器廢置不事生產
有消極抗拒日軍需要乃將機器拆移往張店
以上均係事變期間江南水泥公司所受迫害損失之事實

完

00029

(1) 磨四部 (1) 4 mills.
(2.2m x 14m)

附件 Auxiliarys:

1) 喂料盤八個 (1) 8 feeding tables.
2) 油泵四個 (2) 4 starting pumps.
3) 蘆輪四個 (3) 4 reduction gears.
4) 馬達四個 (4) 4 motors.
5) 馬達用油開關四個 (5) 4 oil switches for motors.

(2) 旋窰二部 (2) 2 Rotary Kilns.
(3.0 x 2.5 x 2.8 x 1310m)

附件 Auxiliarys:

1) 馬達二部 (1) 2 motors.
2) 馬達開關二個 (2) 2 switches for motors.
3) 煤風扇二個 (3) 2 high pressure fans.
4) 滾輪二十八個 (4) 28 rollers.
5) 噴火罩二個 (5) 2 burners hoods & coal pipes.
6) 空氣開關二個 (6) 2 louvre dampers.

15. 庚宗淮、赵庆杰给天津董事会的报告

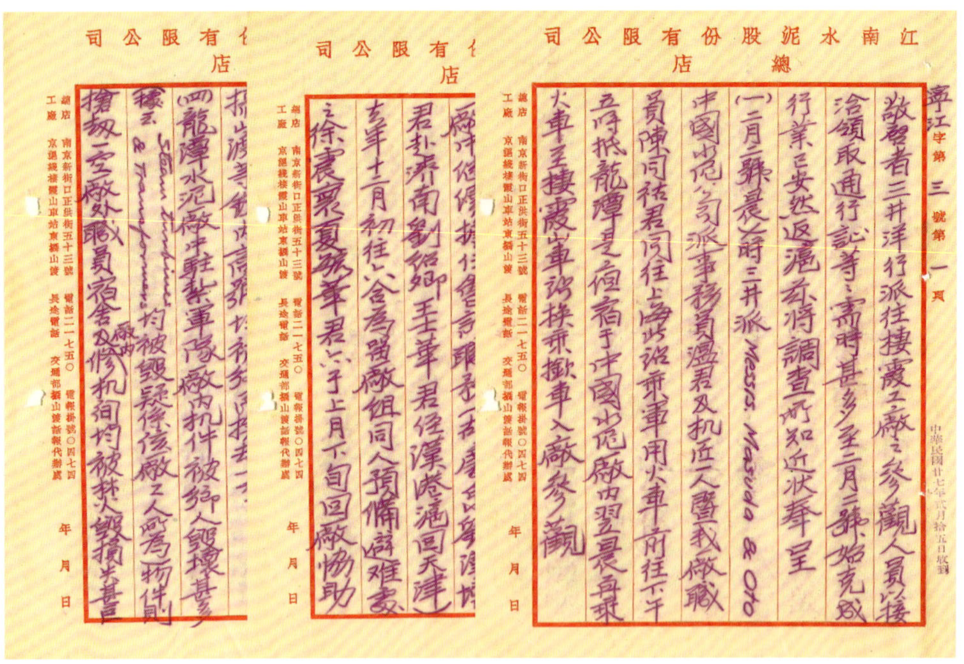

江南水泥股份有限公司 總店

寧江字第三號第一頁

敬啓者三井洋行派往棲霞工廠之參觀人員接洽領取通行証等需時甚多至二月二號始克成行兼已安然返滬茲將調查所知近狀奉呈

(一)二月二號晨八時三井派 Messrs. Masuda & Oto 中國水泥公司派事務員[illegible]君及机匠一人暨我廠職員陳[illegible]君同往上海北站乘車用火車前往下午五時抵龍潭是夜宿于中國水泥廠內翌晨再乘火車至棲霞山車站換乘[illegible]車入廠參觀

……有限公司 店

[illegible]……君赴濟南劉紹卿王壬華君經漢港滬回天津……去年十二月初往六合為避廠組同人預備避難處……之徐震襄張華君六千上月下旬回廠協助

……有限公司 店

[illegible]……

(四)龍潭水泥廠中駐紮軍隊廠內机件被鄉人毀壞甚多……Station Electricity & Transformers 均被毀疑係該廠工人所為……物件……棲霞……廠外職員宿舍及修机间均被焚毀損失甚巨

16. 日本三井洋行要求与江南水泥厂签订的协定书

協定書

江南水泥股份有限公司(以下簡稱江南社)與三井物產株式會社上海支店(以下簡稱三井)為對於現在環境起見協定各項如左

第一、三井協力促進江南社之開始工作

第二、江南社與小野田洋灰製造株式會社作技術上之提攜三井願盡力斡旋之其詳細約定另行協議定之

第三、江南社將所製水泥銷售在華之日本人方面者委託三井一手經辦其一切細目由江南社與三井另訂契約

第四、江南社對於中國方面同業中之圓滿協調當努力實現三井亦願居間效勞斡旋以冀進行順利

第五、江南社於工場讓渡或變更其組織並營業時須豫先與三井相商協議之

本協定書照繕日華文各式份彼此各執一份存証

昭和拾叄年 月 日

中華民國廿七年 月 日

三井物產株式會社上海支店

支店長

江南水泥股份有限公司

常務董事

协定书中文版

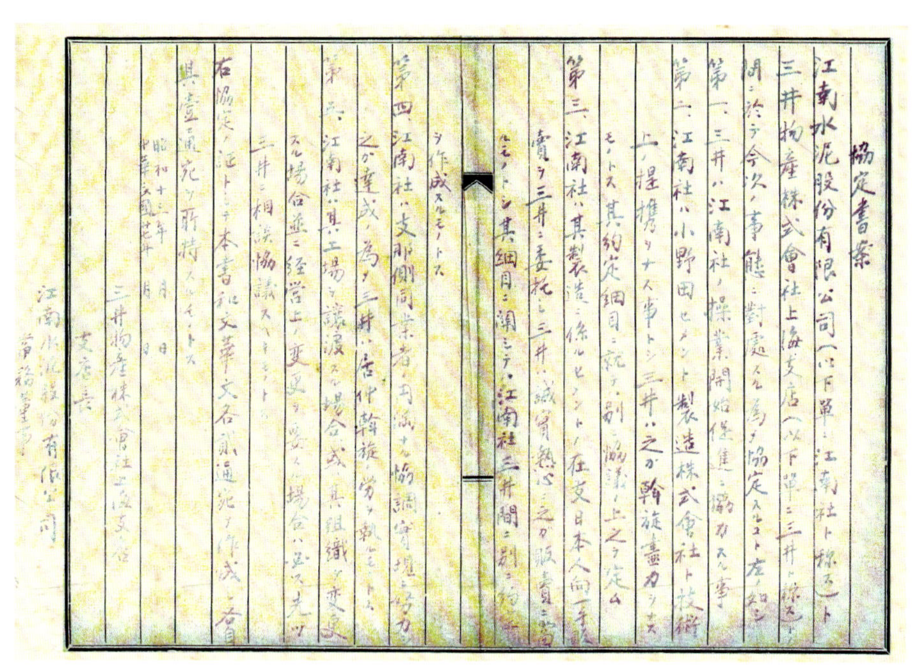

協定書案

江南水泥股份有限公司（以下單ニ江南社ト稱ス）ト三井物産株式會社上海支店（以下單ニ三井ト稱ス）ト間ニ於テ今次ノ事態ニ對處スル為メ協定スルコト左ノ如シ

第一、三井ハ江南社ノ操業開始促進ニ協力スル事

第二、江南社ハ小野田セメント製造株式會社ト技術上ノ提携ヲナス事トシ三井ハ之ガ斡旋盡力シテスモノトス其約定細目ニ就テハ別ニ協議ノ上之ヲ定ム

第三、江南社ハ其製造ニ係ルセメントノ在支日本人向ケ販賣ヲ三井ニ委託シ三井ハ誠實熱心ニ之ガ販賣ニ當ルモノトシ其細目ニ關シテハ江南社三井間ニ別ニ約定ヲ作成スルモノトス

第四、江南社ハ支那側同業者ト円満ナル協調實現ニ努力シ之ガ達成ノ為メ三井ハ居仲斡旋ノ労ヲ執ルモノトス

第五、江南社ハ其ノ工場ヲ譲渡スル場合或ハ其組織ヲ変更スル場合並ニ經營上ノ変更ヲ要スル場合ハ必ス先ツ三井ニ相談協議スヘキモノトス

右協定ノ証トシテ本書和文華文各貳通宛ヲ作成シ各自其壹通宛ヲ所持スルモノトス

昭和十三年　月　日

中華民國廿七年　月　日

三井物産株式會社上海支店

支店長

江南水泥股份有限公司

常務董事

协定书日文版

17. 在上海日本大使馆讨论拆迁江南水泥厂机器问题的记录(部分)

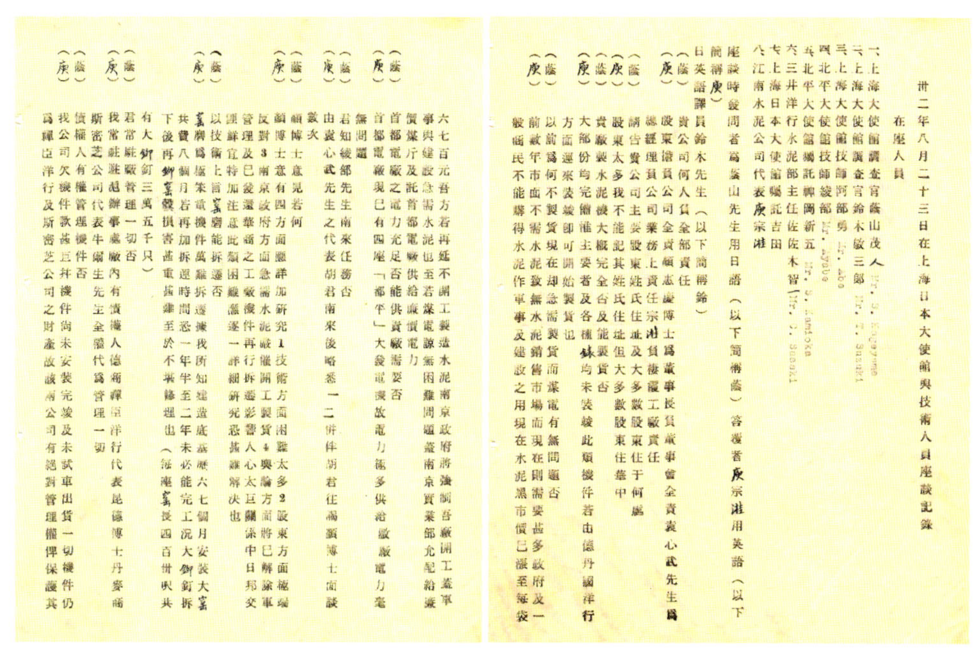

卅二年八月二十三日在上海日本大使館與技術人員座談記錄

在座人員

一、上海大使館調查官蔭山茂人 Mr. S. Kageyama

二、上海大使館調查官鈴木啟三郎 Mr. T. Suzuki

三、上海大使館技師阿部勇 Mr. Abe

四、北平大使館技師綾部 Mr. Ayabe

五、北平大使館囑託稗岡新五 Mr. S. Hamaoka

六、三井洋行水泥部主任佐佐木智（Mr. C. Sasaki

七、上海日本大使館囑託吉田

八、江南水泥公司代表庾宗溎

座談時發問者為蔭山先生用日語（以下簡稱蔭）答覆者庾宗溎用英語（以下簡稱庾）日英語譯員鈴木先生（以下簡稱鈴）

（蔭）貴公司何人負全部責任

（庾）股東擔負公司全責顧慈蘊博士為董事長負董事會全責袁心武先生為總經理負公司業務上責任宗溎負總廠工廠責任

（蔭）請告貴公司主要股東姓氏住址及大多數股東住于何處

（庾）股東太多我不能記其姓氏住址但大多數股東住華中

（蔭）貴廠製水泥機大概完全否及能製貨否

（庾）大部份均完備惟主要者及各種錶均未裝竣此類機件若由德丹國洋行方面運來裝竣即可開始製貨也

（蔭）以前為何不製貨現在卻急需製貨而無電有無問題否

（庾）前數年市面不需水泥致無水泥銷售市場而現在則需要甚多政府及一般商民不能購得水泥作軍事及建設之用現在水泥黑市價已漲至每袋六七百元吾方若再延不開工製造水泥南京政府將強制吾廠開工蓋軍事與建設急需水泥也至若煤電諒無困難問題蓋南京實業部允配給廠價煤斤及託首都電廠供給廠價電力

（蔭）首都電廠之電力充足否能供貴廠需要否

（庾）首都電廠現已有四座「都平」大發電機故電力極多供給敝廠電力毫無問題

（蔭）君知綾部先生南來任務否

（庾）由袁心武先生之代表胡君南來後略悉一二併伴胡君往謁顧博士面談數次

（蔭）顧博士意見若何

（庾）顧博士意有四方面應詳加研究1技術方面困難太多2股東方面極端反對3南京政府方面急需水泥廠催開工製貨4與論方面將已解除事管理及已發還華商之工廠機件再行拆遷影響人心太巨關係中日邦交匪鮮宜特加注意此類困難亟盼逐一詳細研究恐甚難解決也

（蔭）以技術上言窯磨能拆遷否

（庾）窯磨為極笨重機件萬難拆遷據我所知建造底基歷六七個月安裝大窯共費八個月若再加拆遷時間恐一年半至二年未必能完工況大鋼釘拆下後再鋼窯殼損害甚重甚難至於不堪修理也（每座窯長四百卅呎共有大鋼釘三萬五千只）

（蔭）君常駐廠管理一切否

（庾）我常駐滬總辦事處廠內有債權人德商禪臣洋行代表昆德博士丹麥商斯密芝公司代表牛爾生先生全體代為管理一切

（蔭）債權人有權管理機件否

（庾）我公司欠機件款甚巨并機件尚未安裝完竣及未試車出貨一切機件仍為禪臣洋行及斯密芝公司之財產故該兩公司有絕對管理權俾保護其

18. 在南京日本大使馆讨论拆迁江南水泥厂机器问题的记录(部分)

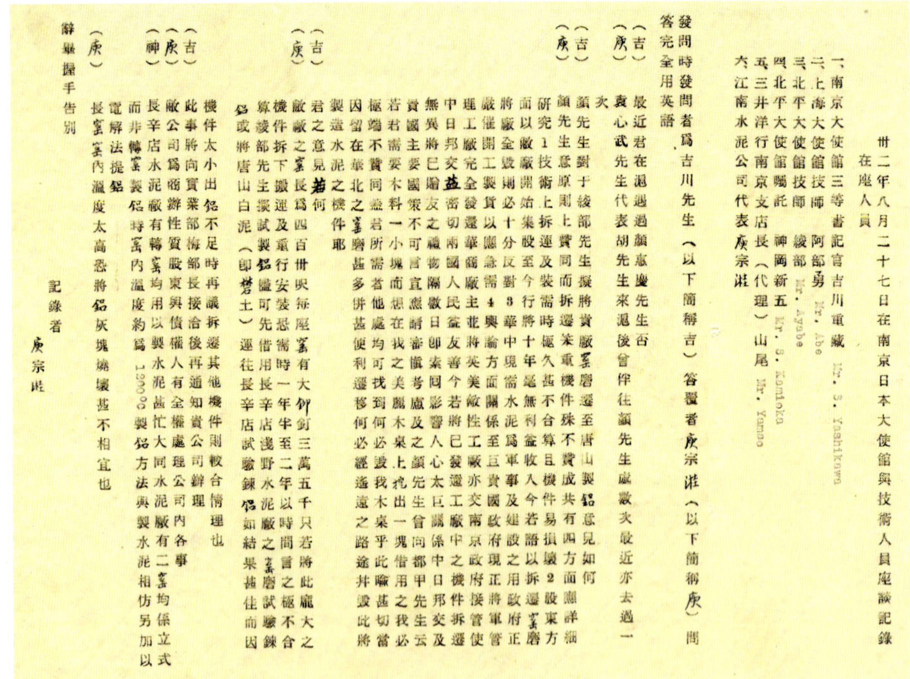

卅二年八月二十七日在南京日本大使館與技術人員座談記錄

在座人員

一、南京大使館三等書記官吉川重藏 Mr. S. Yoshikawa
二、上海大使館技師阿部勇 Mr. Abe
三、北平大使館技師綾部 Mr. Ayabe
四、北平大使館囑託神岡新五 Mr. S. Kamioka
五、三井洋行南京支店長（代理）山尾 Mr. Yamao
六、江南水泥公司代表庚宗淮

發問時發問者爲吉川先生（以下簡稱吉）答覆者庚宗淮（以下簡稱庚）問答完全用英語。

（吉）最近君在滬過顏惠慶先生否

（庚）袁心武先生代表胡先生來滬後曾伴往顏先生處數次最近亦去過一次

（吉）顏先生對于綾部先生擬將貴廠窰磨遷至唐山製鋁意見如何

（庚）顏先生意原則上贊同而拆遷笨重機件殊不贊成共有四方面應詳細研究1技術上拆運及裝需時極久甚不合算且機件易損壞2股東方面以敝廠開始集股至今行將十年毫無利益收入今若語以拆遷窰磨將敝廠全毀則必十分反對3華中現需水泥爲軍事及建設之用政府正嚴催開工製貨以應急需4輿論方面關係至巨貴國政府現正將軍管理工廠完全發還華商廠主并將英美敵性工廠亦交南京政府接管使中日邦交益密切兩國人民益友善今若將已發還工廠中之機件拆遷及無異將已贈友之禮物隔數日即索回影響人心太巨關係中日邦交及貴國主要國策不可言宜懇請審慎考慮及之顏先生曾向都甲先生云若君需要木料一小塊而想在我之美麗木桌上砍出一塊借用之我必極端不贊同蓋君所需者他處均可找到何必毀我木桌乎此喻甚切當因留在華北之窰磨甚多併甚便利遷移何必經遙遠之路途并毀此將製造水泥之機件耶

（吉）君之意見若何

（庚）敝廠之窰長爲四百卅呎每座窰有大鋼釘三萬五千只若將此龐大之機件拆下搬運及重行安裝恐需時一年半至二年以時間言之極不合算綾部先生擬試製鋁爐可先借用長辛店淺野水泥廠之窰磨試驗鍊鋁或將唐山白泥（即礬土）運往長辛店試驗鍊鋁如結果甚佳而因機件太小出鋁不足時再議拆遷其他機件則較合情理也

（吉）此事將向實業部梅部長接洽後再通知貴公司辦理

（庚）敝公司爲商辦性質股東與債權人有全權處理公司內各事

（神）長辛店水泥廠有轉窰均用以製水泥甚忙大同水泥廠有二窰均係立式而非轉窰製鋁時窰內溫度約爲1200°C製鋁方法與製水泥相仿另加以電解法提鋁

（庚）長窰窰內溫度太高恐將鋁灰塊燒壞甚不相宜也

辭畢握手告別

記錄者 庚宗淮

19. 日、汪派员到江南水泥厂宣布“奥田六条”*

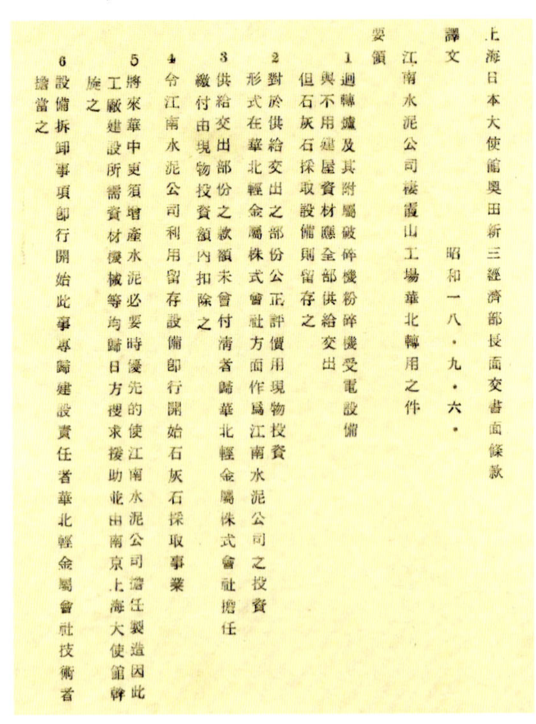

上海日本大使館奧田新三經濟部長面交書面條款

譯文 昭和一八・九・六・

江南水泥公司棲霞山工場華北轉用之件

要領

1 迴轉爐及其附屬破碎機粉碎機受電設備與不用建屋資材應全部供給交出但石灰石採取設備則留存之

2 對於供給交出之部份公正評價用現物投資形式在華北輕金屬株式會社方面作爲江南水泥公司之投資

3 供給交出部份之款額未曾付清者歸華北輕金屬株式會社擔任繳付由現物投資額內扣除之

4 令江南水泥公司利用留存設備即行開始石灰石採取事業

5 將來華中更須增產水泥必要時優先的使江南水泥公司擔任製造因此工廠建設所需資材機械等均歸日方搜求援助並由南京上海大使館斡旋之

6 設備拆卸事項即行開始此事專歸建設責任者華北輕金屬會社技術者擔當之

20. 日本特命全权公使田尻爱义向颜惠庆发出“上大经第二二三三号”文

(原件存中国人民抗日战争纪念馆)

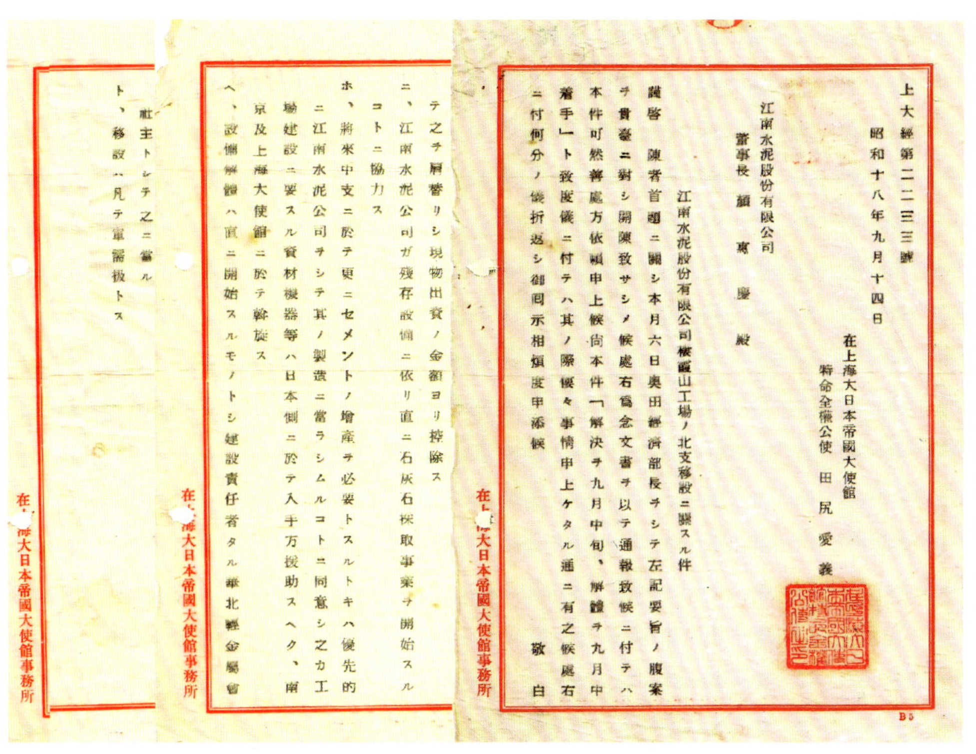

上大經第二二三三號

昭和十八年九月十四日

在上海大日本帝國大使館
特命全權公使　田尻愛義

江南水泥股份有限公司
董事長　顏惠慶　殿

江南水泥股份有限公司棲霞山工場ノ北支移設ニ關スル件

謹啓　陳者首題ニ關シ本月六日奥田經濟部長ヲシテ左記要旨ノ腹案ヲ貴臺ニ對シ開陳致サシメ候處右爲念文書ヲ以テ通報致候ニ付テハ本件可然善處方依賴申上候尚本件「解決ヲ九月中旬、解體ヲ九月中着手」ト致度儀ニ付テハ其ノ際種々事情申上ケタル通ニ有之候處右ニ付何分ノ儀折返シ御回示相煩度申添候

敬白

在上海大日本帝國大使館事務所

テ之ヲ肩替リシ現物出資ノ金額ヨリ控除ス

ニ、江南水泥公司ガ殘存設備ニ依リ直ニ石灰石採取事業ヲ開始スルコトニ協力ス

ホ、將來中支ニ於テ更ニセメントノ增產ヲ必要トスルトキハ優先的ニ江南水泥公司ヲシテ其ノ製造ニ當ラシムルコトニ同意シ之カ工場建設ニ要スル資材機器等ハ日本側ニ於テ入手方援助スヘク、南京及上海大使館ニ於テ斡旋ス

ヘ、設備解體ハ直ニ開始スルモノトシ建設責任者タル華北輕金屬會社主トシテ之ニ當ル

在上海大日本帝國大使館事務所

ト、移設ハ凡テ軍需扱トス

在上海大日本帝國大使館事務所

21. 在天津召开江南水泥公司华北部分股东谈话会记录 *

22. 在上海召开江南水泥公司华中部分股东谈话会记录＊

江南水泥股份有限公司華中股東談話會紀事錄

日期 三十二年九月二十日下午四時三十分

地點 上海江西路四〇六號

到會股東三三一户代表股權二四三六〇四股

臨時公推 顏惠慶先生為該話會主席

由主席報告到會股東人數及代表股權數宣告開會

主席報告開會宗旨 今蒙諸位公推鄙人為臨時主席與股東代表見面甚為愉快因江南廠南京開工與諸位股東見面機會甚少今日係茶話會報告江南廠最近有一件事需與股東討論本年六月間友邦日本駐北京大使館方面與常董袁心武先生接洽欲將本公司工廠容處遷至華北為製鋁之用希望江南董監事一致協力袁常董表示最好請與顏董事長接洽一面派胡慕伊君南下報告晤談經過一月之內毫無動靜迄八月間有都甲松本兩先生暨田尻公使先後見訪對此事徵求意見鄙人處稱本人雖係董事長今日祇能表示個人意見對於日方需要製鋁表示諒解惟對於拆遷實屬困難有如下述各點

一、股東利益問題 二、事已安裝如拆遷困難甚大

三、實業部催促開工製造水泥造水泥與煉鋁似同樣需要

建屋資材應全部供給交出

但石灰石採取設備則留存之

(二)對於供給交出之部份公正評價用現物投資形式在華北輕金屬株式會社方面作為江南水泥公司之

南廠設廠宗旨在製造水泥建築要業時數載耐因事變迄未能開機因等以來已損失不貲近年我政府督促開工公司積極籌備預計不久將來即可出貨在股

[illegible]

不兩全

眾鼓掌

股東孫君人起立稱我廠水泥機件構造較新從來

表決之

股東薛紹清稱本席贊成用表決法表決之請

主席執行

主席宣告散會時下午六時

中華民國三十二年九月二十一日

23. 日本特命全权公使田尻爱义向颜惠庆发出“上大经第二五二四号”文（原件存中国人民抗日战争纪念馆）

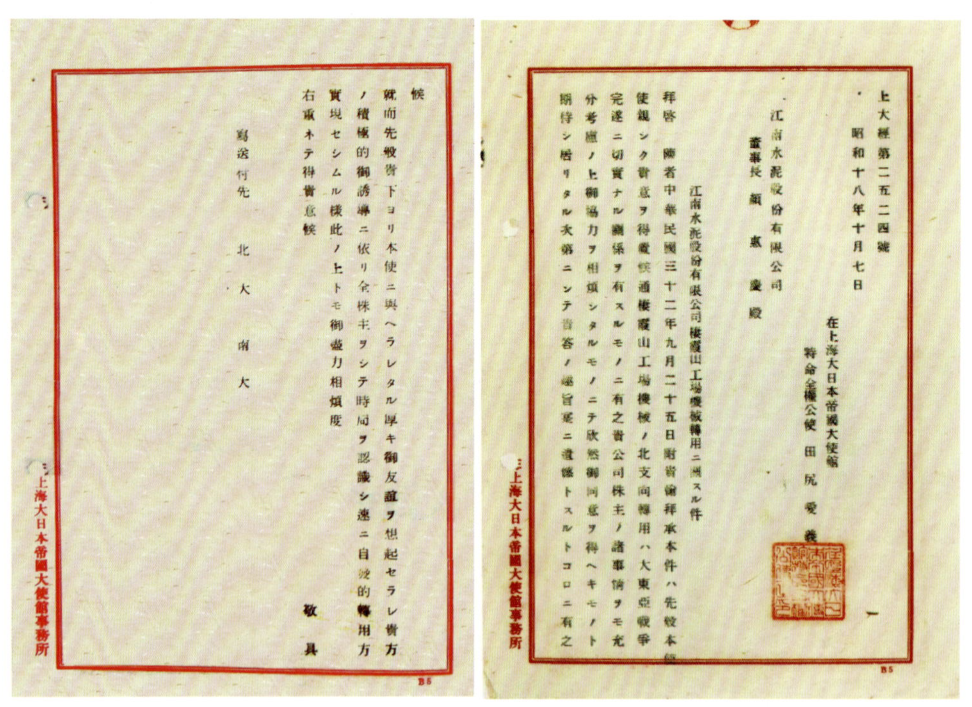

上大經第二五二四號

昭和十八年十月七日

在上海大日本帝國大使館
特命全權公使 田尻愛義

江南水泥股份有限公司
董事長 顏惠慶殿

江南水泥股份有限公司棲霞山工場機械轉用ニ關スル件

拜啓 陳者中華民國三十二年九月二十五日附貴翰拜承本件ハ先般本使親シク貴意ヲ得置候通棲霞山工場機械ノ北支向轉用ハ大東亞戰爭完遂ニ切實ナル關係ヲ有スルモノニ有之貴公司株主ノ諸事情ヲモ充分考慮ノ上御協力ヲ相煩シタルモノニテ欣然御同意ヲ得ヘキモノト期待シ居リタル次第ニシテ貴答ノ趣旨甚ニ遺憾トスルトコロニ有之候

就而先般貴下ヨリ本使ニ與ヘラレタル厚キ御友誼ヲ想起セラレ貴方ノ積極的御誘導ニ依リ全株主ヲシテ時局ヲ認識シ速ニ自發的轉用方實現セシムル樣此ノ上トモ御盡力相煩度

右重ネテ得貴意候 敬具

寫送付先 北大 南大

上海大日本帝國大使館事務所

B5

24. 汪伪实业部业工字〇〇〇二号通知 *

實業部 通知 業工字〇〇〇二號
三十二年十月二十二日
爲該公司棲霞山工場機件日方限期拆遷仰遵洽辦理由
案准日本大使館特命全權公使堀內干城第三一大號函
送駐上海日本大使館特命全權公使田尻愛義致該公司董
事長顔惠慶函一件，查該函以江南水泥股份有限公司棲霞
山工場施設移往華北一案、經於本月六日由興亞院經濟部
長將左列要領之草稿奉達、並爲慎重起見、以書面送請
查照、妥爲處理、再對於本案、擬於九月中旬予以解決、
九月之內着手拆遷、等由、正核辦間復准外交部咨准日
本特命大使谷正之第三四二號函譯開、查江蘇省江寧縣
棲霞山江南水泥股份有限公司「水泥迴轉窯」二座及其
附屬設備、並廣東省政府所有「水泥」工場之「水泥迴
轉窯」一座、及其附屬設備作爲近在華北預定建設之中
國普通法人華北窯業股份有限公司（暫稱）礬土工場
之用、以加强「鋁」之緊急增産、不論投資或出賣請
查照協予協助、並在完遂大東亞戰爭之立場上認爲有絕
對之必要、且以軍事協力之主旨祈予貴同等由准此業經最
高國防會議意見、以爭取協助大東亞戰爭應予協助該公
合行通知、仰即遵照。
右通知江南水泥股份有限公司准此
抄發譯函兩件。

25. 陈范有等与日方越智总经理、绫部小太郎等在北京六国饭店会谈记录

卅二年十一月廿九日日方輕金屬公司越智、綾部兩君及常董
蔭山如信、立山雪兩君與江南陳俞兩常董會談茲將談
話擇要記錄如下
會址 北京六國飯店
時間 十一月廿九日下午四時半
列席 江南方面陳常董（下稱陳）俞常董（下稱俞）趙
總技師（下稱趙）周修曾君胡慕伊君
輕金方面越智總經理（下稱越）綾部小太郎（下
稱綾）及常董蔭山如信立山雪兩君
（越）輕金屬公司現告成立承諸位先生幫忙鄙人等極為感激
壹
（陳）越智先生及諸位於忙碌中惠臨談話至為感幸前越
智先生與顏董事長在滬晤談情形此間業已接到報
告原擬於股東會後即約諸公晤談乃以唐山廠務會議
未公及鄙人均須赴唐以致稍延數日甚為抱歉今日得
與諸公會晤一室極為欣幸而惜者須向接京公電話
知其患恙發熱不能一同晤談殊覺抱歉
（越）鄙人前在滬謁見顏董事長時胡先生（慕伊）亦在座鄙人
曾將造鋁之重要性及籌辦輕金公司經過詳為報告
輕金公司表面上似乎為民間事業此乃就平時眼光而
論現當戰爭緊要時期此次籌辦之輕金公司實乃國
能製灰而對貴公司造鋁之產量及時間均可達到原定之
目的可否討論
（越）陳君所稱公司法等在平時實應如此在戰時絕對不能
[illegible]
也軍部謂除此爐外餘仍不許搞毀此足可認軍部保護
江廠基礎即將來仍須恢復江廠以製灰祇待日下之緊
五日尚須赴東京一行希望五日以前能與秦先生一談
（趙）貴公司同時造矽素鐵（Ferrosilicon）否
（越）不可、因我現用之方法並無先例不便宣布且亦限
難說明

26. 汪伪实业部业工字第〇三〇一号文

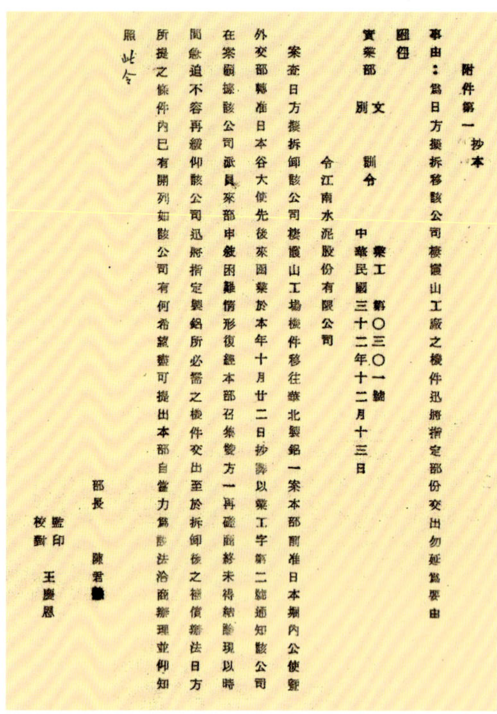

附件第一抄本

事由：為日方擬拆移該公司棲霞山工廠之機件迅將指定部份交出勿延為要由

國[illegible]

實業部　文別　訓令

業工字第〇三〇一號

中華民國三十二年十二月十三日

令江南水泥股份有限公司

案查日方擬拆卸該公司棲霞山工場機件移往華北製鋁一案本部前准日本駐內公使暨外交部轉准日本谷大使先後來函業於本年十月廿二日抄附以業工字第二號通知該公司在案嗣據該公司派員來部申敘困難情形復經本部召集雙方一再磋商終未得結論現以時間急迫不容再緩仰該公司迅將指定製鋁所必需之機件交出至於拆卸後之補償辦法日方所提之條件內已有開列如該公司有何希望盡可提出本部自當力為設法洽商辦理並仰知照此令

部長　陳君慧

監印　校對　王慶恩

27. 汪伪实业部业工字第〇〇二五号训令

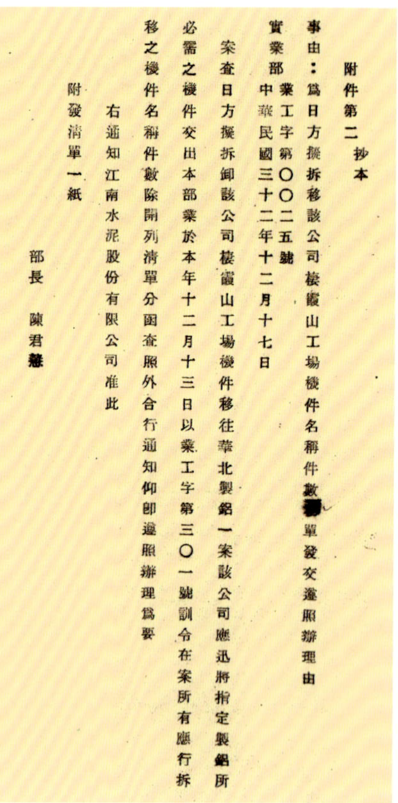

附件第二抄本

事由：為日方擬拆移該公司棲霞山工場機件名稱件數[illegible]單發交遵照辦理由

實業部　業工字第〇〇二五號

中華民國三十二年十二月十七日

案查日方擬拆卸該公司棲霞山工場機件移往華北製鋁一案該公司應迅將指定製鋁所必需之機件交出本部業於本年十二月十三日以業工字第三〇一號訓令在案所有應行拆移之機件名稱件數除開列清單分函查照外合行通知仰即遵照辦理為要

右通知江南水泥股份有限公司准此

附發清單一紙

部長　陳君慧

28. 汪伪实业部工字第 921 号训令 *

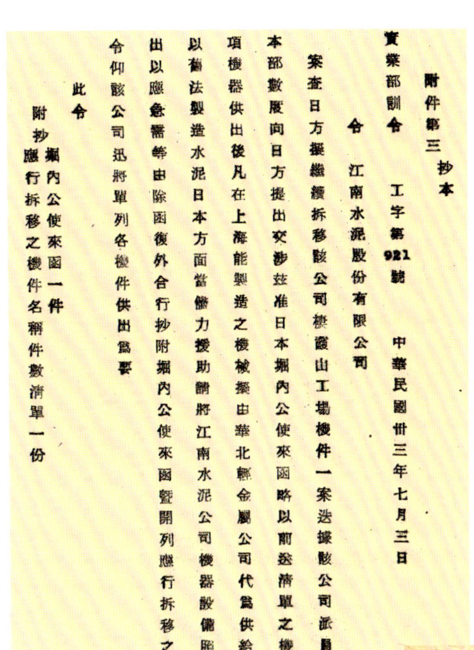

附件第三 抄本

實業部訓令 工字第921號 中華民國卅三年七月三日

令 江南水泥股份有限公司

案查日方擬繼續拆移該公司棲霞山工場機件一案迭據該公司派員來部一再磋商復經本部數度向日方提出交涉茲准日本堀內公使來函略以前送清單之機件希望全部供出上項機器供出後凡在上海能製造之機械擬由華北輕金屬公司代爲供給又棲霞山水泥廠設以舊法製造水泥日本方面當儘力援助請將江南水泥公司機器設備照前單於七月一日供出以應急需等由除函復外合行抄附堀內公使來函暨開列應行拆移之機件名稱件數清單令仰該公司迅將單列各機件供出爲要

此令

附抄堀內公使來函一件

應行拆移之機件名稱件數清單一份

29. 驻印军新编第六军司令部

廖耀湘批令 *

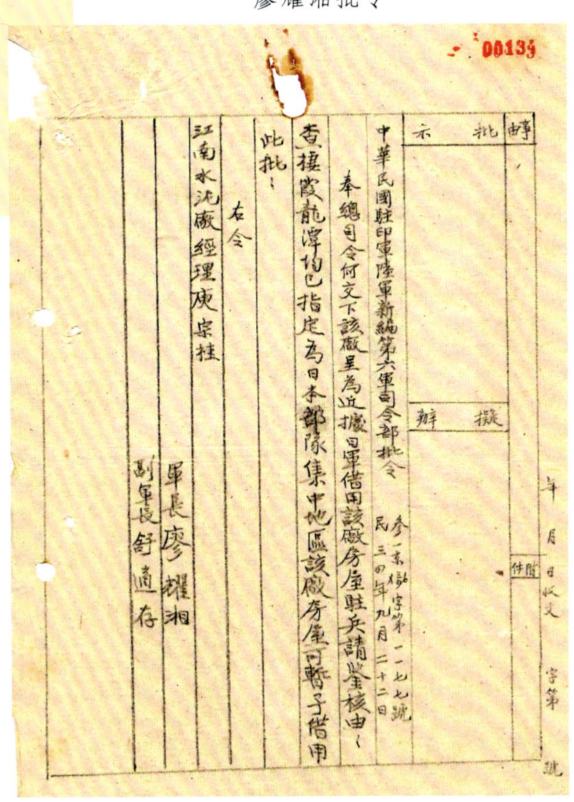

00134

事由

批示

擬辦

中華民國駐印軍陸軍新編第六軍司令部批令 參一京勵字第一一七七號 民三四年九月二十二日

奉總司令何交下該廠呈為近據日軍借用該廠房屋駐兵請鑒核由～

查棲霞龍潭均已指定為日本部隊集中地區該廠房屋可暫予借用

此批！

右令

江南水泥廠經理陳宗桂

軍長廖耀湘

副軍長舒適存

附件

年 月 日收文 字第 號

30.《拆移栖店机件简略大事记》*

拆移棲店機件簡略大事記

年	月日	記事
32	7.14	北京日本大使館請泰常董商議允借棲廠機件與日方製造鋁灰塊之用
	7.16	胡恭伊先生代表泰常董來滬向顏董事長面洽并向南中各股東面洽結果一致反對借用機件
	7.20	庾經理向實業部報告前述擬借機件並請協助拒絕王司長允儘力爲之
	8.23	庾經理在滬日大使館與技術人員會談
	8.27	庾經理在南京日大使館與技術人員會談
	8.23	致梅思平先生節略
	9.6	上海日本大使館與田新三經濟部長面交顏董事長書面條款六條
	9.9	庾經理在棲霞工廠内俱樂部中與中日長官會談
	9.14	上海日本大使館田尻愛義公使致顏董事長公函將條款六條增為七條
	9.	全體董監事上國民政府汪主席呈文
	9.10	天津公司内開股東談話會一致反對拆移機件
	9.21	上海辦事處内 〃 〃 〃 〃 〃
	9.22	上海日大使館譯官中田丰千代君訪顏董事長
	10.7	上海日使館田尻愛義公使再上顏董事長公函
	10.15	顏韻雪三老先生致重光外相函
	10.13	南京國防會議議決依日本使館方面意見辦理
	10.22	〃 實業部送來工字0002號通知
	11.20	天津開臨時股東大會全体一致反對日方七條條件
	11.	全体董監事再上國民政府實業部呈文
	12.13	南京實業部發來工字301號訓令交出機件
	12.17	〃 〃 〃 〃 0025號通知交出機件詳單
	12.26	輕金屬公司代表寺坂開始拆移棲廠機件
	12.27	南京實業部業工字第0403號批示
33	3.13	輕金屬公司開始用火車裝運機件出廠
	2.18	南京實業部發來工字0026號通知為日方借用219馬力柴油發電機一座
33	4.20	南京日本大使館水野調查官交下擬拆移第二批機件表當即表示反對增加拆移機件
	5.8	實業部工業司尹以墇司長交閱擬增加拆移第二及第三批機件表據云由水野調查官交去
	5.17	天津業行董監會議反對增加拆移機件如經堅強威迫失卻保護時希望損失愈少愈佳
	6.6	南京日本大使館田邊新之調查官與庾經理談話要求第二及第三批機件全要并取銷大使館以前所發出之文件及口頭意見數日後對實業部長官作同樣表示
	6.21	庾經理同尹以墇司長向南京日本大使館太田科長要求保留三項機件
	7.3	實業部送來工字第921號訓令棲廠依照日方單列機件供出(即第二及第三批增拆之機件)
	1	南京日本大使館派尹藤君等來棲廠將擬拆機件上粘貼預先印就之白紙紅字條
	7.4	輕金屬公司開始拆卸增拆之機件
	7.19	駐棲廠負責代表寺坂　等三人在徐州撞車遇害
	8.17	增拆之機件已被拆竣
	9.4	一切機件被輕金屬公司運往濟南張店之運輸事務完竣
	9中旬	輕金屬公司、三井洋行芦野組及承組等拆機件及員工全体離開棲霞山工廠

31. 颜惠庆就请求返还被日军拆卸机器事呈国民政府经济部长翁文灏文 *

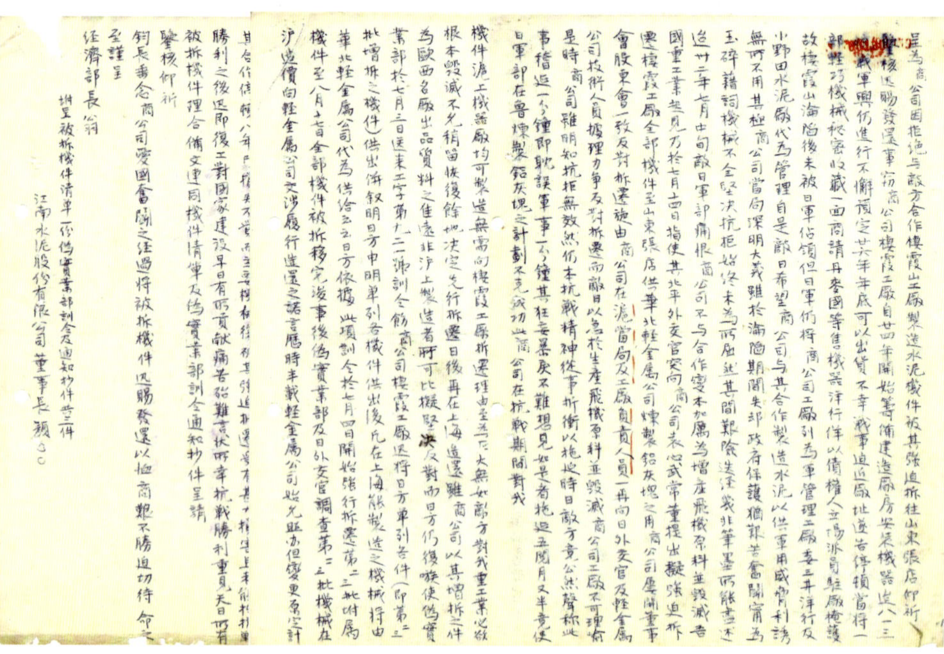

呈為商公司因拒絕與敵方合作棲霞山工廠製造水泥機件被其強迫拆往山東張店仰祈
鑒核迅賜發還事竊商公司棲霞山工廠自廿四年開始籌備建造廠房安裝機器迄八一三
戰事興仍進行不懈預定廿六年年底可以出貨不幸戰事迫近廠址遂告停頓當將一
部輕巧機械秘密收藏一面商請丹麥國籌售機器洋行伴以債權人立場派員駐廠掩護
故棲霞山淪陷後未被日軍佔領但日軍仍將商公司工廠列為軍管理工廠委三井洋行及
小野田水泥廠代為管理自是敵日希望商公司與其合作製造水泥以供軍用威脅利誘
無所不用其極商公司當局深明大義雖於淪陷期間失卻政府保護獨抱苦奮鬬宗旨為
玉碎藉詞機械不全堅決抗拒始終未為所屈然其間艱險迭經殊非筆墨所能盡述
迨卅二年七月中旬敵日軍部痛恨商公司不與合作變本加厲為增產飛機原料並毀滅吾
國重工業起見乃於七月十四日指使其北平外交官突向商公司表示武常董提出擬強迫拆
遷棲霞工廠全部機件至山東張店供華北輕金屬公司煉製鋁灰塊之用商公司當開董事
會股東會一致反對拆遷旋由商公司在滬當局及工廠負責人員一再向日外交官及輕金屬
公司技術人員據理力爭反對拆遷而敵日以急於生產飛機原料並毀滅商公司工廠不可理喻
是時商公司雖明知抗拒無效然仍本抗戰精神從事折衝以拖延時日敵方竟公然聲稱此
事措延一分鐘即耽誤軍事一分鐘其狂妄暴戾不難想見如是者拖延五個月又半竟使
日軍部在魯煉製鋁灰塊之計劃不克成功此商公司在抗戰期間對我
機件滬工機器廠均可製造無需向棲霞工廠拆遷理由至為正大無如敵方對我重工業必欲
根本毀滅不允稍留恢復餘地決定先行拆遷日後再在上海造還雖商公司以其增拆之件
為歐西名廠出品質料之佳遠非沪上製造者所可比擬堅決反對而日方仍復唆使偽實
業部於七月三日送來工字第九二一號訓令飭商公司棲霞工廠迅將日方單列各件（即第二三
批增拆之機件）供出併叙明日方中明單列各機件供出後凡在上海能製造之機械將由
華北輕金屬公司代為供給云云日方依據此項訓令於七月四日開始強行拆遷第二三批附屬
機件至八月十七日全部機件被拆移完竣事後偽實業部及日外交官調查第二三批機械在
沪造價向輕金屬公司交涉履行造還之諾言屆時半載輕金屬公司始允照办但變更原定計
其合作係[illegible]八年[illegible]損失不貲[illegible]
勝利之後迅即復工對國家建設早日有所貢獻痛苦殆難言狀所幸抗戰勝利重見天日所有
被拆機件理合備文連同機件清單及偽實業部訓令通知抄件呈請
鑒核仰祈
鈞長垂念商公司愛國奮鬬之經過將被拆機件迅賜發還以恤商艱不勝迫切待命之
至謹呈
經濟部長翁
附呈被拆機件清單一份偽實業部訓令及通知抄件共三件
江南水泥股份有限公司董事長顏○○

32. 沙(泳沧)处长致江南水泥公司函抄件*

照抄沙處長來函

今度奉手示藉悉貴公司關於江南機件各節敬悉當即約
該員到處面談茲將要點奉陳如左
(一)由江南拆卸之機件多數於啟新工廠者佔約全部之百分
之五十弱半數未裝
(二)除極少數零件外均保持原樣機械未被損毀改形
(三)啟新工廠機件係從多方面彙集而來安裝時亦非保持原
樣例如用廣東水泥廠之鋼磨裝於江南之 上 底
欲恢復原狀須由平總公司將機件來源及安裝情形檢案
同達同復裝及使用該項機件係由當局決定為定不願表示私人意見
該部於上述前次函全表示願將全部機件從早歸還江南之
意但經金屬之帶成為華北政務委員會經濟會社華北礬土及
日本輕金屬統制協會團分子聯合所在華北政委會立案取得
中國法人之資格在日方向總部聲命於使館（即大東亞省）目
江南此節當無疑義最近得報啟店左近匪氛亢斥啟新社員約
五百餘人當盡全力以保護工廠之安全勿使遭受損失實為要
緊候時局大定再行談判交還機件問題以上為代達約座等語
特行奉聞

33. 36元字第九六六九号通知*

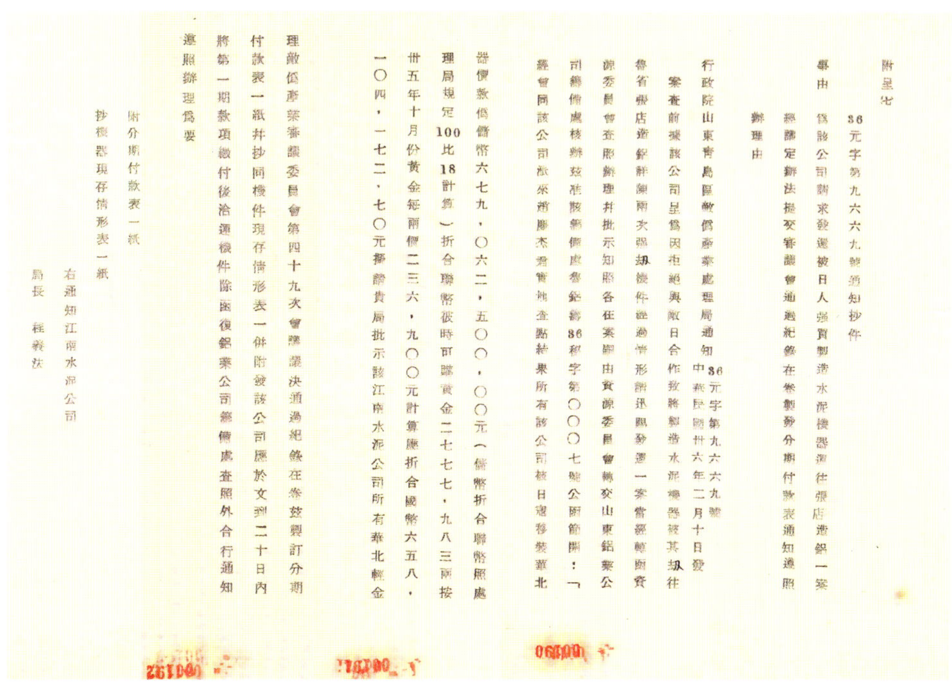

附呈七

36元字第九六六九號通知抄件

事由 為該公司請求發還被日人強買製造水泥機器運往張店造鋁一案
經議定辦法提交審議會通過紀錄在卷製發分期付款表通知遵照
辦理由

行政院山東青島區敵偽產業處理局通知　中華民國卅六年二月十日發　36元字第九六六九號

案查前據該公司呈為因拒絕與敵日合作致將製造水泥機器被其劫往
魯省張店造鋁請領回原機件經過情形請迅賜發還一案當經轉函資
源委員會查照辦理并批示知照各在案嗣由資源委員會轉交山東鋁業公
司籌備處核辦茲准該籌備處魯鋁籌36秘字第〇〇〇七號公函節開：「
經會同該公司派來趙廉杰君實地查點結果所有該公司被日寇移裝華北
器價款為偽儲幣六七九，〇六二，五〇〇，〇〇元（偽幣折合聯幣照處
理局規定100比18計算）折合聯幣彼時可購黃金二七七，九八三兩按
卅五年十月份黃金每兩價二三六，九〇〇元計算應折合國幣六五八，
一〇四，一七二，七〇〇元擬請貴局批示該江南水泥公司所有華北輕金
理敵偽產業審議委員會第四十九次會議議決通過紀錄在卷茲製訂分期
付款表一紙并抄同機件現存情形表一併附發該公司應於文到二十日內
將第一期款項繳付後洽運機件除函復鋁業公司籌備處查照外合行通知
遵照辦理為要

附分期付款表一紙
抄機器現存情形表一紙

右通知江南水泥公司

局長　程義法

34. 江南水泥厂《营业概算书》

營業概算書　廿五年十一月十二日編製　一切價格及費用均以編製本日之物價為標準

查本工廠有製水泥機兩套　廠家担保之產量為每日760噸　平時生產能力約700噸　月產21,000噸　除去修理及其他意外停工每月平均姑按生產一萬七千噸（合十萬桶）計算每噸成本估計如左

項目	計算根據	金額	說明
燃煤價	消耗量25% @140000/T	35,000.00	
石土原料	1.6T @3000/T	4,800.00	開山大約在內
石膏	3½% @20000/T	7,000.00	
動力	120 KWH @$120.00	14,400.00	[illegible]
材料		8,800.00	鋼球、火磚、油類及工具消耗及其他材料消耗月估15,000萬元
工資	250人　每人平均40萬元　共計10000萬元	5,900.00	技工100人、[illegible]20人、[illegible]30人、[illegible]20人、共計250人
職員薪津	40人　每人平均75萬元　共計3000萬元	1,800.00	工廠28人、[illegible]12人、共計40人
經費	月估3000萬元	1,800.00	工廠及事務所之川資、郵電、印刷、文具、紙張、水電雜費等
董事部經費	2000萬元	1,200.00	[illegible]
利息	借入30億元 @5%=1.5億元	8800.00	[illegible]
裝包	紙袋20個 @400.00	8,000.00	
折舊	（建築、機器、運輸工具等）	28,000.00	機器80億元 @4%=3.2億元　建築80億元 @2%=1.6億元
稅金		20,000.00	按照目下情形估計
合計		145,500.00	

目下廠內交貨每噸可售二十萬元（比照目下龍潭售價）除成本十四萬五千五百元

上海河南路宏大紙號監製

35. 江南水泥公司董监事联席会议记录 *

江南水泥股份有限公司董監事聯席會議記錄

日期　卅五年十二月廿七日下午二時

地點　上海香港路銀行公會四樓

出席董監事　顏惠慶　孫章甫　陳範有　庾宗溎　葉秀峰　陳鳴一　包培之　袁心武（範代）　曾養甫（範代）

主席　顏惠慶

紀錄　孫楨軒

報告事項

（一）本公司在津董監事十一月廿三日來電內開陳範元廿一日函悉董監會同意授權駐滬董監辦理但如有法在滬先籌繳三成機價則合作事不妨從長計議津無成見請酌辦

（二）袁常務董事心武廿五日來電內開陳[illegible]

[illegible]回廠史非短時間可辦本公司於本年春間即積極分別向行總聯總請配購新機補充被拆部份並隨同聯總調查專家至廠多次均認為吾廠情形最適合救濟復興條件一再懇商款從並由行總派專員至美京洽[illegible]

[illegible]聯總處請求借款是否可行理合提請

公決

決議　如擬進行商定後委託陳範有常董庾宗溎[illegible]

[illegible]項新股按溢價一倍半繳付現金（即新股票面一百元應交現金二百五十元）新投資人認募新股票面十六億元應交現金四十億元其餘所差新股八億元計合現金廿億元

（二）新股交款日期俟乙方股東會決定後甲方所認股本應負責如數繳足所有新股國幣二十四億元除甲方[illegible]

年來[illegible]擬訂購新機等要案亟宜在最近期內召開臨時股東大會所有開會日期理合提請

袁心武　範代

曾養甫　範代

36.《江南水泥公司购置新机筹措资金计划概要》

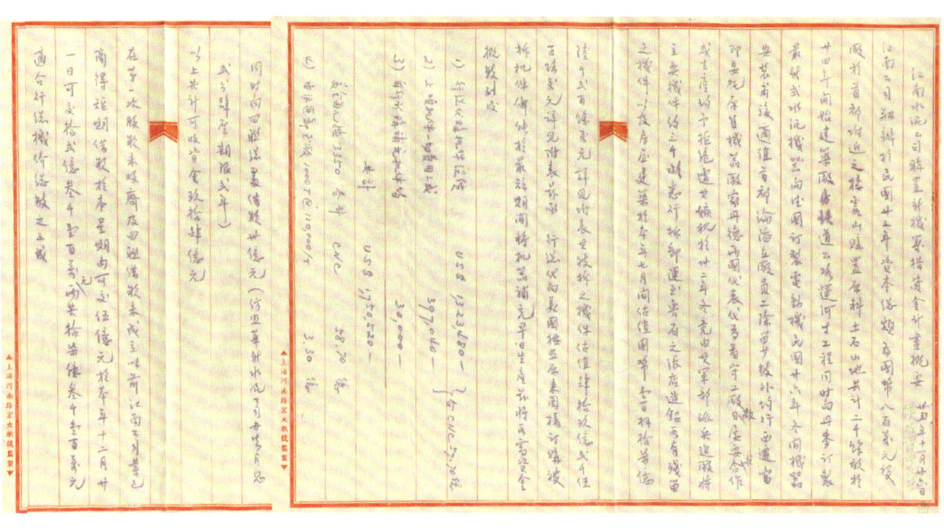

37. 江南水泥公司董监事联席会议记录*

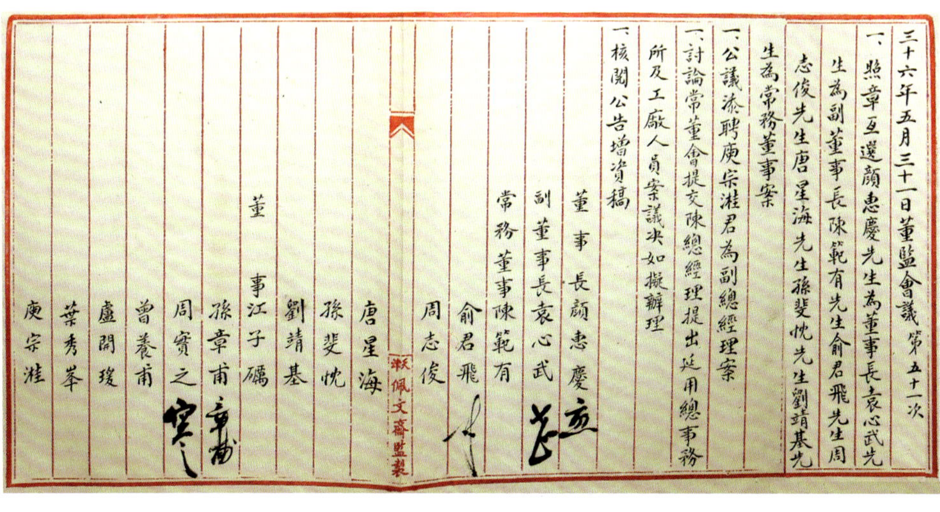

三十六年五月三十一日董監會議第五十一次

一、照章互選顏惠慶先生為董事長袁心武先生為副董事長陳範有先生俞君飛先生周志俊先生唐星海先生孫斐忱先生劉靖基先生為常務董事案

一、公議添聘庾宗淮君為副總經理案

一、討論常董會提交陳總經理提出延用總事務所及工廠人員案議決如擬辦理

一、核閱公告增資稿

董事長　顏惠慶

副董事長　袁心武

常務董事　陳範有

俞君飛

周志俊

唐星海

孫斐忱

劉靖基

董事　江子礪

孫章甫

周賓之

曾養甫

盧開瑗

葉秀峯

庾宗淮

38. “金轮”商标审定书 *

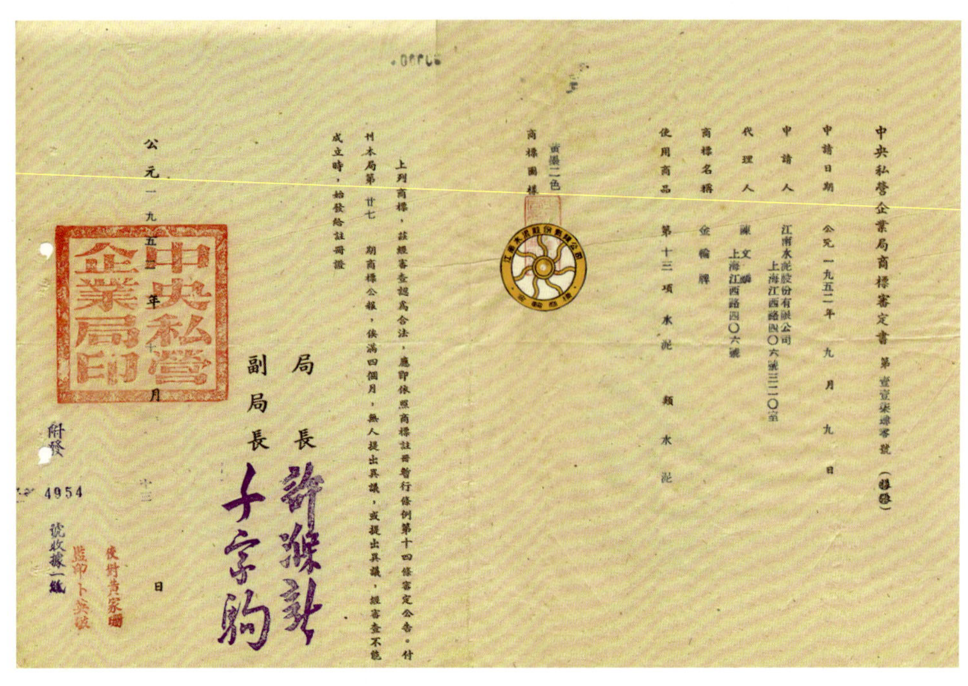

中央私營企業局商標審定書 第壹壹柒肆零號（補發）

申請日期 公元一九五二年 九 月 九 日

申請人 江南水泥股份有限公司 上海江西路四〇六號三二〇室

代理人 陳文麟 上海江西路四〇六號

商標名稱 金輪牌

使用商品 第十三項 水泥 類 水泥

商標圖樣 黃藍二色

上列商標，茲經審查認爲合法，應即依照商標註冊暫行條例第十四條審定公告。付刊本局第廿七期商標公報，俟滿四個月，無人提出異議，或提出異議，經審查不能成立時，始發給註册證

局長 許滌新

副局長 千家駒

公元一九五二年十一月十三日

中央私營企業局印

附發4954號收據一紙

39. 江南水泥公司常董致颜惠庆函 *

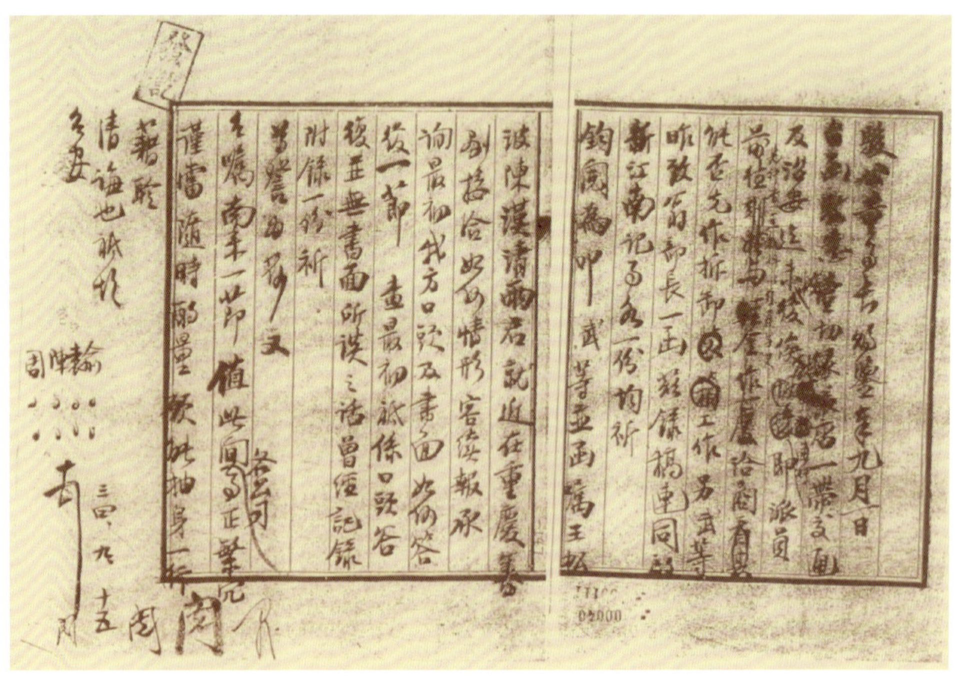